西政文库·教授篇

法院地法倾向对策研究

张春良 著

商务印书馆
创于1897
The Commercial Press

图书在版编目(CIP)数据

法院地法倾向对策研究 / 张春良著. — 北京：商务印书馆，2022
（西政文库）
ISBN 978-7-100-20368-5

Ⅰ.①法… Ⅱ.①张… Ⅲ.①法院－工作－研究－中国 Ⅳ.①D926.22

中国版本图书馆CIP数据核字（2021）第187979号

本书系国家社会科学基金一般项目"法院地法倾向对策研究"（批准号：14BFX190）的研究成果。

西政文库
法院地法倾向对策研究
张春良 著

商 务 印 书 馆 出 版
（北京王府井大街36号 邮政编码 100710）
商 务 印 书 馆 发 行
三河市尚艺印装有限公司印刷
ISBN 978-7-100-20368-5

2022年6月第1版 开本 680×960 1/16
2022年6月第1次印刷 印张 22 1/2

定价：116.00 元

西政文库编委会

主　任：付子堂

副主任：唐　力　周尚君

委　员：（按姓氏笔画排序）

龙大轩　卢代富　付子堂　孙长永　李　珮

李雨峰　余劲松　邹东升　张永和　张晓君

陈　亮　岳彩申　周尚君　周祖成　周振超

胡尔贵　唐　力　黄胜忠　梅传强　盛学军

谭宗泽

总　序

"群山逶迤，两江回环；巍巍学府，屹立西南……"

2020 年 9 月，西南政法大学将迎来建校七十周年华诞。孕育于烟雨山城的西政一路爬坡过坎，拾阶而上，演绎出而今的枝繁叶茂、欣欣向荣。

西政文库以集中出版的方式体现了我校学术的传承与创新。它既展示了西政从原来的法学单科性院校转型为"以法学为主，多学科协调发展"的大学后所积累的多元化学科成果，又反映了学有所成的西政校友心系天下、回馈母校的拳拳之心，还表达了承前启后、学以成人的年轻西政人对国家发展、社会进步、人民福祉的关切与探寻。

我们衷心地希望，西政文库的出版能够获得学术界对于西政学术研究的检视与指引，能够获得教育界对于西政人才培养的考评与建言，能够获得社会各界对于西政长期发展的关注与支持。

六十九年前，在重庆红岩村的一个大操场，西南人民革命大学的开学典礼隆重举行。西南人民革命大学是西政的前身，1950 年在重庆红岩村八路军办事处旧址挂牌并开始招生，出生于重庆开州的西南军政委员会主席刘伯承兼任校长。1953 年，以西南人民革命大学政法系为基础，在合并当时的四川大学法学院、贵州大学法律系、云南大学法律系、重庆大学法学院和重庆财经学院法律系的基础上，西南政法学院正式成立。中央任命抗日民族英雄，东北抗日联军第二路军总指挥、西南军政委员会政法委员会主任周保中将军为西南政法学院首任院长。1958 年，中央公安学院重庆分院并入西南政法学院，使西政既会聚了法学名流，又吸纳了实务精英；既秉承了法学传统，又融入了公安特色。由此，学校获誉为新中国法学教育的"西南联大"。

20 世纪 60 年代后期至 70 年代，西南政法学院于"文革"期间一度停办，老一辈西政人奔走呼号，反对撤校，为保留西政家园不屈斗争并终获胜利，为后来的"西政现象"奠定了基础。

20 世纪 70 年代末，面对"文革"等带来的种种冲击与波折，西南政法学院全体师生和衷共济，逆境奋发。1977 年，经中央批准，西南政法学院率先恢复招生。1978 年，经国务院批准，西南政法学院成为全国重点大学，是司法部部属政法院校中唯一的重点大学。也是在 70 年代末，刚从"牛棚"返归讲坛不久的老师们，怀着对国家命运的忧患意识和对学术事业的执着虔诚，将只争朝夕的激情转化为传道授业的热心，学生们则为了弥补失去的青春，与时间赛跑，共同创造了"西政现象"。

20 世纪 80 年代，中国的法制建设速度明显加快。在此背景下，满怀着憧憬和理想的西政师生励精图治，奋力推进第二次创业。学成于 80 年代的西政毕业生们，成为今日我国法治建设的重要力量。

20 世纪 90 年代，西南政法学院于 1995 年更名为西南政法大学，这标志着西政开始由单科性的政法院校逐步转型为"以法学为主，多学科协调发展"的大学。

21 世纪的第一个十年，西政师生以渝北校区建设的第三次创业为契机，克服各种困难和不利因素，凝心聚力，与时俱进。2003 年，西政获得全国首批法学一级学科博士学位授予权；同年，我校法学以外的所有学科全部获得硕士学位授予权。2004 年，我校在西部地区首先设立法学博士后科研流动站。2005 年，我校获得国家社科基金重大项目（A 级）"改革发展成果分享法律机制研究"，成为重庆市第一所承担此类项目的高校。2007 年，我校在教育部本科教学工作水平评估中获得"优秀"的成绩，办学成就和办学特色受到教育部专家的高度评价。2008 年，学校成为教育部和重庆市重点建设高校。2010 年，学校在"转型升格"中喜迎六十周年校庆，全面开启创建研究型高水平大学的新征程。

21 世纪的第二个十年，西政人恪守"博学、笃行、厚德、重法"的西政校训，弘扬"心系天下，自强不息，和衷共济，严谨求实"的西政精神，坚持"教学立校，人才兴校，科研强校，依法治校"的办学理念，推进学校发展取得新成绩：学校成为重庆市第一所教育部和重庆市共建高校，入选首批卓越法律人才教育培养基地（2012 年）；获批与英国考文垂大学合作举办法学专业本科教育项目，6 门课程获评"国家级精品资源共享课"，两门课程获评"国家级精品视频公开课"（2014 年）；入选国家"中西部高校基础能力建设工程"院校，与美国凯斯西储大学合作举办法律硕士研究生教育项目（2016 年）；法学学科在全国第四轮学科评估中获评 A 级，新闻传播学一级学科喜获博士学位授权点，法律专业硕士学位授权点在全国首次专业学位水平评估中获评 A 级，经济法教师团队入选教育部"全国高校黄大年式教师团队"（2018 年）；喜获第九届世界华语辩论锦标赛总冠军（2019 年）……

不断变迁的西政发展历程，既是一部披荆斩棘、攻坚克难的拓荒史，也是一部百折不回、逆境崛起的励志片。历代西政人薪火相传，以昂扬的浩然正气和强烈的家国情怀，共同书写着中国高等教育史上的传奇篇章。

如果对西政发展至今的历史加以挖掘和梳理，不难发现，学校在教学、科研上的成绩源自西政精神。"心系天下，自强不息，和衷共济，严谨求实"的西政精神，是西政的文化内核，是西政的镇校之宝，是西政的核心竞争力；是西政人特有的文化品格，是西政人共同的价值选择，也是西政人分享的心灵密码！

西政精神，首重"心系天下"。所谓"天下"者，不仅是八荒六合、四海九州，更是一种情怀、一种气质、一种境界、一种使命、一种梦想。"心系天下"的西政人始终以有大担当、大眼界、大格局作为自己的人生坐标。在西南人民革命大学的开学典礼上，刘伯承校长曾对学子们寄予厚望，他说："我们打破旧世界之目的，就是要建设一个人民的新世界……"而后，从化龙桥披荆斩棘，到歌乐山破土开荒，再到渝北校区新建校园，几代西政人为推进国家的民主法治进程矢志前行。正是在不断的成长和发展过程中，西政见证了新中国法学教育的涅槃，有人因此称西政为"法学黄埔军校"。其实，这并非仅仅是一个称号，西政人之于共和国的法治建设，好比黄埔军人之于那场轰轰烈烈的北伐革命，这个美称更在于它恰如其分地描绘了西政为共和国的法治建设贡献了自己应尽的力量。岁月经年，西政人无论是位居"庙堂"，还是远遁"江湖"，无论是身在海外华都，还是立足塞外边关，都在用自己的豪气、勇气、锐气，立心修德，奋进争先。及至当下，正有愈来愈多的西政人，凭借家国情怀和全球视野，在国外高校的讲堂上，在外交事务的斡旋中，在国际经贸的商场上，在海外维和的军营里，实现着西政人胸怀世界的美好愿景，在各自的人生舞台上诠释着"心系天下"的西政精神。

西政精神，秉持"自强不息"。"自强不息"乃是西政精神的核心。西政师生从来不缺乏自强传统。在 20 世纪七八十年代，面对"文革"等带来的发展阻碍，西政人同心协力，战胜各种艰难困苦，玉汝于成，打造了响当当的"西政品牌"，这正是自强精神的展现。随着时代的变迁，西政精神中"自强不息"的内涵不断丰富：修身乃自强之本——

尽管地处西南，偏于一隅，西政人仍然脚踏实地，以埋头苦读、静心治学来消解地域因素对学校人才培养和科学研究带来的限制。西政人相信，"自强不息"会涵养我们的品性，锻造我们的风骨，是西政人安身立命、修身养德之本。坚持乃自强之基 —— 在西政，常常可以遇见在校园里晨读的同学，也常常可以在学术报告厅里看到因没有座位而坐在地上或站在过道中专心听讲的学子，他们的身影折射出西政学子内心的坚守。西政人相信，"自强不息"是坚持的力量，任凭时光的冲刷，依然能聚合成巨大动能，所向披靡。担当乃自强之道 —— 当今中国正处于一个深刻变革和快速转型的大时代，无论是在校期间的志愿扶贫，还是步入社会的承担重任，西政人都以强烈的责任感和实际的行动力一次次证明自身无愧于时代的期盼。西政人相信，"自强不息"是坚韧的种子，即使在坚硬贫瘠的岩石上，依然能生根发芽，绽放出倔强的花朵。

西政精神，倡导"和衷共济"。中国司法史上第一人，"上古四圣"之一的皋陶，最早提倡"和衷"，即有才者团结如钢；春秋时期以正直和才识见称于世的晋国大夫叔向，倾心砥砺"共济"，即有德者不离不弃。"和衷共济"的西政精神，指引我们与家人美美与共：西政人深知，大事业从小家起步，修身齐家，方可治国平天下。"和衷共济"的西政精神指引我们与团队甘苦与共：在身处困境时，西政举师生、校友之力，攻坚克难。"和衷共济"的西政精神指引我们与母校荣辱与共：沙坪坝校区历史厚重的壮志路、继业岛、东山大楼、七十二家，渝北校区郁郁葱葱的"七九香樟""八零花园""八一桂苑"，竞相争艳的"岭红樱"、"齐鲁丹若"、"豫园"月季，无不见证着西政的人和、心齐。"和衷共济"的西政精神指引我们与天下忧乐与共：西政人为实现中华民族伟大复兴的"中国梦"而万众一心；西政人身在大国，胸有大爱，遵循大道；西政人心系天下，志存高远，对国家、对社会、对民族始终怀着强烈的责任感和使命感。西政人将始终牢记：以"和衷共济"的人生态度，以人类命运共同体的思维高度，为民族复兴，为人类进步贡献西政人的智慧和力量。这是西政人应有的大格局。

西政精神，着力"严谨求实"。一切伟大的理想和高远的志向，都需要务实严谨、艰苦奋斗才能最终实现。东汉王符在《潜夫论》中写道："大人不华，君子务实。"就是说，卓越的人不追求虚有其表，有修养、有名望的人致力于实际。所谓"务实"，简而言之就是讲究实际，实事求是。它排斥虚妄，鄙视浮华。西政人历来保持着精思睿智、严谨求实的优良学风、教风。"严谨求实"的西政精神激励着西政人穷学术之浩瀚，致力于对知识掌握的弄通弄懂，致力于诚实、扎实的学术训练，致力于对学习、对生活的精益求精。"严谨求实"的西政精神提醒西政人在任何岗位上都秉持认真负责的耐劳态度，一丝不苟的耐烦性格，把每一件事都做精做细，在处理各种小事中练就干大事的本领，于精细之处见高水平，见大境界。"严谨求实"的西政精神，要求西政人厚爱、厚道、厚德、厚善，以严谨求实的生活态度助推严谨求实的生活实践。"严谨求实"的西政人以学业上的刻苦勤奋、学问中的厚积薄发、工作中的恪尽职守赢得了教育界、学术界和实务界的广泛好评。正是"严谨求实"的西政精神，感召着一代又一代西政人举大体不忘积微，务实效不图虚名，博学笃行，厚德重法，历经创业之艰辛，终成西政之美誉！

"心系天下，自强不息，和衷共济，严谨求实"的西政精神，乃是西政人文历史的积淀和凝练，见证着西政的春华秋实。西政精神，在西政人的血液里流淌，在西政人的骨子里生长，激励着一代代西政学子无问西东，勇敢前行。

西政文库的推出，寓意着对既往办学印记的总结，寓意着对可贵西政精神的阐释，而即将到来的下一个十年更蕴含着新的机遇、挑战和希望。当前，学校正处在改革发展的关键时期，学校将坚定不移地以教学为中心，以学科建设为龙头，以师资队伍建设为抓手，以"双一流"建设为契机，全面深化改革，促进学校内涵式发展。

世纪之交，中国法律法学界产生了一个特别的溢美之词——"西政现象"。应当讲，随着"西政精神"不断深入人心，这一现象的内涵正在不断得到丰富和完善；一代代西政校友，不断弘扬西政精神，传承西政文化，为经济社会发展，为法治中国建设，贡献出西政智慧。

是为序。

西南政法大学校长，教授、博士生导师
教育部高等学校法学类专业教学指导委员会副主任委员
2019 年 7 月 1 日

前　言

　　本书以建构遏制法院地法倾向的对策为中心，首先探讨了涉外法律选择的理念变迁与法院地法适用倾向之间的演进关系，在对比分析我国涉外法律适用的立法定位与司法实践的基础之上，提炼总结了我国涉外司法实践中法院地法倾向类型及其司法表达，进而探讨诱导法院地法倾向得以形成的更为内在的因素，最后针对此类消极诱因提出针对性的具体应对举措和长效的体系化选法方案。围绕研究主题，全书分七章加以论述：

　　第一章理念变迁与地位浮沉。本章将涉外法律适用的理念提炼为"国际主义—国家主义—当事人主义"三个形态的变迁，与之对应的是法院地法适用上的"沉隐—浮显—中性化"三种法律适用现象。具体而言，以萨维尼法律关系本座说，及以其为底蕴的立法体系采取的是国际主义的法律适用理念，该理念强调法院地法与非法院地法的平位关系，法律选择唯依"本座"之所在而定，法院地法不是优先目标，相应地在该种立法理念下法院地法处于沉隐状态。以政府利益分析为代表的国家主义法律适用理念则将法院地法的优先适用正当化，从而对法院地法倾向的出现和产生直接负责。当代涉外法律适用理念表现出"私化"趋势，即突出和强调法律适用、法律规范的私法属性，要求其回归并服务于涉外法律适用中的私益，建立以当事人利益为中心的价值观。此种当事人主义的法律适用理念既不刻意追随国际主义法律适用理念对法院地法的排挤，也强力纠正国家主义法律适用理念对法院地法的倚重，法院地法应否适用决定于能否对当事人利益进行更好的保护。这就出离了前两种法律适用理念始终在法院地法与非法院地法对峙格局中处理和对待法院地法的态度，而将法院地法适用与否的问题置于当事人利益是否更好地被保护的问题之后悬搁起来，其适用由此体现出中性或中立化态势。

第二章立法定位与现实倾向。本章对比分析了立法文本与司法实践中的法院地法适用状况，通过比对"文本中的法院地法"之定位与"行动中的法院地法"之现实，客观展示了法院地法适用的现状及其倾向。我国关于涉外法律适用的法律文本在演进上可概括为"两代立法"：第一代立法是以《民法通则》中有关法律适用的专章为中心，同时包括《海商法》《票据法》《合同法》《继承法》《民用航空法》等单行法中关于法律适用的专章或专条规定在内的文本体系；第二代立法则是以《涉外民事关系法律适用法》为中心，同时继承和包括了上述单行立法相关章条内容在内的文本体系。统计分析表明，我国两代涉外民事法律适用在立法上展示的是国际主义的法律适用理念，第二代立法也综合了当事人主义的法律适用理念，二者均表现为立法规则极少采用法院地法为选法系属，彰显了我国法律适用在文本上的开放性。形成鲜明对比的是，在我国涉外民商事案件伴随改革开放纵深发展的态势而呈现出逐步上涨的趋势下，近二十年来我国涉外司法实践中法院地法却得到了极大程度的适用，其适用比例长期在 95% 以上，法院地法倾向已成实践定论。为此，需要深入探究开放的文本与内向的实践之间的因果关系。

第三章类型判别与分类研析。解决复杂问题的有效方法是分类研究。为更好地审视纷繁复杂的法院地法倾向，本章按照其法律上的成因将涉外司法实践中法院地法倾向进行类型概括，除无任何选法说理的类型外，均佐以实证的样本案例分类探讨了九种类型的法院地法倾向之形成过程，评析其得失利弊。具体而言，不当的法院地法倾向可以分为如下十类：无法律依据、错用理由、牵强理由、默示选择、堆砌理由、推定选择、滥用查明、任择适用、操纵识别及滥用公序。此外，在涉外司法中推崇调解，也是导致法院地法倾向得以形成的实践原因之一，但鉴于调解作为我国包括涉外司法在内的司法政策，作为我国奉献给世界的"东方经验"，其合法性和合理性得到认可，因此其导致的是合理的法院地法之适用，故排除在不当法院地法倾向的类型之外。

第四章诱因类型与内在考究。法之理在法内，也在法外，上述法院地法倾向得以形成的法律成因之后存在更深刻的消极诱导因素，本章进一步深究此诱因类型，并将其概括为逻辑诱因、心理诱因及实践诱因三类。逻辑诱因是先天因素，其内生于选法原理、选法规则及其作用路径。简言之，冲突法的选法原理具有"偏心结构"，即处于法院地法的背景中对法院地法与非法院地法进行平衡选择，这对涉外司法者的自律克己提出了极高的要求；同时选法规则的作用方式也高度的内在化，具有极大的裁量空间。心理诱因是主观的，对选法规则的私法定性、对外国法的理解困境，以及对"同一个世界、同一个案件、同一个法律"的自然印象，共同为法院地法倾向的形成提供了不易觉察的心理诱导。实践诱因则是客观的，涉外司法过程中的当事人主导、外国法查明的客观困境，以及涉外司法监督机制的失灵，弱化乃至消除了涉外法律选择过程中的外在制约。如此，涉外选法内忧未除，外患仍在，内外合力促致法律适用的回家趋势。

第五章法院地法倾向的具体应对。本章针对法院地倾向的三大诱因，分别探究各诱因的具体表现，评估其可控程度及其成本，最终锁定现阶段控制法院地法倾向最关键的三个环节，分别是外国法的查明与供给、自由裁量权的规范以及涉外司法监督机制的补善。此三环节构成法律选择过程中的关键"穴位"，有针对性地供给应对举措就能起到"点穴式"的事半功倍之效,特别有助于当前缓解法院地法倾向。但此种应激举措的更大功效在于治标,治本尚需更体系化的策略。

第六章法院地法倾向的体系应对。本章提出了涉外法律选择的一种长效治本之策,即体系选法论,以实现对不当法院地法进行管控的长治久安。体系选法是相对于规则选法和方法选法而言的第三种思路。美国在冲突法领域发动的革命,是一种抛弃选法规则的方法之途,但革命后有重返规则的趋势,革命方法在美国各州之中也并不具有普遍性。这在很大程度上意味着方法之途的势穷。规则选法则是包括我国在内的大陆法系国家的主流方案,但规则选法的弊端是脱离选法体系依托的"裸选",没有选法体系的制约和平衡,选法结果上的法院地法倾向就是其必然后果。为此,选法在策略上应当实现从规则选法到体系选法的变革,让选法规则在选法体系内归位,通过体系内各要素相互结构产生的体系平衡力,确保法律选择是有理性约束的过程。体系选法有赖于选法体系的完善,后者是以选法规则为核心,同时包括各种选法制度、选法步骤、司法者以及司法环境等在内的综合体。但体系选法应超越静态的选法体系,后者因其静态性极易走向分崩离析,体系选法还应当发挥其整合的、系统的增量功效,通过风险分散、分担与分化,确保选法过程及其结果的合理性。

第七章建构体系选法的一般方法论。体系选法不只是一种抽象的方法论,而且还应该是具有可操作性的、可以解决实践问题的方法论。为此,本章立足实证案例,又超越实证案例,总结出体系选法的十四个节点,演示其在体系内各要素相互"联锁"制约的情形下的运作原理方式。本章最后指出,体系选法的局限性仍然是体系中的人即涉外司法者的局限性,毕竟一切人为的问题,最终的解决答案还得回归于人。

目　录

第一章 理念变迁与地位浮沉

在国际私法的发端、发展、转型升级或革命突变过程中，存在明暗两条线索：就明的线索而言，凸显的是关于法律适用理念的时尚变迁；就暗的线索而言，见证的则是法院地法在法律适用中的地位浮沉。前者彰显的是法律适用的高远意旨；后者呈现的是法律适用的现实轨迹。从原理逻辑而非实证经验看，法律适用的理念变迁与法院地法的地位浮沉应当存在因果关系：开明的法律适用理念将限制对法院地法的过度依赖；而保守的法律适用理念则会将法院地法提升为一般的行为准则。二者之间的消长关系既构成国际私法历史徐展的密码，又提供了理解国际私法发展进化的钥匙。

一、涉外法律适用理念的辩证演进

涉外法律适用理念的变迁呈现出辩证的轨迹。辩证法不是思维的暧昧，也不是思维的神秘，而是思维的深度。[①] 辩证之所以发生，在于

---

① 黑格尔曾经非常深刻地区分了辩证法与诡辩、神秘主义，并从中拯救出辩证法。诡辩是一种暧昧思维，对于被误解为诡辩的辩证法，黑格尔是如此区分的："诡辩的本质在于孤立起来看事物，把本身片面的、抽象的规定，认为是可靠的。……辩证法与这类的行为本质上不同，因为辩证法的出发点，是就事物本身的存在和过程加以客观的考察，借以揭示出片面的知性规定的有

事物本身的有限性，有限性限定了事物的生命周期，从而昭示着事物的发展轨迹是进阶的，即从低阶的有限性突破到高阶的有限性，并向更高阶形态发展，直至无限性。就涉外法律适用理念而言，也发生着同样的辩证进程。伴随着学界对涉外民商事案件处理在目标理解上的渐渐深入，涉外法律适用的理念也在持续变迁。此种变迁在迄今可见的时限尺度内，按照法律选择的预设目标可分化为三个阶段，即"国际主义—国家主义—当事人主义"。以下分述之。

美国著名学者西蒙尼德斯（Symeon C. Symeonides）曾经将国际私法在世纪之交的主题划分为五个方面，分别是：（1）多边主义、单边主义和实体方法的冲突与共存[①]；（2）法律确定性与灵活性目标之间的紧张；（3）法域选择规则与内容导向规则或方法之间的冲突或共存；（4）冲突正义与实质正义之间的困境；（5）国际一致的目标与保护国家或州利益的需要或欲求之间的冲突[②]。此五方面的概括不失精当，然而它们之间显然缺乏一个统一的明确标准，由此导致的结果必然是，只要变换不同的标准，就可以得出不同的主题划分。以上述五方面的主题而言，其依据的标准似可相应地依序确定为：（1）调整方法的差异；（2）法律选择方式的弹性差异；（3）法律选择的路径差异；（4）法律选择的目标差异；（5）法律选择的利益差异。因此，西蒙尼德斯对国际私法世纪交替阶段的五大主题概括并没有问题，问题只存在于：为什么是这五类？标准的不定，或者说标准的变换，必然引发视域和

（接上页）限性。"另一方面，辩证法与神秘主义也存在本质区分："只有对于那以抽象的同一性为原则的知性，神秘的真理才是神奇奥妙的；而那与思辨真理同义的神秘真理，乃是那样一些规定的具体统一，这些规定只有在它们分离和对立的情况下，对知性来说才是真实的。……因此一切理性的真理均可以同时称为神秘的，但这只是说，这种真理是超出知性范围的，但这决不是说，理性真理完全非思维所能接近和掌握。"黑格尔：《小逻辑》，贺麟译，商务印书馆1997年版，第177—184页。

①　根据西蒙尼德斯本人的考察，美国52个法域在合同和侵权领域中各自采用了多元的选法方法。参见 Symeon C. Symeonides, *Choice of Law*, Oxford University Press, 2016, pp. 145-147。

②　参见 Symeon C. Symeonides, *Private International Law at the End of the 20th Century: Progress or Regress?*, Kluwer Law International, 2000。

结果上的差异。

　　同样地，将国际私法的法律适用理念概括为"国际主义—国家主义—当事人主义"也是对国际私法历史发展和各法律适用法方法或体系的一种划分，它也依赖于标准的设定。这个标准就是涉外法律适用理念，即国际私法在解决涉外民商事案件时的着力点同时也是追求的具体目标点。从本质上看，对涉外法律适用理念的此种划分在标准上也应归属于法律选择的目的论，但因不同的法律适用理念对法律选择目的的不同层面或侧重点存在不同的态度，由此证成不同的选法体系或方法。就"国际主义—国家主义—当事人主义"的理念划分看，其追求的目标点的独特性应至少可敛摄如下含义。

（一）选法目标的兼善追求

　　过程与结果之间的关系时常出现背反，并因此引发哲学、伦理学及法学上的广泛争论，如"好心办坏事"应否受伦理或法律上的指责或处罚？反过来的命题则具有哲学意义，即"恶因得善果"。[①] 在国际私法语境中，选法过程与选法结果之间的关系问题成为学界和实务界共同关注的核心问题，国际私法上最著名和最激动人心的美国冲突法革命，也正好是对传统冲突法的选法过程不能获得良善结果，甚或产生无法接受的选法结果而引发运动。过程与结果之间的背反，本质上是对特定因果关系的挑战，但在国际私法的立足基础之上，问题会显得更为复杂，因为在某种意义上，国际私法无涉因果。因果关系的有效性必须满足同质性前提，即过程与结果应当处在相同规律之中。然而，国际私法的立足基础却是异质社会，即不同的法律体系之间，

---

　　① 最著名的哲学名言当推黑格尔的"历史狡计"；歌德的《浮士德》也是一部由恶致善、由恶至善的经典著作。在国际私法中，典型的例子当推法律规避问题，法律规避的"恶"却能促使各法律体系之间的趋同之"善"。

或者说是"开放社会的法律"①。因而，选法过程与选法结果处于不同的"时空"：选法过程位于相互冲突的法律体系之间；而选法结果则是处于特定法律体系之内。由于其时空的差异化，即便是同一正义主题，体现在二者之上也必然会分化为不同的形态：在选法过程阶段，正义应当是持平对待各法律体系，并给予各法律体系以等同的适用机会，此即谓"冲突正义"；在选法结果阶段，正义应是持平对待各方当事人，并在利益分配上给予各方当事人以应得之结果，此即谓"实体正义"。

冲突正义与实体正义的背反表征着选法过程与选法结果之间的冲突，也正是西蒙尼德斯所概括的国际私法的五大发展动态之一。尤尔根·贝斯通也用五个关键词表述了国际私法晚近的发展，即差异化（differentiation）、弹性化（flexibilization）、实质化（materialization）、自由化（liberalization）和程序化（proceduralization）。②其中，差异化趋势也印证了西蒙尼德斯的五大动态。事实上，西蒙尼德斯的"苦恼"既是自找的，也是过于追求完美导致的。选法过程与选法结果之间的冲突是国际私法"命定"的特征，二者本不在同一层面上，因此无法用因果关系将二者关联。无因果关联，自然也就不能将二者的背反视为相互关联中的"紧张"或"冲突"。甚至也不能用"背反"一词概括二者之间的关系，因为在互不关联的选法过程与选法结果之间，二者的关系可表现为三种性态：一致、相反（背反）、差异。而这正好是国际私法现有的三种选法现象。简言之，国际私法的选法过程与选法结果如果出现了始终如一的同一性，才是值得惊奇的现象；二者的背反或差异，更准确地说，二者的无因果性，才是选法的常态。

---

① Jurgen Basedow, *The Law of Open Societies: Private Ordering and Public Regulation in the Conflict of Laws*, Brill Nijhoff, 2015.

② Jurgen Basedow, *The Law of Open Societies: Private Ordering and Public Regulation in the Conflict of Laws*, 2015, pp. 4-5.

　　鉴于冲突正义与实质正义之间的此种关系，国际私法历史上的法律适用理念因此可分为两大类型：以冲突正义为目标；以实质正义为目标。即便出现过兼善二者的学说或方法，依其重心也仍可分属上述两类之一。"国际主义—国家主义—当事人主义"的涉外法律适用理念体现了从冲突正义向实体正义的递换：

　　（1）就国际主义而言，其重心是选法过程，对选法结果的利益归属或指向不控制，通过选法过程可以控制的是国际上的判决一致，以及在此基础之上形成的一致性国际秩序，也可称作国际利益。因此，国际主义的涉外法律适用理念体现的目标点是国家间一致或国际平等因素。

　　（2）就国家主义而言，其重心是选法结果的归属，即为维护特定的国家利益（通常为法院地利益）而进行选法。通过结果导向的方式反过来影响选法过程，以使选法过程能得出预期的选法结果。因此，国家主义的涉外法律适用理念体现的目标点是选法结果的国家归属因素。

　　（3）就当事人主义而言，其中心则是选法结果的品质，但与国家主义的不同之处在于，其维护的利益不再是特定国家的法律管辖权，而是特定案件当事人的利益。当然，由于争议中当事人利益不同，因此选法结果的品质也不是以一方当事人利益来判断。但立足当事人利益，而非国家利益或国际利益进行判断，是当事人主义选法理念的核心特征。因此，当事人主义的涉外法律适用理念体现的目标点是选法结果的当事人因素。

　　由上可见，从"国际主义—国家主义—当事人主义"的发展线索看，涉外法律适用理念的迁移变换兼善了对选法过程与选法结果的追求，从国际主义时期唯重控制过程不重控制结果，到国家主义和当事人主义时期对结果和过程的双重控制。这种理念不论其效果如何，至少在追求的目标点的深度上体现出了纵深提升。

（二）选法主体的更替转换

国际私法是关于法律选择的艺术和技术，但法律选择这一行动的若干构成环节或因素之中，长期以来被忽视或遗忘的一个关键因素即是选法主体。[①]忽视或遗忘选法主体并不意味着没有选法主体，相反，在所有的选法理论和体系中都或明或暗地预设了选法主体，只不过此等选法主体是未经检验的预设。相反，在国际私法历史和当下，更被关注的是"为何选法"和"如何选法"[②]。但不论是为何选法，还是如何选法，都必须有一个前提即选法主体的存在。

对于选法主体的设定，事实上就是对谁来选法的问题的回答。从宏观形式看，选法主体主要显现为三元性，分别是：立法者、司法者和当事人。早期国际私法的选法主体主要是立法者，立法者的选法权是通过国际私法规范的设定体现出来的，某类法律关系或者法律关系中的某一或某些问题由什么法律调整，这是国际私法规范即冲突规范所确定的，立法者通过控制冲突规范的设定来行使法律选择的权限。在这种法律适用理念下，当事人，包括司法机关都不能分享法律选择的权限，只在非常有限的领域和符合特定条件时，当事人或司法机关才有一定的选法权利。[③]典型例子如在涉外合同领域，当事人方具有有限的法律选择权限，并且必须满足意思自治的行使条件。[④]

司法机关分享法律选择权的表现主要有二：（1）立法机关通过设

[①]　江保国：《法律选择权研究——审视冲突法的权利视角》，法律出版社2014年版，第38页。

[②]　参见陈卫佐：《比较国际私法》，清华大学出版社2008年版。

[③]　著例是我国《涉外民事关系法律适用法》第3条。该条规定："当事人依照法律规定可以明示选择涉外民事关系适用的法律。"有观点认为该条是无增量意义的宣示条款。事实上，该条款对冲突规范或国际私法确立了一个关键定位，即国际私法的适用必须严格由立法设定，"法不禁止即许可"的私法自治或私法自由原则并不适用。这也是对冲突规范任择适用的某种变相回答。关于冲突规范任择适用的相关主张及论述可参见徐鹏：《论冲突规范的任意性适用——以民事诉讼程序为视角》，《现代法学》2008年第4期，第141—147页。

[④]　在我国立法中，意思自治在方式上必须是明示的，但对候选的法律体系则无关联性要求。

定弹性的选法规则，实质性地赋予司法机关以自由裁量权，从而让司法机关在特定程度和范围内参与法律选择，比较有代表性的弹性选法规则如"最密切联系"。不仅如此，有的选法连接点即便看似明确无疑，但因社会时势变迁及科技进步，此类选法指向发生多元化或模糊效应，使立法者独享的法律选择自由度在司法过程中为司法机关所承续。典型例子如"侵权行为地"，该选法连接点本为具体而明确的连接点，但因现代科技进步，很多侵权行为实施地与结果发生地在时空上开始拉长变化，从而发生了行为地在选法指向上的多重化或多元化。为解决此类问题，我国司法机关通过司法解释方式，明确了行为地同时包括两种选法指向①，并且在实践中又通常以同时作为法院地的行为实施地或结果地当作最终的选法根据，此途径取代了本属立法机关的选法主体身份，司法机关实质上共享了选法主体的权力。

（2）在无条件的选择性冲突规范的适用情形下，由于立法者为维持选法的弹性和宽容，设置了若干选法点，并且各点的选法指向无任何优先顺序，如"遗嘱效力，适用遗嘱人立遗嘱时或者死亡时经常居所地法律或者国籍国法律"②，司法机关因此可根据案件具体情形，对所指向的若干法律进行衡量选择，据此发挥选法主体的作用。

在国际私法或冲突法领域确立"法不禁止即允许"的原则，或许还言之尚早，但西欧国家泛起的"冲突法任择适用"的思潮在很大程度上标志着当事人在选法中主体意识和权利意识的苏醒。即便在当前，其并非主流，但从国际私法作为私法的共识观念下，当事人作为选法主体也必然是未来发展的主流倾向。即便在严格限制当事人选法的我国立法体系下，当事人作为选法主体的证据也是广泛存在的，其显著表征即是，意思自治作为选法规则不仅在传统的合同领域依然强势存

---

① 我国最高人民法院对侵权行为地的解释是，包括侵权行为实施地和侵权结果发生地，法官可以从中选择。

② 参见《涉外民事关系法律适用法》第33条。

在，而且还扩展至几乎所有涉及财产的领域，包括婚姻、家庭和继承等领域。鉴于意思自治本身尽管局限在立法所明定的范围内，但其适用范围在量和质上的双重扩张毕竟也在客观上赋予了当事人极大的选法决定权，从而可视为选法主体向当事人倾斜的表达。

应当指出，不论在涉外法律适用理念发展变迁的哪一阶段，三元选法主体的鼎足而立都是存在的，区别只在于三元主体在选法中的地位和作用。在国际主义和国家主义理念下，立法者为维护涉外法律适用的宏观利益，必然会以当事人的微观利益为代价，只为当事人保留必要的选法范围，而将更多的选法事项保留在自己手中。当时过境迁，涉外法律适用理念由国际和国家的宏大叙事重心下沉至当事人利益的"小时代"时，必将引起涉外法律适用体系、方法论和具体规则的类似"哥白尼式革命"。在当事人主义的法律适用理念下，当事人不再是涉外法律适用规则的被动承受者，而从消极承受的选法客体身份转变为积极决策的选法主体身份。因此，涉外法律适用理念的变迁也必然凸显为选法主体的变迁，此种变迁不是旧主体的消亡和新主体的诞生，而只是选法主体多元化格局的显隐变动，即立法者作为绝对的选法主体开始让渡出部分选法权，当事人开始成为更具主动性，乃至决定性的选法角色，其主体意识和话语权在选法中越来越明显和举足轻重。

（三）选法理念的返本归真

当国内私法学者不断呼吁对国内私法重新定位，以发掘其公法本色时[①]，国际私法却在走着相反的道路。长期以来，在关于国际私法的公法、私法属性上存在着深刻的论争。有一种观点认为：国际私法在

---

① 如有民法学者认为应重构民法的对象，民法不只是"调整"关系的私法，而且也是"确认"主体人格和身份、"确认"客体范围和类型的公法。参见徐国栋：《民法哲学》（增订本），中国法制出版社2015年版。

功能上作为（主要是）法官选法的规范，其拘束力的对象或规范作用途径是法官的裁判行为，因此国际私法本质上是"法官法"，即公法。此外，也有一些观点将国际私法的调整对象"涉外民事关系"变革为"法律体系间关系"，认为国际私法调整和解决的是不同法律体系之间的冲突和竞相适用的问题或关系，因此国际私法作为"法中法""二级法"，具有公法属性。

从法律适用理念的角度看，国际私法在传统阶段上的确有追求公益而非私益的倾向，自国际私法创始人巴托鲁斯始，其问题意识和解题方向均以界定法律规则的空间效力为着眼点，从而在本质上将国际私法提升到了"宪法性"规范的地步。正因为国际私法作为格致不同法域之间法律体系时空效力问题的艺术和技术，《美国联邦宪法》里面规定的基本原则同时也是指导其国内不同州（法域）之间法律适用的基本原则。简言之，在美国的法律构造中，国际私法问题同时也是宪法性问题。[①]

尽管在作用路径、方式上，国际私法具有公法属性；同时，尽管国际私法问题直通"宪法"，事涉"宪政"，但由于国际私法在目标上至少具有合理分配私当事人利益的维度，因此就很难说国际私法是纯粹"公法"。必须承认，国际私法在目标上具有二元分化和际会之处[②]：一方面，国际私法于公，关涉国家间法律体系之适用关系，可能促进和延缓国际秩序的良性建构；国际私法于私，关涉特定民商事争议之解决，以及当事人之间私利益的重新分配或矫正。此为其目标二元分化的体现。另一方面，国际私法的公法功能与私法效果又是通过

[①]　如美国宪法中的 Full Faith & Credit Clause (FF&C)，Due Process (DP)，Equal Protection，以及 Privileges and Immunities 等条款，均是对美国各州之间冲突法适用的限制。

[②]　有文献就从"交汇"（confluence）角度研究国际公法和国际私法之间的关系。参见 Alex Mills, *The Confluence of Public and Private International Law: Justice, Pluralism and Subsidiarity in the International Constitutional Ordering of Private International*, Cambridge University Press, 2009。

涉外民商事法律关系的调整或解决得到实现的，因此也体现了二者的际会。由于国际私法在目标上，同时也是其存在根由上具有先天的二元性，对其目标的不同侧重作为不同时代的风尚，也就导致对国际私法的理念的不同理解和追求。在"国际主义—国家主义—当事人主义"的理念变迁中，国际私法的选法规则和"审美"必然重心下沉，如何更好地重新分配或矫正当事人的利益，成为其中心思想，而这将充分释放国际私法的"私"精神，并使国际私法展示出回归"私法"本位的大趋势。当然，与国际私法初期理念以"天下为公"、无视私意的做法不同，国际私法回归"私法"并不意味着其目标的去公法或去公益化，公益属性仍然是其不可或缺的构成部分。

伴随国际私法目标点的时势迁移，国际私法的涉外法律适用理念迄今可区别为相对清晰的"国际主义—国家主义—当事人主义"。这三种理念在国际私法的发展史上并非线性发展，也就是说，在特定历史时期，关于涉外法律适用理念并不只是一种单纯的声音，更接近现实的是一种"复调"①，即在特定历史时期以某种"主义"为主调，围绕着这些主调存在诸多或以"反思"名义、或以"异端"形式、或以所谓"后现代"形态发声的"杂音"或"伴音"。因此，涉外法律适用理念的变迁是一个立体的进程，差异只是主次而已。以下将以代表三种理念的理论体系为样本，按照"国际主义—国家主义—当事人主义"的逻辑顺序，而非自然的历史顺序进行归集分析，并相应呈现法院地法于其中的沉浮轨迹。

---

① 例如在以国际主义为基调的法则区别说时代，既有以普遍主义，也就是国际主义为宗旨的意大利法则区别说，也存着优利克·胡伯的国家主义倾向的法则区别说；在国际主义极盛的萨维尼法律关系本座说之侧，也相伴着国家主义极浓的戴西既得权说。而在被认为是最早体现选法意识的时代，"更好法"本身可发掘出多种主义的理解。

二、国际主义理念与法院地法的沉隐

国际私法中最具"天下"情怀的学者当推萨维尼，他提出了法律关系本座说。无论萨维尼是否有这样的自觉，他的法律适用体系总是已经表达出了"天下大同"的理想，这既是他的出发点也是他的落脚点。以下先概略介绍最具代表意义的国际主义法律适用理念的理论体系，次之提炼萨维尼理论体系的学术抱负，最后阐明法院地法在该理论体系中的地位。

（一）国际主义理念的体系化表达：萨维尼的本座说

1. 总思路：作为自由意志之体现的"本座"

萨维尼的《法律冲突与法律规则的地域和时间范围》一书是按照总分结构展开的，在分论部分又按照法律规则的地域和时间范围分为两个相对独立的环节。不过，萨维尼明确强调将二者进行有机联系的必要性，他为此指出："先前的学者似乎错误地将法律规则效力的地域范围与时间范围作为两个问题分别对待，本书却将二者有机结合起来。我自己认为，通过将这一问题的两个部分结合起来，可以弥补以往的缺陷，不仅是在表面上将二者并列（单单这样是不够的，先前概要性的初级著作中所做的尝试收效甚微），还要对支配这一问题两个部分的原则的本质联系进行研究和解释。"[1] 但是，在其后的阐述过程中，萨维尼似乎并没有将二者进行综合性的有机结合，法律规则的时间和地域范围的关系仅仅在"法律规则的支配范围"这一语词处得到最简单的联系。在阐释法律规则的时间范围部分，萨维尼以显然辜负了自身

---

[1] 萨维尼：《法律冲突与法律规则的地域和时间范围》，李双元等译，法律出版社 1999 年版，前言，第 2 页。

的期望的方式至为简洁地谈道："《现代罗马法体系》第三编的目的在于确定法律规则支配法律关系的范围及其限制。这种对范围的确定从两方面来讲是必要的，因为不同法律规则的效力被认为要么是同时的，要么是相继的。对前者，即地域范围的确定，我们在第一章已经讨论了，这样，尚需要对第二种时间的范围作出界定。"① 由此看来，这两个部分之间的关联是松散的，完全可以作为两个独立的篇章，而后人基本上对萨维尼的时际法律冲突不予关注，萨维尼赖以独步天下的"本座说"也只是法律规则的地域范围这一部分的内容。为此，本章暂不涉及法律规则的时间范围问题，而是专论萨维尼的本座说思想。

如果单纯从萨维尼这部著作的标题来看，很容易忽视它与传统法则区别说的差异，因为书名阐述的恰好是一个标准的"法则区别说"命题，即"法律规则的地域范围"。传统法则区别说正好是从法律规则的地域效力、空间范围着力的。不仅如此，萨维尼在后文的阐述中也是按照法律调整的两大对象进行论证的：一类是人本身，即关于人的权利能力和行为能力，或人享有权利及取得权利的条件；另一类才是法律关系。② 其中，有关第一类对象的阐述隐隐约约地带着巴托鲁斯以来的人法特征。但是这不应该看作是法则区别说残存的痕迹，毋宁说是萨维尼"过渡到法律关系"的序曲，因为照萨维尼看来，法律调整的一切问题都是关乎人的问题，人是法律产生、作用的基本起点，只有先阐述人本身，才能由人的活动向外推展出各种法律关系，法律的地域支配范围也就相应地从人本身"过渡到法律关系"：

> 从上面的概括中明显可见，法律规则最初的直接适用对象是人：首先，人的一般品性决定了他是所有权利的主体与核心，而

---

① 萨维尼：《法律冲突与法律规则的地域和时间范围》，李双元等译，第199页。
② 萨维尼：《法律冲突与法律规则的地域和时间范围》，李双元等译，第6页。

且，也正是由于人在许多极为重要的场合下的自由行动，产生了或帮助产生了法律关系。不过，人使自己扩展进入人为世界。人寻求统治各种事物，因此来到这些事物的所在地，进入外国的法域。这对于不动产而言最为常见。不动产的所在地不具偶然性也不可改变；但是，对于动产实际上也是一样的。通过契约方式，某人寻求控制他人的行为，或使自己的行为服从于他人的意志。通过家庭，他缔结特定的生活形式；而且由此也在许多方面触犯他最初单纯的个人权利，有时是自愿的，有时则迫不得已。①

萨维尼的观点带着德国古典哲学的浓重痕迹，他首先剥离一个处于错综复杂的社会关系中的个体，将其还原为原子式的个体；在此基础之上，通过个体的自由意志的向外扩展，逐渐形成以人和物为对象的相互关系，这就是人与人的人身的结合关系即婚姻关系和由之延伸的家庭关系，以及人与人的物的交易关系即债的关系和作为债的关系发生之前提的物权关系，当然还包括基于人身而产生的财产继承关系。萨维尼的这种推理思路显然地将自由意志这个最核心和基本的概念作为了整个体系的拱心石，从而在很大程度上将基于事件发生的法律关系排除在外。这一思维模式已经先行地将意志作为了本座学说的灵魂，或者直接地说，萨维尼的本座及其确定就是法律关系中的人的意志实现地，用萨维尼自己的话来说，本座所指向的地方就是当事人"自愿服从"的地域：

　　适用于法律关系的本地法在很大程度上受到有利害关系的当事人意志的影响，尽管这种影响不是没有限制的，但当事人确实可以自愿地选择服从一种特别法。这种自愿服从还表现在对于某

---

① 萨维尼：《法律冲突与法律规则的地域和时间范围》，李双元等译，第6页。

一种特定的法律关系，当事人可以选择服从对其有管辖权的法院。这种自愿服从某一个地方的法律的做法，在不同方式和不同程度上得到了证明。在一些场合，为调整某一种法律关系，当事人在选择特别法时，可能会宁愿适用另一种法律；……在另外的案例中，这种自愿服从某一种特别法在某一种权利的取得上得到了证实。[①]

将特定地域法对特定法律关系的支配视为当事人的自由意志的效果即自愿服从，并将此种自愿服从的地域称为本座，这是贯穿在整个萨维尼体系始终的建筑法则。萨维尼在其后不厌其烦地分门别类地探讨各种具体特定的法律关系时，也始终是遵守"自愿服从"这一意志自律的精神纲领的。因此，萨维尼学说体系的灵魂乃是他的法律关系之本座，而本座的实质不外是法律关系当事人的自由意志的"自愿服从"。

2. 人的法则基础：人的本座

沿着这一总思路，萨维尼首先改变了传统冲突法思考问题的方式，不再如同巴托鲁斯那般直接探讨法律规则是否具有域外效力的问题，而是直接追问"法律规则的功用在于支配法律关系。但是，何为它们支配的程度或范围？何种法律关系将由它们来控制？"[②]在法律规则与法律关系的勾连之上建立一种"应然"的关联之后，萨维尼接着指出，法律规则与法律关系之间乃是一个可逆的关联，"为了解决上述问题，也可运用相反的思维程序。当一项法律关系提交裁决时，我们就寻找支配它的法律规则，并依据该法律规则对它加以判断，由于必须在归

---

① 萨维尼：《法律冲突与法律规则的地域和时间范围》，李双元等译，第 61—62 页。

② 萨维尼：《法律冲突与法律规则的地域和时间范围》，李双元等译，第 1 页。

属于不同实在法体系的多种规则之间加以选择，我们又回复到对实在法各自支配范围的划分，以及由于这种划分造成的冲突"①。

在改变发问方式并据之从法律关系的角度理解法律冲突之后，萨维尼接着分析了法律关系的本质。对法律关系的研究引导着萨维尼走到了前法律关系的状态，这就是"人本身"的问题。萨维尼认为，有关人本身即权利能力和行为能力的问题是产生法律关系的前提和基础，伴随着人本身的权利能力和行为能力的客观实现才真正形成了各种法律关系。由此，人本身和由人所产生的各种法律关系成为法律规则的两大调整对象。在切入法律关系的冲突法分析之前，萨维尼首先对"人本身"的法律适用问题进行了探讨，"我们的首要任务是探讨决定一个人与某一个特定法域之间一般联系的原则是什么"②。可以说，直到此时，萨维尼的研究并没有超出巴托鲁斯和传统法则区别说多远。萨维尼找到了支配人与特定法则相联系的两种基础：一种是民族性，即"作为法律共同体的基础和范围，具有属人的、无形的特征。尽管从其根本性质上来看，它似乎排除了选择的任意性影响，但它能够通过个人的自由接受而得以扩展"。另一种则是属地性，即"国家或属地性是决定和限制个体之间实在法共同体的第二种非常重要的、广泛的原则。它与前者（民族性）的不同之处在于它更少属人性质。它是与外观可认知的事物相联系，即可以察觉的地理分界；而且，人类选择对其适用的影响比对民族性的影响更为广泛、直接，因为人类选择对民族性的影响仅仅是例外"。③萨维尼还指出，在这两种基础中更为重要的是属地性，"随着时间的推移，文明的进步，法律共同体的第二种根源已逐渐取代第一种根源（民族性）"④。民族性或者地域性在法律意义上就

---

① 萨维尼：《法律冲突与法律规则的地域和时间范围》，李双元等译，第 2 页。
② 萨维尼：《法律冲突与法律规则的地域和时间范围》，李双元等译，第 7 页。
③ 萨维尼：《法律冲突与法律规则的地域和时间范围》，李双元等译，第 8—9 页。
④ 萨维尼：《法律冲突与法律规则的地域和时间范围》，李双元等译，第 9 页。

呈现为籍贯或住所，为此，萨维尼对罗马法上的籍贯与住所、当代法上的籍贯与住所进行了详尽的阐述。

由于不同国家的公民受不同地域法的支配，以及同一国家内部不同地域的居民受不同地域法的支配，由此导致了两种类型的法律冲突。萨维尼在分别探讨了这两种法律冲突后指出，同一国家内部之间的不同地域法的冲突在性质上不同于不同国家间的法律冲突，前一种类型的法律冲突更大意义上是普通法与特别法之间的冲突，后一种类型的法律冲突才是真正意义上的平位法律冲突。这里涉及了法律关系本座说的核心思想，萨维尼明确提出了这一问题，即"根据法律关系（案件）的性质，确定它受制的或所属的法律"①。这就自然地过渡到了法律关系的法律适用问题，从而开始真正进入本座说体系的内部。

3. 法律关系的法则基础：法律关系的本座

萨维尼在这一部分提出了他的研究目的，即"要探讨一个人同一个特定的场所及特定法的地域的联系，因而我们必须注意到各种法律联系，也即是要确认一个人与一个确定的地域——一个特定的法域之间的关系。为了使用相似的术语来使这两部分的研究彼此接近，在以后的研究中，我们可以说是去为每一种法律关系寻找一个确定的'本座'。基于此种主张，我拟再回顾一下前面所确认的关于其它联系方面的准则，于是整个问题便是：为每一种法律关系找到其在本质上所属的地域（法律关系的本座所在地）"②。要为每一种法律关系拟订其本座就必须先行对法律关系进行类型化分析，此种工作自罗马法以来便已经有了相当成熟的进展，而且在萨维尼自己的《现代罗马法体系》前七卷之中也已经完成了对各类法律关系的分辨和阐述。于是萨维尼第

---

① 萨维尼：《法律冲突与法律规则的地域和时间范围》，李双元等译，第15页。
② 萨维尼：《法律冲突与法律规则的地域和时间范围》，李双元等译，第61页。

八卷的工作就有了相当坚实的基础，这就是为前七卷清理出来的法律关系类型寻找适切的"本座法"，即配座。

在第八卷第二章中，萨维尼已经对法律关系进行了粗略的分类，分别是：对特定物的权利、债，对于范围不定之观念之客体的全部遗产的权利（继承），以及家庭关系。[1] 在如此区分之后，萨维尼进一步按照法律关系产生的逻辑模式再次修正了分类，并提出了最终成熟的关系类型。他指出：

> 每一种法律关系的"中心"应该是在该法律关系中享有权利和利益的当事人，当事人本身的法律地位应该首先予以固定。这种法律地位表现为当事人在法律关系中具有享有某种权利的资格（权利能力）以及当事人在法律关系中能够以自己的行为取得某种利益的资格（行为能力）。这两个方面的能力和资格即构成了人的绝对的法律地位。围绕这个法律关系的中心（抽象的人），权利的获得呈现出多种形式，不过，它们基于不同标的可以区分为两个方面，即家庭法和财产法。[2]

从抽象的人到人身关系、财产关系，再由人身关系和财产关系向下区分，就形成了各种法律关系，萨维尼据此提出了即便在今天看来也是相当完善的关系类型，它们形成树状或金字塔式的扩展特征，这就是：有关人的身份的问题、物权关系、债之关系、继承关系、家庭关系，家庭关系进一步区分为婚姻关系、亲子关系和监护关系三个方面。[3] 在具体提出各类法律关系的各自本座之前，萨维尼先对所有本座

---

[1]　萨维尼：《法律冲突与法律规则的地域和时间范围》，李双元等译，第6页。
[2]　萨维尼：《法律冲突与法律规则的地域和时间范围》，李双元等译，第66页。
[3]　萨维尼：《法律冲突与法律规则的地域和时间范围》，李双元等译，第66—67页。

进行了检索审确，最后敲定为四个方面：

> 对于属于上述分类之一的每一种不同的法律关系，我们现在要决定适用什么规则来解决不同属地法之间的冲突。对于这一问题的解决，人们已经提出了一个比较普遍的原则，即认为应该适用每一种法律关系的"本座"所在地的法律（应当把它与当事人的住所区别开来）来解决存在冲突的案例。考虑到决定每一种法律关系的"本座"的选择的各种事实上的联系，每一种特定的法律关系的"本座"的选择通常是比较固定的，这可以归纳为：法律关系所涉及的人的住所；法律关系的标的物所在地；法律行为实施地；法院所在地。①

在这段论述中，萨维尼肯定了一个事实即关于"本座"这一提法并不是他的独创，而是"人们已经提出了一个比较普遍的原则"。其言下之意是指本座这一术语及按其解决法律冲突的思维模式已经在当时成为一种为人熟知的风尚，荣格将"本座"这一隐喻的著作权归于韦希特尔看来并不是空穴来风②。如此一来，那些将"本座"一词具有的缺陷归咎于萨维尼的观点就值得商榷。不过，本座一词及其所代表的冲突法思想毕竟是因萨维尼而征服了世界，本座与萨维尼事实上是相互成就的关系，以至于二者简直可以画上等号了。即便如此，对于"本座"一词具有的模糊性，沃尔夫还是代萨维尼进行了辩护：

> 对于他所作出的"地域上的本座"这个公式——每个关系的"地域上的本座"都是必须找出的——曾经有人提出了许多异

---

① 萨维尼：《法律冲突与法律规则的地域和时间范围》，李双元等译，第 67 页。

② 荣格：《法律选择与涉外司法》，霍政欣、徐妮娜译，北京大学出版社 2007 年版，第 50 页。

议，而且现在仍然有许多异议。有人着重指出说，这纯粹是比喻，它会造成法学上的"印象主义"（尼波叶）。但是，法律家并不是能始终不用比喻而进行论证的，而且一个恰当的比喻往往能使读者具有那种必要的思想状态来观察和衡量他所研究的现象。是的，"本座"这个词可能是太含糊了。当吉尔凯——他大体上是采取萨维尼的学说的——用"重心"这个名词代替"本座"的时候，那是前进了一步；当魏斯脱莱克把任何地域的观念置之不问，而只说到同一个关系"有最密切联系"的那个法律的时候，那是更加前进了一步。这些字句都不是完全确切的。但法律家不是数学家，他们常须利用不是绝对清晰的观念来进行工作。自然，一个关系的"本座"或者"重心"究竟是在什么地方，是常常可以发生疑问的，关于契约债务和运送中的动产，情形尤其是这样。虽然如此，萨维尼已经尽力用一个概括的公式来指出解决的方法了。①

萨维尼不仅自己使用"本座"，而且还认为冲突法的先驱们毕生所做的努力也只不过是在以不同的方式寻找"本座"，这些典型的路径包括法则区别说、住所地法说、法院地法说、法律关系所在地法说和既得权说。萨维尼批判了这些"林中路"所犯的形而上学的错误，认为"这种努力可以预先肯定地说是难以取得什么效果的，因为每一种法律关系具有不同的性质，要想通过一个共同的绝对的规则来取得法律关系的'本座'是几乎不可能的"②。在批评前人并且吸收前人的心得的基础上，萨维尼的本座体系得以涅槃，可概括如下表（表1）：

---

① 马丁·沃尔夫：《国际私法》，李浩培、汤宗舜译，法律出版社1988年版，第61页。
② 萨维尼：《法律冲突与法律规则的地域和时间范围》，李双元等译，第67页。

表 1　萨维尼的本座体系

调整对象								本座	本质
抽象的人	能力（权利能力／行为能力）							住所地，物之所在地，行为实施地，法院地	自由意志之自愿服从
法律关系	财产关系				人身关系				
	物权关系	债之关系	诉讼关系	继承关系	婚姻关系	亲子关系	监护关系		

（二）选法体系的国际主义理念：本座说的学术抱负

如果说像萨维尼这样的天纵奇才不曾怀有伟大的抱负，这必然是一个法律世界的笑谈。萨维尼也不曾辜负过自己的天赋，传说中唯一掌握了冲突法领域"破解任何谜语的万能钥匙"[①]的人就是他。概括而言，萨维尼的宏伟抱负可以表达为如下四个方面，即各法律体系之间的"众生平等"、世界各国之间的"天下一家"、法律适用及其判决的"天下大同"以及导向世界公民法的各民族法律的历史性趋同。

1. 众生平等：法律间关系

冲突法的精神前提在于对天下诸国之法律体系处于"众生平等"的假定，萨维尼的整个体系基础就在于这种对各国及其法律体系的平等对待，方使得法律关系本座说能够有效运转。萨维尼的这一思想是通过对既往法院地法主义的批判来形成的，法律适用上的法院地法主义事实上也就是主权过度行使的结果。这也证明了国际主义法律适用理念与法院地法之间的对立关系。

萨维尼首先将批判的锋芒针对以主权学说为底蕴的优利克·胡伯。

---

① 辜茨威勒指出："萨维尼的这一'魔术公式'已经超越了所有的习惯法原则，几乎适用于任何场合，因而似乎已经成为人们长久以来所追寻的能够破解任何谜语的万能钥匙。"Max Gutzwiller, *Der Einfluss Savignys auf die Untwicklung des Internationalprivatrechts*, S.85. 转引自杜涛：《德国国际私法：理论、方法和立法的变迁》，法律出版社 2006 年版，第 182 页。

胡伯是荷兰著名的冲突法学者，他的整个冲突法立论是建立在其更为伟大的同胞格劳秀斯的主权学说基础上的。萨维尼不点名地批评了主权学说对于法律冲突问题的解决毫无益处，相反，主权的绝对化倒是只会导向法律适用向法院地法的绝对倒转，从而在根本意义上摧毁冲突法的生命。他对此阐述道：

> 许多人试图仅仅用主权独立原则来解决这一问题，并提出如下二个假设：（1）每一个国家只有权要求在自己的管辖范围内承认其自己的法律；（2）任何国家均不得要求在它的管辖范围之外承认它的法律。我不仅承认这种主张的正确性，而且甚至认为可以把此种主张扩展到可以想象的最高限度；但是，我相信这对于解决这个问题没有多少帮助。最大限度地实行主权独立原则，对外国人来说可能会导致把他们排除在法律保护之外。这一观点对于罗马人的国际法来说是不足为奇的；即便罗马人并不适用这一原则来反对敌国，罗马市民和外国人的权利能力之间仍然存在巨大的差异。相反，现代法律已逐渐趋向承认本国市民和外国人之间的完全的法律平等。……绝对主权原则要求该国的法官只根据本国法律来判决案件，而不管与此案相关的外国法之间的不同规定。①

在萨维尼看来，在各种形态的法律冲突之中，最容易导致法律适用的畸形倾斜的冲突是外国法与法院地法之间的冲突，至于外国法与外国法之间的冲突则基本上不受民族主义等狭隘的"爱国主义"之影响。生活实践也最直观地反映了这一点，以至于美国冲突法学者柯里在面对内外政府利益冲突的时候，要求毫不考虑外国政府利益之大小

---

① 萨维尼：《法律冲突与法律规则的地域和时间范围》，李双元等译，第13—14页。

多寡而无条件地径直适用内国法。因此，萨维尼抓住法院地法主义进行反复的驳斥，以为只要克制了法院地法的"长臂管辖"就足以确保"众生平等"之实现。他反复教导世人，"在现代的立法和司法实践中并不存在一个只维护立法者自己的绝对权威的原则"，如何适用法律完全"应该根据案例本身的性质和要求"，"而不管国家和法域的限制"，并且指出："如果我们接受了这种存在于现代法律发展中（立法和司法实践）的原则，那么，我们就要反对那种法官只根据本国法来处理存在法律冲突的案例的原则。这种原则阻碍了对存在不同国家之间法律冲突的案例的一般解决，因此，对于存在属地法律冲突的案例，该原则不可能为适用于各国的一般法规所承认，即使这种尝试已经作过。"①萨维尼形象地将这种心态概括为"岛国"②心态。

对各国法律体系的平等对待还在于萨维尼历史主义的法学立场。他认为，法律的历史主义不仅是强调对自身作为民族精神的法律体系的爱，而且基于同一逻辑还当然地强调对同样是作为其他民族精神的异质法律文明的尊重；历史主义的法学立场的确强调对自身法律体系的爱，但它并不推崇而是反对对自身法律体系的偏爱。在第八卷前言的一段话就流露出了他的这种"博爱"精神③："如果采用突出的民族主义原则是当今的时尚之一，那么，在一个根本目标在于消除公认的相互往来的国家组成的国际社会内民族差别的科学内，这种时尚是没有立足之地的。由此，我们发现，一方面是对未来的憧憬，另一方面是迄今仍未获得一种解决问题的圆满方法，不管各个研究者的个人能力如何。对于这种情况的关注，可能使人谦虚，也可激起勇气。"在萨维尼的行文中我们可以经常领略到这种对自我民族主义的规训与自我批判，据

---

① 萨维尼：《法律冲突与法律规则的地域和时间范围》，李双元等译，第71页。
② 格恩里：《弗里德里希·卡尔·冯·萨维尼传略》，载萨维尼：《法律冲突与法律规则的地域和时间范围》，李双元等译，附录。
③ 萨维尼：《法律冲突与法律规则的地域和时间范围》，李双元等译，前言，第2页。

格恩里的回忆，萨维尼还强烈谴责了那种以"己所欲，施于人"为行动守则的民族主义的暴虐，并将其视为"自欺"："历史精神只是使人们免于自欺，这种自欺在个体及在民族和时代中都是不言自明的——它使得我们幻想属于我们自身特有的东西也属于整个人类。"① 不仅如此，萨维尼还赞成各民族法律体系之间的相互成就，认为包括法律在内的外来文化（尤其是罗马法）的滋养方式生成了德国的优秀的民族精神，依靠民族主义的轻狂试图驱逐这些外来成分简直就是"荒唐"：

> 特别是在被认为是中世纪基督教中心的德意志帝国，作为各种不协调的国家和地方性惯例中唯一正确法律的制定者和执行者，罗马法是国民教育的一项基本内容。依据虚构的民族性和时代的要求将它逐出，就如同根除已植根于本国文化土壤里的外来因素（如典籍的影响、意大利的诗歌与艺术或基督教本身）一样是不可能的，是荒唐的。②

或许正是立足于这种对各民族法律体系之间的血脉相连、息息相通的认识，才造就了萨维尼在对本国法抱有浓得化不开的"爱国主义"情操的同时，还懂得如何克制自我，"尊重似乎是外国的及被抛弃的东西"③。

萨维尼对众生平等的呵护集中地表达为对法院地法主义的批判，对法院地法主义的批判最终将萨维尼导向对狭隘的民族主义和肤浅的爱国主义的深刻抨击，因为法院地法主义无非是民族主义或爱国主义

---

① 格恩里：《弗里德里希·卡尔·冯·萨维尼传略》，载萨维尼：《法律冲突与法律规则的地域和时间范围》，李双元等译，附录，第311页。

② 格恩里：《弗里德里希·卡尔·冯·萨维尼传略》，载萨维尼：《法律冲突与法律规则的地域和时间范围》，李双元等译，附录，第317页。

③ 格恩里：《弗里德里希·卡尔·冯·萨维尼传略》，载萨维尼：《法律冲突与法律规则的地域和时间范围》，李双元等译，附录，第317页。

在法律适用过程中被滥用的逻辑产物。当然，萨维尼之所以能够对法院地法主义持有一种几乎可以说是天然的敌意并能够进行如此入木三分的剖析，这实在得归功于他的历史法学的功底，历史法学的主题不仅在于民族精神及作为其流溢物的民族法律的持续的内在生长，而且还在于自觉到异质法律文明之存在并对其持有善意地共同生长。这是众生平等格局能够生长出来的氤氲化醇的土壤。

2. 天下一家：国家间关系

将冲突法从公法问题和国内视野拯救出来，并将之改造成为一个"私法化"和"国际化"的科学，这被认为是萨维尼对冲突法所奉献的知识增量之一，简单地说就是萨维尼的"国际社会共同体"的思想。这种国际共同体的思想翻译成中国式的术语也就是"天下一家"的情怀。

萨维尼着力于对民族国家的解构，他的冲突法思维总是强调个人之间的交往、跨越国界的共同体法的适用。这始终构成萨维尼魂牵梦萦的思维起点和努力方向。在第八卷的前言中，萨维尼如此定位了该书的宗旨："本书并非只是对颇为引人注意和刺激的司法理论形成和发展的观察，它更多的是对法律信念与法律生活共同体的透视，找到一种普遍一致的实践。"[①] 这种法律生活的共同体主要地不是从主权国家的角度，而是从个体之间的跨越国界的交往来形成的，萨维尼的这一思维风格在他对待德国民法典的制定上有所表白："萨维尼对整个法典化问题立场的基础是他有关私法性质的观念，认为它直接起源于普通大众。不论国家在通过公法和刑法对它予以整顿和保障方面的功能如何，私法产生于个体的诉讼。习惯与先例，商人的惯例及法院的惯例，不只是原创性的，而且是法律进步的永久工具。"[②] 这段话显示了萨维

[①] 萨维尼：《法律冲突与法律规则的地域和时间范围》，李双元等译，前言，第1—2页。

[②] 格恩里：《弗里德里希·卡尔·冯·萨维尼传略》，载萨维尼：《法律冲突与法律规则的地域和时间范围》，李双元等译，附录，第310—311页。

尼对主权神话的颠覆，而将民族精神、法律生长的动力转移到民间个体，私人才是真正的载体。他还将这一观点延伸到超越民族国家的国际社会，从而完成了冲突法的私法化和国际化转向："人被置于外部世界之中，在此环境中最重要的因素是他与其同伴在本性与命运上的联系。但对自由人来说，在此接触中互惠共存。在他们的发展中，并不仅仅因为承认存在每一个体存在与活动可获得安全与不受干扰的领域的无形界限而互相妨碍，这是有可能的。确定这种界限与自由空间的规则是法律，这即意味着法律与道德之间的联系与区别，法律服务于道德，但不是执行他的命令而是保障每个个体意志中存在的力量的自由发展。"① 绝口不提主权者的姿态让萨维尼的世界只是私法个体活动的空间，以及由私法个体的彼此之间跨越国界的交往形成的国际社会共同体，民族国家间的关系因此被消融成为"天下一家"的整体格局。萨维尼的这一观点并不被认为是他的独创，而是渊源于利弗莫尔"将文明世界的各国比作'由许多家庭成员组成的宏大社会'"之见解，甚至还可上溯到格劳秀斯关于"人类本质的统一性"之立场。② 但是萨维尼的观点更具有彻底性，他不仅指出以个体国家为独立单元所构成的国际社会共同体，而且还指出以个体公民为独立单元所构成的国际社会共同体，用伊达的话来说就是："许多个人的国际社会。"③ 他使外国法的适用不再是"外国法适用"问题，而成为一种"无外"④ 原则指

---

① 格恩里：《弗里德里希·卡尔·冯·萨维尼传略》，载萨维尼：《法律冲突与法律规则的地域和时间范围》，李双元等译，第 315 页注①。

② 荣格：《法律选择与涉外司法》，霍政欣、徐妮娜译，第 50 页。

③ 转引自马丁·沃尔夫：《国际私法》上册，李浩培、汤宗舜译，第 36 页。

④ 赵汀阳先生曾经写了一本颇有冲击力的书，在其中他讲到了"天下"这一范式的现代化意义，认为天下观念蕴含着的无外原则是西方文明始终不曾达到的思想境界。详见赵汀阳：《天下体系——世界制度哲学导论》，江苏教育出版社 2005 年版。以此为底蕴，周江博士将"天下观念"引申作为解决冲突法上"元问题"的中国阐释。详见周江：《为什么要适用外国法：冲突法理论的中国阐释》，西南政法大学博士学位论文，2008 年。

导下的"本国法的适用"[①] 问题。这种精神境界已经超出了利弗莫尔的视界，世界不再是国家间的世界，世界已经成为人类的世界。萨维尼在《现代罗马法体系》第一卷前言结合对这部巨著未来宿命的展望，对这一思想进行了热情洋溢的申言：

> 现在我非常高兴地了解到这本著作可能包括真理的有益的种子，或许在别的著作里可以发现它得到全面发展并结出丰硕的果实。那么，如果出现了这种全面、丰硕的成果，眼下这本包括了它的萌芽的著作成为一种知识背景，也就是说，被遗忘了，这没有关系。具体的著作与个人的现实存在一样，都是短暂的，但思想是永恒的，它通过个体的生命而不断增长 —— 思想将我们所有人连成一体，我们以热情和爱而劳作，使人类变成为一个更大的更为持久的社会共同体，个人最平庸的贡献也能在其中找到它永久的地位。[②]

萨维尼的天下一家情怀使他超出了许多同时代人的境界，而与其同胞兼同事费希特关于世界公民的国际法思想若合符节，这应当是德国古典哲学在国际法上的一贯立场。通过这一立场，萨维尼的历史法学的归宿表现出了向理性主义的观点接近的态势，而这也正是萨维尼本人所乐见的。[③]

[①] 美国冲突法学者库克曾经有一种解释适用外国法理由的观点，他认为法院地只有绝对的义务和忠诚去适用本国法，因此，根本不存在外国法的适用问题，任何外国法的适用总是已经被归约为内国法的适用。Walter W. Cook, "The Logical and Legal Bases of the Conflict of Law", *Yale Law Journal*, vol. 33, 1924, p. 457. 这种极端的本地法主义反而呈现出与极端的国际主义的观点相靠拢接近的态势，极深刻地体现了物极必反、"反者，道之动"的辩证精神。

[②] 格恩里：《弗里德里希·卡尔·冯·萨维尼传略》，载萨维尼：《法律冲突与法律规则的地域和时间范围》，李双元等译，第 329 页。

[③] 在"世界公民法"这一部分将有进一步的详细介绍。格恩里：《弗里德里希·卡尔·冯·萨维尼传略》，载萨维尼：《法律冲突与法律规则的地域和时间范围》，李双元等译，第 315 页。

3. 天下大同：判决间关系

作为"天下一家"情怀在冲突法上的直接投射，萨维尼按照"天下大同"的方向制定了法律关系本座说，后者也正是以追求和实现这一目标而努力的。冲突法上的"天下大同"思想并非意指世界各国法律体系的"实体性"大同，这应当是萨维尼体系的最高纲领，但是作为目前的暂时纲领，这里的"大同"首先指的是"法律适用"的大同以及连带着的判决的一致，即实现判决的"大一统"。它的内涵可以概括为："同一个世界、同一个案件、同一个法律、同一个判决。"

判决的一致是萨维尼体系承诺的使命，而且也是萨维尼之前的冲突法学者共同期待的理想境界。沃尔夫首先指出了判决之确定随管辖权之变动而不定的荒谬性：

> 在当事人双方不要在任何法院起诉，而只是要知道他们的法律地位的情形，他们的律师也能够给予一个明白的回答；但是现在律师常常不得不这样说："我的回答要看诉讼是在甲国的法院还是在乙国的法院提起而定。依照甲国的冲突规则，应该适用譬如说瑞士的国内法，根据瑞士国内法，这个请求是有理由的；而依照乙国的国内法，则应该适用法国的国内法，根据法国国内法，这个请求却是没有理由的。"如果当事人双方都主张不要在任何地方起诉，而只要知道在他们中间哪个"是对的"，那么，即使是最有学问和最有能力的律师也不得不这样说："您的问题是不可能回答的，虽然法律是明白无疑的。"①

对于已经习惯于在同质法律体系下思维的世人来说，这的确有点不可思议，一个案件的公平处理当然要求一个确定无疑的答案，而且

---

① 马丁·沃尔夫：《国际私法》上册，李浩培、汤宗舜译，第36页。冲突规则有时也写作"冲突规范"。

这个答案还应该具有"放之四海而皆准"的普遍性。但是，法律冲突的世界却硬生生地撕裂了这个完美的图景，而将案件之处理诉诸不同地域的管辖及其导向的未知且互异的地域法。从本质上言，要求同一个案件、同一个判决，这事实上也只是一种幻象，是我们的思维的一致性惯性自然地位移到冲突法框架之后的条件反射。然而，这一幻象却被认为是根植于共同人性的"公道之声"，因为"公道要求不论诉讼在什么地方提起，判决总是一样的"①。萨维尼也是这样想的，他指出："总的说来，世界各国和整个人类的共同利益决定了各国在处理案件时最好采取互惠原则，并坚持本国市民和外国人之间的平等原则。这一平等原则的充分发挥不仅会使外国人在每一个特定国家都跟其本国国民一样（这里包括待遇平等），而且，对于存在法律冲突的案件，不管它是在这一国家还是在那一国家提起，其判决结果都应该一样。"②

　　萨维尼不仅是这样想的，而且也正是这样做的。他的整个学说体系都严格地建立在逻辑的规则之上而不主要是取之于实践，"他是一个理论家，他学术口味甚至比维希德更具有教条的和抽象的性质。尽管斯托里冲突法评论第一版援引了 500 多个案例，但是萨维尼只援引了 12 个案例，他常常更喜欢依靠假设性案例而非法院判决来阐述自己的观点。……萨维尼通过建构一个将产生统一适用规则的体制'科学地'处理这一问题"③。萨维尼的目标投向的是法律适用的大一统，而不是个案处理中可能充斥和缠绵着的"儿女情长"，如同黑格尔因独宠绝对精神的整全性目标而可能过乐观地将人类世界历经的两次毁灭性浩劫仅仅视为"历史的狡计"，这使得他们都具有了一种以大爱置换小爱可能产生的误导性"冷酷"假象，但是也通过这种超越性的目光和战略思维，"天下大同"这一更加恢宏的目标在逻辑力量的担保下至少展现出了史

---

①　马丁·沃尔夫：《国际私法》上册，李浩培、汤宗舜译，第 22 页。

②　萨维尼：《法律冲突与法律规则的地域和时间范围》，李双元等译，第 14 页。

③　Friedrich K. Juenger, *Choice of Law and Multistate Justice*, Nijhoff, 1993, pp. 10-27.

无前例的可能。沃尔夫或许点明了萨维尼的"野心"："国际私法的最终目标似乎是使所有国家的冲突规则都达到一致，像法兰茨·卡恩所说的'法律的协调'。如果达到了这个目标，每个诉讼案件，不论在什么法院起诉，都可以适用同一的'国内'法来加以判决了。"[1]

萨维尼正是有着这样的隐秘的憧憬和渴望，他制定的本座说体系并不是面向德国的，也不是面向其他特定的国家，而是面向世界的，他是在为世界各国的立法者"立法"，冀望通过世界各国对自己本座学说体系的采纳和实践来间接实现"为天地立心，为生民立命，为往圣继绝学，为天下开太平"的抱负。用他自己的话来说就是："现今学者们的观点，与有关机构的裁决一样，在很大程度上混淆不清并互相冲突。德国人、法国人、英国人以及美国人，经常彼此处于对立面；但是，他们都对这一领域显示出极大的兴趣，并努力寻求接近或一致，这在其他法学部门是极为罕见的。可以说，这一法学部门早已成为文明国家的共同财富，这并不是因为这些国家拥有确定的并获得一致承认的原则，而是因为它们在试图确立此类原则的科学研究中，共同受益。"[2]

4. 世界公民法：法律的历史性趋同

世界公民法的提法并不是萨维尼的独创，也不是他的明确用语，不过在他使用得非常频繁的数个具有萨维尼个性的术语中却明白无疑地表达了这一理念。在第八卷的开篇，萨维尼提到了"人类共同的原则"："实在法在世界范围内并非一致，各民族与国家之间有所不同，其原因在于，在任何社会中，实在法部分源于人类共同的原则，而部分源于专门机构的运作。"[3] 除此之外，萨维尼还在同一意义上赞同国

---

① 马丁·沃尔夫：《国际私法》上册，李浩培、汤宗舜译，第36页。

② 萨维尼：《法律冲突与法律规则的地域和时间范围》，李双元等译，前言，第1页。

③ 萨维尼：《法律冲突与法律规则的地域和时间范围》，李双元等译，第1页。

家之间存在着"跨国性的普通法":"在存在国际交往的国家中存在一个跨国性的普通法;由于这一观点对我们考虑的所有问题具有真正的便利,而且也必然受到基督教普遍道德教义的影响,因而这一观点随着时间的推移必然会得到广泛的认识。"①在阐述适用外国法导致的利弊时,萨维尼也赞成将这种"国际社会的共同法"提升到"我们整个原则的基础和最高目标"的地位。

在很多方面的综合迹象显示,萨维尼的"野心"不仅仅在于实现冲突规范的统一,即成就世界性的冲突规范,而且还在于实体性的世界公民法之瞻望。这一论断并不是妄言,而且按照一般的观点看来,萨维尼的历史法学派也反对这样的整体统一性,但是在格恩里的回忆中,萨维尼却的确抱有这样的一种与其说是法律的,不如说是道德的,甚至是宗教的普遍性立场。来自格恩里的下述引言明确地反映了这一点:"他并不属于在其一生中有起有落的重要的哲学派别中的一员。但在他的著作里,经常可以看到崇高的理念。他认为法律在人的道德品质方面是有目的、有目标的——它是道德的现实化或毋宁说是它的奴仆。但由于现在道德与基督教精神密不可分,他发现法律的最高动机在于我们宗教的伦理精神中。"②格恩里还特别提到萨维尼的最具有国际情怀的"世界公民法"之明证,这就是萨维尼的"趋同论"思想。③

(三)国际主义理念下法院地法的地位沉隐

萨维尼体系满怀着对他国法律体系的普遍的善意和无歧视的对待,集中表达为对法院地法的尽可能的限制。浸透着萨维尼风格的法律关系本座说也的确忠诚地践履了这一点,它脱却了法则区别说以来

---

① 萨维尼:《法律冲突与法律规则的地域和时间范围》,李双元等译,第15页。
② 格恩里:《萨维尼传略》,载萨维尼:《法律冲突与法律规则的地域和时间范围》,李双元等译,第314页。
③ 萨维尼:《法律冲突与法律规则的地域和时间范围》,李双元等译,第315页。

在内外国法之间直接选择处境下不可避免的"爱国主义"或回家趋势（homeward），将法律适用的决定权完全交付给体现自由意志的本座。萨维尼明确表达了这一理想："对于立法者来说，他是否倾向于适用其所制定的法律来处理存在属地法律冲突的案例，这正是困难之所在。如果我们比较公正地来看待这个问题，就可以看到，在现代的立法和司法实践中并不存在一个只维护立法者自己的绝对权威的原则，而是存在一个法律共同体的倾向，因此，对于存在冲突的法律案例的处理，应该根据案例本身的性质和要求，适用国际社会存在的普遍共同体法来进行处理，而不管国家和法域的限制。"① 因此，通过将法院地与本座地隔离开来的规则，法律适用不再严格地受制于法院地的束缚，一方面避免了当事人挑选法院的恶意，另一方面使萨维尼所追求的法律适用"天下一统"的抱负有了实践舒展的空间。

　　然而，萨维尼的本座学说如果被无限制地加以运用则很容易导致外国法的适用将会摧毁内国法律的基本安全，这就涉及公共秩序保留的问题。早在巴托鲁斯时代，他就注意到，适用外国法总是存在着一种风险，即外国法中某些"令人憎恶"的法则会得到通行无阻的适用。当出现这种情况时，巴托鲁斯改变了他的一般规则，允许内国排除该外国法的适用。这就是公共秩序保留在冲突法上的运用，它有着与冲突法同样久远的历史，或者可以说，公共秩序保留总是与冲突法相伴生的。这种做法也延续到萨维尼的本座学说中，他指出："因为许多法律由于其特殊性质不允许过分自由地适用不同国家之间的共同法。在这样的场合，法官宁愿适用其国内法，而不适用根据这一原则所适用的外国法。因此就产生了一种重要的例外情况，而要确定这一例外情况的限度可能是这一研究最困难的部分。"② 这一例外情况被萨维尼归纳

---

① 萨维尼：《法律冲突与法律规则的地域和时间范围》，李双元等译，第 71 页。
② 萨维尼：《法律冲突与法律规则的地域和时间范围》，李双元等译，第 17—18 页。

为两类规则 ①：一是强行性的实在法，即"它们与法律的自由适用是不一致的，这种法律的自由适用是不管特定国家的限制的"；二是外国法律制度的存在在内国没有被完全认识，因此不能得到内国法院的保护。

如果说本座说是对内国法的否定，那么公共秩序保留则是对内国法的否定之否定。事实上，公共秩序保留作为一种"安全例外"乃是根植于任何国家、种族和个人对安全的最基本的需要，但是它却与本座说的前提是相反对的。由于本座说的建构是奠基于冲突正义即天下诸国之法律体系都是正义的基础上，因为除非假定国际社会存在着一种超验的正义，在实证法的角度来看便不可能存在一种超验的正义，正如克格尔所言："各个国家的法律都对'公正'问题提供了一种可能的答案，而任何国家都不可能垄断对'公正'问题的答案。"② 如此一来，就自然地排除了运用公共秩序保留的可能。公共秩序保留意味着应予适用的外国法存在着德性危机，是一种邪恶到令人憎恶的规则。正因为公共秩序保留的此种"潜台词"，英国法院才特别注意，甚至反对运用公共秩序保留，按照斯科拉登勋爵审判员的说法便是："如果已经承认了一个国家是独立的主权国家，而它的法律违反正义和道德的基本原则，那似乎是严重地违反国际礼让的；对于一个敏感的外国政府，这种主张很可能成为宣战的理由。而且，按照我的见解，这种主张应该是君主通过他的大臣所采取的行动，而不应该是审判员的行动。"③

不过，相对于孟西尼来说，萨维尼对待外国法的态度已经足够

---

① 萨维尼：《法律冲突与法律规则的地域和时间范围》，李双元等译，第18页。

② Gerhard Kegel, *Crisis of Conflict of Laws*, Recueil des Cours, 1964, p. 183. 事实上，黑格尔等哲人早就对这一问题进行了阐述，黑格尔之所以主张主权者之间有进行战争的权力，就是因为国际社会已经不存在统一的正义标准了，此时每一个国家都保留对自己行为的裁断权，唯有发展出来的绝对精神才握有这样的权衡尺度。详见黑格尔：《法哲学原理》，范扬、张企泰译，商务印书馆2011年版。费希特甚至还曾经假设了一个典型冲突法的案例，遗憾的是他并未提出具有可操作性的方案。详见费希特：《自然法权基础》，谢地坤、程志民译，商务印书馆2006年版，第371—372页。

③ 马丁·沃尔夫：《国际私法》上册，李浩培、汤宗舜译，第262—263页。

"温柔"了，因为在萨维尼看来，这种做法只是外国法适用过程中的"例外"，而孟西尼则将它提升到了法律适用"三大原则"之一的地位。在某种意义上，孟西尼的做法是对的，因为从现实主义的角度来看，萨维尼的本座说如果不加修正地、一般地适用外国法，那么很可能使法律的适用连带着内国法律体系的基本精神"一步跃入深渊"，用柯里的话来说就是："法律选择规则是法律世界的怪物，除了告诉我们到哪儿去寻求结果以外，从不告诉我们结果将会是如何的，冲突规范的制定者并不能够预期准据法规范。"① 那么，就需要在适用外国法之先就必须有一种未雨绸缪的自卫措施，公共秩序保留就是这样的一种担保机制，它首先允许外国法在特定情况下可以被排除。这种保留就如同国际条约中的保留条款一样，它并不是一种事后的消极救济，而是国际条约能够得到更多国家缔结、加入从而生效的前提条件。在这一意义上，萨维尼的"例外"就不仅仅是一种"例外"，而摇身一变成为制约萨维尼体系被接纳、肯认和适用的前提条件，设若没有这样的例外规则，可能将会极大地削弱世界各国对萨维尼的兴趣。无论如何，国际主义理念下的法律适用，并不直接克制法院地法，而是其直接追求的国家间判决一致的伴生结果。但由于法院地法的确是对国家间判决一致的直接干扰，在国际主义法律适用理念与法院地法的适用之间建立一种反向的线性关系，也就不无道理。

三、国家主义理念与法院地法的浮显

与国际主义理念追求国家法律体系间的平等和中立前提下的选法不同，国家主义的法律适用理念更为务实地立足本国利益进行选法考

① Brainerd Currie, *Selected Essays on the Conflict of Laws*, Duke University Press, 1963, p. 170.

量，并始终以本国利益的保护作为选法的出发点和归结点，从而否定或忽略国际主义的浪漫预设。在国际私法的历史上，代表了国家主义法律适用理念的学说主要发端于优利克·胡伯的"国际礼让说"，他将主权学说引入冲突法，并作为解决法律冲突的前提和基础，从而使主权者这一"利维坦"在此领域得以确立，由此可能触发潘多拉魔盒效应。国家主义法律适用理念继而兴盛于柯里的政府利益分析说，并在后政府利益分析说时代形成诸多分支，艾伦茨威格的法院地法说成为后期代表。以下将据此概览国家主义法律适用理念的源流。

（一）选法中利维坦的引入：国际礼让说的潘多拉魔盒

作为霍布斯政治哲学中拟制的力量至伟者即主权者，利维坦被创设之初就传递出了令人担忧的意识，如何限制其适用，成为西方政治哲学的主题。在巴托鲁斯之后，优利克·胡伯首次将主权者，也就是利维坦引入了冲突法领域，从而为巴托鲁斯的国际主义思想找到了一个国家主义的平衡或冲突。冲突法发展至今在二者之间的游走摇摆，实在地可概括为是胡伯引入该利维坦的潘多拉魔盒效应。优利克·胡伯的国际礼让说在形式上传递出了倡导国家间合作的国际主义信息，但其学说贯穿始终的却是不妥协的国家利益，因此，以国际礼让之名概括其学说精华有以偏概全之嫌。理由如下：

其一，国际礼让说并没有说出关于法律适用的全部标准。基于国家利益之考量，对他国法律的适用可予以礼让；同样，基于国家利益之考量，对他国法律的适用也可不予礼让。由是观之，以国际礼让说为优利克·胡伯的法律适用学说冠名，较为片面地彰显了其学说的"阴柔"成分，而忽略了其排除外国法适用的"阳刚"一面。

其二，国际礼让说的产生背景也证明其倡导的是委婉的国家主义。优利克·胡伯作为荷兰法则区别说时代的学者，其学说立足的历史处境可概括为荷兰国家的"内忧外患"：内忧，是指彼时之荷兰刚由封建主义转向资本主义，新兴执政者必须处理好国内统一的问题，避免各地重新退回到封建主义时期的割据状态；外患，则是指新兴的资产阶级国家如何与尚处于封建主义统治下的其他国家进行合作，避免因意识形态而被孤立于世界舞台。优利克·胡伯的国际礼让说正是在这样的双重夹逼下为破解内、外困局实现突围而发展出来的。①

具体而言，国际礼让学说首先以国家主权为基点，利用主权的不可分割性和权威性整合国内法制的零散，但在对外交往方面，坚持主权的不可让渡性则会恶化荷兰国家的国际生存环境。为缓解主权概念的对外压迫性，胡伯设计出礼让的观念，并用之协调两个自相矛盾之处：一方面主权要求在涉外法律交往中无条件地适用法院地法；另一方面，为避免国家主权之间在法律适用上的冲突，实现彼此法律交往的协调，主权者可以进行礼让。

国际礼让说常为后人批评，指出其弊端有二：第一，将国际私法的存在根据建立在"礼让"之上，过于薄弱，因为礼让只是一种国际道德范畴，礼让之国家并无必须为之的义务和责任。因此，以礼让作为对外国法律适用的支撑点并无约束力，从而让国际私法脱离法之本质，而隶属国际道德准则。② 有学者就指出："这表明外国法的适用应该取决于各国的善意，而不再根据法律规则的思想，这就完全否定了国际私法的存在。"③ 第二，国际礼让不能周延地解释两国交恶处境下，一国之法官仍然有义务和责任适用他国法律的现实。此两点的确切国

---

① 有学者则将优利克·胡伯的学说产生原因归结为三方面的影响：荷兰的独立战争、博丹的主权学说以及荷兰王国越来越重要的对外贸易。参见 Yntema, *The Comity Doctrine*, 转引自克格尔：《冲突法的危机》，萧凯等译，武汉大学出版社 2008 年版，第 12 页。

② 后人正是在这一点上不断地发展出新的观点，将适用外国法律提升至法律的要求而非道德上的示好。典型如斯托里的法律同意说、戴西的既得权说以及库克的本地法说等等。

③ 巴蒂福尔、拉加德：《国际私法总论》，陈洪武等译，中国对外翻译出版公司 1989 年版，第 317 页。

际礼让说的短处，站在将国际私法作为法的范畴的立场上，国际礼让说必须改造成对主权者在适用外国法时的义务。然而，如果以此抨击优利克·胡伯的初心，则似有失偏颇，因为以具有道德属性而非法律属性的礼让作为适用外国法的根据，恰体现了优利克·胡伯的基本立场和巧妙用意：其基本立场是国家利益乃是法律适用之主义，这是国家主权所根本决定的；其巧妙用意则是将对国家主权利益的抑制限定在道德范围之内，而非法律规则之下。用礼让，而非法定义务，似更应解读为优利克·胡伯设计该学说的真正用意。

其三，国际礼让说的理论体系之安排也表达了国家主义为本、礼让为不得已之用的深意。优利克·胡伯的学说以国际礼让冠名，是因为后学者关注的是他如何衔接外国法在内国适用的方式，但也因此割裂了对胡伯学说的完整理解。胡伯的国际礼让说并不是其学说的全部本质，或者说并不是其学说的核心本质，在他的"三原则"体系中，国家主义乃是不可动摇的前提、基础和对国际礼让适用的根本限制，是其学说之本；国际礼让则是国家主义严格限定下的务实运用，是其学说之用。这可从"三原则"的结构进行解读，其三原则具体而言是指：

> 一国法律只能在该国领域内适用，并约束在该国领域内的全体臣民，而且法律在本国领域外无效；
>
> 凡居住在一国领域内的人，无论其经常居住还是暂时居住，均为该国之臣民；
>
> 各国为了"礼让"起见，应尊重他国法律，在不妨害本国主权和臣民利益的限度内，可允许他国法律在本国领域内保持其效力，并准予适用。[①]

---

① 刘想树主编：《国际私法》，法律出版社 2015 年版，第 38—39 页。

从其三原则看，第一、第二原则可视为对法律适用范围的界定，即一国法律在该国领土内具有当然的法律效力，且这种效力及于包括外国人在内的所有人。第三原则包含了两层意思，第一层意思强调了基于"礼让"，可适用他国法律；第二层意思则是指礼让性地适用外国法的保留条件，即不得损害法院地国的主权和臣民利益。因此，从意义层次看，胡伯的三原则事实上表达出了对法院地法适用的否定之否定结构：首先，法院地国应适用法院地法；其次，基于礼让可以考虑适用外国法；最后，在维护法院地国主权和臣民利益时应不受礼让之限制，适用法院地法。这就更为清晰地揭示了胡伯三原则的国家主义的立场，适用外国法只是国家主义为本的前提下的务实之用，对此，胡伯本人也承认：问题的解决并不全然来自民法，而必须源于便利以及各国之间的默契。尽管一国的法律对另一国并无直接的效力，但是，若根据一地法律有效的交易，因为另一地法律的差异而被认定无效，则对商业和国际惯例极为不便。这也是第三原则的理由——无可辩驳的理由。

由上观之，胡伯在冲突法历史上多被标签化为国际礼让的奠基者，这在普遍被"为什么适用外国法"这一主题引导的特殊时代自然有其合理性。但不应忽视的是，国际礼让的立足前提是国家主权，在礼让限度内，国家主权温文尔雅；但在礼让限度之外，国家主权的利维坦本性就将显露无遗。因此，在礼让说的体系中，受限制的是礼让，不受限制的则是主权。礼让不过是主权者利维坦的恩赐。相应地，这也表征了外国法与法院地法的适用关系。

（二）选法中利维坦的正当化：政府利益分析说的强化

胡伯的国际礼让说改变了此前法则区别说的思考方式，不是从法则自身的性质进行分类，继而探讨其域内和域外效力，而是引入了国家主权利益，可谓是开利益分析法之先河。如果考虑利益，且基本上只考虑国家利益，则很难不被国家利益所吸引，而在法律选择和适用上走向与法院地法画等号的国家主义。胡伯还只是将主权利益引入法律选择，并作为对外国法适用的保留限制因素，其并未将主权利益作为法律选择的基本标准，然而，当演变到柯里的政府利益分析说时，主权或政府利益开始从限制性因素走向前台，成为决定法律选择的唯一标准，这意味着选法中利维坦的力量得到了正当化。

从法则区别说到萨维尼的法律关系本座说这一正统国际私法演变史看，柯里的政府利益分析的确算得上第二次革命，但就其分析方法、适用法律及其维护的国家利益看，则是延续优利克·胡伯利益分析的自然结果。与胡伯只是简单将主权利益设置为限制因素相比，柯里的政府利益分析表现出精细的方法论特征，按照其基本思想看，他将法律冲突还原为利益冲突，并根据利益冲突的不同架构得出不同的利益指向，最终通过将利益追溯至地域因素，确定应当适用的法律空间及其法律。以下即是对其利益冲突结构的简单概括（表2）：

表2   柯里政府利益分析法中的利益结构及其法律运用

冲突类型	利益所涉州		法院地州	适用法律
	X 州	Y 州		
真实冲突	有利益	有利益	X 州	X 州法
虚假冲突	有（无）利益	无（有）利益	X 州	X 州法（Y 州法）
利他冲突	Y 州有利益	X 州有利益	X 州	X 州法

第一种情形：当 X 州和 Y 州均有利益时，此时依柯里的政府利益分析，法院地所在的州将适用本州的法律，即法院地法。在柯里的早期和晚期学说中，真实冲突下的法律适用有所变化。在早期阶段，柯里只注重真实冲突中利益的定性分析，而忽略利益的量的分析。简言之，只要法院地所在的州对案件的法律适用具有利益，则不论其利益大小，均

应适用法院地法。其理由是，政府利益衡量是立法者的使命和责任，司法者不能僭越，因此，司法者只需要判断法院地州是否对法律适用有利益，以定法律适用。在晚期阶段，柯里也关注到相互冲突的利益的多寡，也考虑过根据利益大小决定法律适用的"节制"问题。①

第二种情形：当且仅当一州对于案件的法律适用具有利益时，此时应适用利益唯一指向的州的法律。即当法院地所在的州具有唯一的法律适用利益时，应适用法院地法；当外州具有唯一的法律适用利益时，则应适用该外州法律。

第三种情形：当各州对于法律适用并无利益，或者更准确地说，当各州对于适用他州法律具有利益时，此种现象被学者称为"unprovided case"②，即柯里的利益冲突框架中并没有考虑到各州法律适用利他情形。由于柯里并未考虑到这种情形，因此其如何适用法律，柯里并未提出解决的方案。

由于在真实冲突和虚假冲突的解决方案中，唯有外州属于唯一的利益归属州时，才考虑适用该外州法，其余情形均适用法院地法，因此，柯里的政府利益分析说被认为是属地主义的。此种属地主义对外州法律的适用具有侵略性，它扩张了法院地法的适用范围，并未给予各国家法律体系以持衡对待，从而彰显出极强的国家主义风格。职是之故，克格尔认为："柯里不仅属于'法院地学派'，而且业已成为最直言的激进分子之一。"③荣格更是"一针见血地指出，政府利益分析几近于赤裸裸的法院地法本位主义"④。

---

① 柯里曾主张：如果法院发现两州的利益存在冲突，则应重新考量。对其中一州的政策或利益作更为节制的解释以避免这种冲突。克格尔：《冲突法的危机》，萧凯等译，第36页。

② William M. Richman, "Diagramming Conflicts: A Graphic Understanding of Interest Analysis", *Ohio State Law Journal*, vol. 43, 1982, pp. 317-326.

③ 克格尔：《冲突法的危机》，萧凯等译，第36页。

④ 帕特里克·J. 博尔歇斯：《失去一场战役，赢得一场战争：荣格对利益分析的批判》，载荣格：《法律选择与涉外司法》，霍政欣、徐妮娜译，第354—355页。

（三）选法中利维坦的独尊：法院地法的原则化

优利克·胡伯以国际礼让之名义有限度地掩盖了法院地法的倾向；柯里的政府利益分析说虽更为突出，但也以政府利益之名为法院地法的扩大适用提供了正当根据。艾伦茨威格则抛弃了任何遮掩法院地法适用的托词或根据，直接将法院地法作为法律适用的"基本原则"。为证明此点，艾伦茨威格逐一检讨了冲突法的若干适用制度，包括识别、先决问题、反致、法律欺诈、外国法的证明、公共政策，以及单边选法规则，将这些制度全部视为达到法院地法适用目的的直接或间接措施。

需要指出的是，艾伦茨威格为缓解法院地法适用的不合理性，他提出了"适当法院"或"方便法院"的前提，以正当化法院地法的适用。他认为，冲突法的首要任务不应是管辖权确定之后的消极法律选择，而应是提前至管辖权阶段对管辖法院的适格性进行干预，避免或限制不方便法院行使管辖权的现象。因此，其所谓作为基本规则的"法院地法"更确切而言应当是"一个适当法院的法律"①。

必须肯定的是，将艾伦茨威格的学说观点概括为"法院地法说"是有失偏颇的，因为如此标签式的概括很容易将其与那些不注重管辖法院的适格性而滥用法院地法的观点混为一谈。显然二者之间存在巨大的差别，艾伦茨威格对于法律适用的基本思路是：在管辖法院适当的前提下，适用法院地法，也就是适用适当的法。这在本质上并不与追求"适当法"之适用的现当代国际私法主流观点相左，相反却是貌离神合，殊途同归。当然，必须考虑到当两个或多个国家都属于适当管辖的法院地国，此时如果仍然采用法院地法说的立场，就不得不面

---

① Ehrenzweig, "Choice of Law: Current Doctrine and 'True Rules'", *California Law Review*, vol. 49, 1961, pp. 240-253.

对国际私法产生前的问题，或者说国际私法被产生出来所要解决的问题，即同一个案件因讼地不同而结果互异。因此，克格尔批判艾伦茨威格对法院地法的"鼓吹"，认为"这样会阻碍法律文化的发展，因为在一个国际联系日益紧密的世界里，法律文化不可能孤立地发展，而必须在与他国法律制度的交流中才能发展"①。事实上，国际主义的法律适用学说，就旨在使法律适用与管辖权问题相分离，使二者处于"脱敏"状态：案件不论在何地提起诉讼，都总是适用同一个法律。而艾伦茨威格则反其道而行之，它通过收缩法律适用于管辖权，适当的法律适用也就当然地等同于适当的管辖。其整个思路的合理性建立在如下前提：世界范围内有且只有一个适当的管辖法院，其管辖的适格性为世界所承认。这一预设并不比传统国际主义的法律适用信仰更高明，后者也预设：世界范围内有且只有一个适当的法律应予适用。总之，适当的法院只是为法院地法的适用提供了有限的正当理据，由于管辖的法院并非总是适当，以及适当法院并不总是唯一，对法院地法说的无条件坚持就可能由此走向反面，法院地法因而变得不适当。

（四）国家主义理念下法院地法的地位浮显

综上而言，国家主义的法律适用理念是与法律适用中法院地法的地位提升存在直接关联的，在某种程度上可直接将法院地法作为国家主义的法律适用理念之表征。当国家主义的法律适用理念渐次从优利克·胡伯的国际礼让说外显于柯里的政府利益分析说，再直接表达为艾伦茨威格毫不讳言的法院地法说时，法院地法与国家主义的法律适用理念之间也就从互为表里演变为表里如一。相应地，当法律适用理念从国际主义下沉为国家主义，法院地法也就从被抑制和被否定的例

---

① 克格尔：《冲突法的危机》，萧凯等译，第150页。

外或非常因素，转变为法律适用的基本规则或"通例"①，昔日之法律适用潜规则一跃成为法律适用之明原则。这一系列演变必须得溯因于胡伯对主权这个利维坦的引入。但至今，法院地法也并非法律适用的主流，其根由依然是法律适用理念的当代变迁，这就是当事人主义的法律适用理念的出现并迅速取代国家主义的法律适用理念。

四、当事人主义理念与法院地法的沉浮

（一）当事人主义的朦胧信念：阿尔德里克"更好法"之谜

国际私法中存在着许多令学者沉醉的潜移，简单的偏转足以引发观念的根本变革，乃至"哥白尼式的革命"。最著名者当推萨维尼从法律关系的角度，而非法律规则的角度出发构思冲突法的解题方案，由此引发了国际私法的现代化。类似地，致当代国际私法学者误入歧途而不自觉的潜移则是对"适当法"的追求在无声无息中被修改为对"适当地"的追求。② 由于深受萨维尼"本座说"的影响，国际私法共同体几乎都认以下等式为当然：适当法＝适当地域。据此引发的推理则是，确定了适当的法域，也就找到了适当的法律。对此种偏移的反思也理当引发选法观念、理论和方法的变革，然而令人遗憾的是，此种变革现象尚未成型。但此种观念的变迁也的确引发了对现有"选地"理论的批判，并引导世人思考此种偏移发生之因由，寻找直接关注选法的理论。

---

① 克格尔：《冲突法的危机》，萧凯等译，第 140 页。
② 这就是学界所批判的"法域选择"或"管辖权选择"（jurisdictional approach）。Lea Brilmayer, Jach Goldsmith, Erin O'Hara O'Connor, *Conflict of Laws: Cases and Materials*, Aspen Publishers, 2015, p.635.

直接"选法"而非"选地"的观点在现在看来是极其深刻且迟到的领悟，然而如此深刻的见解其实可以追溯至国际私法产生之前的朦胧的选法意识，这就是玛吉斯特·阿尔德里克（Magister Aldricus）的"更好法说"。他认为：应从相关法律中"选择更好、更有用的法律加以适用"[①]。阿尔德里克的"更好法说"与其说是理论，还不如说是断言，因为他在如此声言时并未提供系统的论证，只是说应该适用"更好的法"，其更像道德告诫。但其后的研究者对此问题的解题思路转向了注释法学派所关注的语言，从而错过了进一步系统演绎"更好法说"的历史契机。[②]正如哲人黑格尔所言：真理越向前发展，就越向后回溯。阿尔德里克的"更好法说"似一针见血地戳中现代国际私法执着于选地而非选法的迷执，也一语中的地道尽了现代国际私法的全部秘密。结合现当代国际私法在选地和选法之间的错选和歧出，更让人震撼于古人只言片语中隐匿的智慧。真理并不躲藏，关键在于世人是否有读取它的能力。

阿尔德里克的"更好法说"在如下两点意义上超出了有关选地学说，包括萨维尼法律关系本座说的全部：第一，它关注的直接对象是法律，而非法域。这就是说，由于它直接关注应该适用的法律本身的好坏，因此也就避免了迷失在地域的寻找之中，从而可放诸今日作为批判选地学说的尺度。

第二，它所指法的"更好"之标准，是模糊抽象的，但也因无所指而能无所不指。"更好"如同一个正义的游标，它既可以与当事人搭配，形成"对当事人更好的法律"的当事人主义风格的结论；也可以与国家搭配，形成"对法院地国更好的法律"的国家主义风格的结论；还可以与国际社会搭配，形成"对国际社会更好的法律"的国际主义

---

① 荣格：《法律选择与涉外司法》，霍政欣、徐妮娜译，第16页。
② 荣格：《法律选择与涉外司法》，霍政欣、徐妮娜译，第17页。

风格的结论。而且，在逻辑上还可以构成"对 X 更好的法"的表达式，从而将一切可能涵摄其中，何种结论将决定于解释。但就阿尔德里克的历史语境看，解读为以当事人私益为标准似更为妥当，至少这种解读是其可以容纳的重要意义维度。

将阿尔德里克的更好法转化为对当事人更好法，并以此观察法院地法在其中的地位，只是一种逻辑的推演，因为在那个时代并不可能存在对法院地法适用或排除的明确意识。但这种逻辑推演也不只是一种纯粹的幻觉或想象，因为逻辑的力量靠理性保证[①]，只要承认阿尔德里克的更好法说是一种理性的言说，有其选法预设和预期目标，那么这种逻辑推演就是成立的，它是衔接选法预设与选法目标的理性论证过程。

解决了这个重要的前提问题，接下来就需要判断法院地法在更好法说中的地位状况。结论应是，法院地法在更好法说中没有特殊地位，甚至它并没有作为一个明确的选法系属而存在。简言之，如果说法院地法在国家主义和国际主义的法律适用理念中都有明确的独特地位，即或沉或浮，那么在更好法说中，法院地法就无所谓地位沉浮问题，而转变成为一个状态的或显或隐的问题。在更好法语境中的或显或隐之间，法院地法被"更好法"隐去，而与任何非法院地法一并消失，唯当其作为裁决当事人之间争议的更好法时方始显现。理由如下：

第一，更好法说与法院地法处在不同的意义方向上，如同不同时空中的事物，相互隔离而不交汇。透彻而言，法作为有拘束力的规则，其作用于对象是通过作用点实现的，在人类历史上，担纲过法律作用点的单位主要有四：时间、空间、身份和规则。法律的作用点从身份

----

① 康德曾经说过："从世界主义的角度看来，下述的论断也始终是可爱的：凡是根据理性的理由对于理论是有效的，对于实践也就是有效的。"康德：《历史理性批判文集》，何兆武译，商务印书馆 1990 年版，第 223 页。

到空间，是一种巨大的进步。①前者证显为氏族法或种族法；后者证显为国家、亚国家（如中国的港澳台）或超国家（如欧盟）的法。而在国际私法中，除此之外，法律作用点还包括时间（时际私法）和规则自身（法则区别说）。四种作用点代表了不同的作用方向，法院地法的作用点隶属于空间，而更好法的作用点则是规则。不过，虽然国际私法历史上的法则区别说的作用点也是规则，但其作用点细分后又可归为规则的语法，而更好法说的作用点则是规则的品质。因此，只有在以地域或空间为法律作用点的学说中，法院地法才会作为一个明确的选法系属而存在（显现）。唯当其存在（显现），才会有浮沉态。国家主义和国际主义的法律适用理念恰好以地域空间为法律作用点，从而存在法院地法的浮沉。而更好法说中，法律作用点为相对当事人而言的规则的品质，在其分析过程中，只存在善法与恶法之分。法院地法显然不能直接等换为品质更好的善法，从而，法院地法在更好法说中也就不再存在（显现），故只有显隐之分，而无沉浮之别。

第二，更好法包括但不限于法院地法，它将法院地法与非法院地法平等观之，从而必须淡化法律的空间（法院地或非法院地）归属，否则"有执"（对法院地的偏爱或偏离）必将让其丧失"更好"一词的"无执"超然状态，从而走向自我否定。换言之，规则的品质内在地要求抹除法律的地域属性，法院地法与否，唯一的取舍标准为其品质之善，不拘空间选良法。

当然，在良法的甄别与选择过程中，有可能基于现实的或实用主义的考虑，将其等同于法院地法，这是一种质变而非守恒转换。荣格对传统冲突法的批判和现代冲突法的重构过程，正是这种质变过程的最佳佐证。他首先谈到了良法的选择："如果说单边主义和多边主义都已败北，那么剩下的唯一方法便是关注超越国界之价值观的法律选择

①　路易斯·亨利·摩尔根：《古代社会》上册，杨东莼等译，商务印书馆1997年版，第6页。

方法，因此，本书建议，应在对相冲突的判决规则进行质量评估的基础上进行法律选择。"在肯定这种现代版的"更好法说"之后，荣格又认为当传统的多边主义选法方法引入大量质量低劣的外国法律后，退守单边主义的法院地法是更好的选择，这就再次落入了法院地法的窠臼："偶尔的司法错误尚可忍受，然而，一旦看似中立的法律选择机制导致大肆引进低标准的外国法，多边主义的价值就必然会遭到法院的质疑。为抵制这种令人厌恶的法则，最为显著的措施就是回复到单边主义。与多边主义不同，单边主义方法不会为了达到判决一致性的目标而牺牲公正性，它只能保证冲突法案件的判决至少能够符合法院地的正当性标准。"[1] 这就是良法选择中的悖论：始于良法选择，终于法院地法。无论如何，良法选择并不必然滑向，更不必然等同于法院地法，在良法选择的理论预设中，法院地法不是一个问题。

（二）当事人主义信念的体系化：克格尔利益分析说

与柯里相同，克格尔也关注利益，并通过利益分析解决法律冲突和适用的问题，他认为，法学家不是没有灵魂的机器，好的法学家在他们作出判决时从来不会忽略其中的利益[2]；与柯里不同，克格尔的利益单位及其方法论建构有别于柯里的利益含义及其方法论，在某些关键的地方甚至背道而驰。综合观之，克格尔的利益分析具有兼容实体主义和多边主义方法的特征，以"利益本座说"概括其学说的中心思想似更为恰当。也就是说，克格尔赞同分析法律适用中的利益，并给予利益以实体性内容和考虑，他总结并简化了国际私法中应当考虑的利益，并从"公正"原则中演绎出三种利益，即当事人利益、交往利

---

[1] 荣格：《法律选择与涉外司法》，霍政欣、徐妮娜译，第300—301页。
[2] 转引自杜涛：《利益法学与国际私法的"危机"和"革命"》，《环球法律评论》2007年第6期，第63—74页。

益和制度利益。三种利益在法律适用上也有对应的本座及其指向的法律，据此解决法律冲突与选择的问题。具体而言，可将克格尔的"利益本座说"简化如下表（表3）[①]：

表3 克格尔的利益本座说

利益类型	实体含义	相关本座	本座法
当事人利益	当事人的个人关系，如权利/行为能力等受特定法律支配时，当事人即具有相应利益	属人、行为地等	属人法，行为地法
交往的利益	方便交往的利益	行为地、有利于等	行为地法，有利于有效的法律
制度的利益	判决内在一致性：法律上或内部的制度价值	法院地	法院地法
制度的利益	判决外在一致性：事实上或外部的制度利益	通用本座	相应法律
利益的例外	实体私法的公正利益和本国权力利益	法院地等	法院地法等

由上可见，克格尔的利益分析在范式上更接近萨维尼的多边主义方法，其不同之处在于，他并不给予各种利益以确定不变的、明晰的本座，而是通过灵活的解释对不同利益进行地域化，这就显示出了克格尔利益分析的灵活性和解释的张力，从而可以更为合理地适应具体复杂案件的法律适用需要。与多边主义的不同之处是，克格尔也注意到法律适用过程中的利益，并将利益一分为三，以公正之名统帅。这是克格尔接近柯里的地方。但与柯里的利益分析本质上的差别在于，柯里的利益分析是后法律冲突的分析，他为相互冲突、竞争适用的不同法律规则确定利益及其地域指向，然后确定应该适用的法律；而克格尔的利益分析则是前法律冲突的分析方法，即它不考虑法律适用后的利益冲突，而是先行设定利益，具有先验价值的特性，然后以解释的方式落实特定利益的地域。

---

① 需要指出的是，本表是作者在解读克格尔的利益法学之后所进行的总结，在具体细节上不可避免地存在误读。

　　相比于柯里的政府利益分析，克格尔倡导的是一种新的利益分析法，之所以将其列入当事人主义的法律适用理念中，是因为尽管克格尔的利益类型既有公法利益，如制度利益，也有私人利益，如当事人利益和交往利益，但私人利益在克格尔的利益体系中具有更本质的地位。对此，可从克格尔对柯里的公法利益批判中得到见证。克格尔认为，柯里政府利益分析法的一大缺陷即为其利益并无公、私之分，且其只承认"国家利益"，而否认"私人利益"。与之相反，克格尔认为，国际私法的公正需要衡量的利益，首要的并不是政府利益，而是私人的利益。[1] 就此而言，柯里的政府利益分析隶属国家主义的法律适用理念，而克格尔的利益分析则理应归于当事人主义的法律适用理念。

　　在此种法律适用理念下，法院地法介乎于显隐与沉浮之间。一方面，由于克格尔的利益分析并不是不同国家法律适用之后的具体分析，而是先验的设定，因此，当事人利益范畴隐去了对法院地法与非法院地法的区分的必要；另一方面，由于克格尔试图在利益与地域之间进行挂钩，从而使地域观念在法律适用过程中被复活，因此法院地法由隐而显，并在其整个方法论框架中处于被抑制的沉潜状态。

（三）当事人主义理念下法院地法的显隐

　　在国际、国家及当事人三者之间，前两者具有先天的地域因素，后者则脱去了地域的色彩，相应地，以三者为理念的三种类型的法律适用也就具有了对法院地法的不同态度。在国际与国家主义理念下，法院地法的存在适用是一个问题，区别只在于或隐或现，或浮或沉；

―――――――――――――

　　[1]　杜涛:《利益法学与国际私法的"危机"和"革命"》,《环球法律评论》2007 年第 6 期,第 63—74 页。

但在当事人主义理念下，法院地法不再存在，或者说不作为直接的选法对象而存在，而必须透过规则的品质如"更好的法"之类的概念得以出现。这即是当事人主义理念下，法院地法的存在状态。需要指出的是，当事人主义理念也的确可以再次转化或嵌入地域化的表达，其基本路径如下：当事人—原、被告—本国或外国的原、被告。换言之，当事人概念本来只有原告与被告之别，但在地域化修正下，则可出现本国和外国的原、被告之分。事实上，据学者对司法实践的考察，晚近的一些案例在法律适用上的确体现了当事人主义的地域化表达，如"法院地当事人优先偏见"（pro-forum-litigant bias）[①]。如此，法院地法再次出现，但此类地域化表达的当事人主义理念已经属于引申概念了，并不等同于当事人主义理念。概括而言，在三类法律适用理念下，法院地法的状态是不同的：当事人主义理念下，是在存在与否的层面上（显隐）涉及法院地法的，且法院地法并不存在；而在国家与国际主义理念下，则是在法院地法存在的前提下涉及法院地法如何存在（沉浮）的。这是三者的关键差别。

涉外法律适用理念并非简单地遵循"国际主义—国家主义—当事人主义"的线索演进，更确切地说，三种主义的涉外法律适用理念及其结合类型在过去、现在和将来都处于并存、竞争和转化状态。在三种法律适用理念下，法院地法作为一个特殊的系属具有不同的地位和命运。在某种角度上言，国际私法的学说演变史可归结为法院地法地位的沉浮史。不论何种涉外法律适用理念及其实在化的方法论体系，不论其是否自觉或明确意识到法院地法的特殊性，它们对法院地法这个特殊选法系属的处理，使法院地法如同试纸一样显示出该理念和方法论体系的风格。尽管诸种主义并存演化，各种选法方法论异彩纷呈，

---

① Symeon C. Symeonides, *The American Choice-of-Law Revolution: Past, Present and Future*, Martinus Nijhoff Publishers, 2006, p. 84.

历史钟摆式前进，法院地法对选法的不当干扰终将被逐步限制，形式
上显现为法院地法适用范围和频率的下行。这当是国际私法进化大格
局下的大趋势和主旋律。

第二章　立法定位与现实倾向

　　理念是一部立法的精气神，具体的立法规则则是理念的外化，是立法的"筋骨皮"。司法实践则是理念的实现，同时也是立法之用。"理念—立法—司法"三位一体，共同致力于有序秩序之形成。我国冲突法的体系和规则同样表达了特定的法律适用理念，通过分析法院地法在规则体系中的定位可适切把握立法者的立法理念。司法实践作为相对独立的环节，在规则之用的过程中可能抵消或发展立法理念。法院地法的司法适用状况同样也是见证司法背离或者发展立法理念的关键证据。本章将循此线索，分析法院地法在我国冲突法立法理念、具体规则及司法实践中的定位，据此评估我国冲突法理念与立法目的现实功效，并以实践逆向反馈的信息反思立法理念及具体规则的得失。

一、选法理念在立法中的现代化

　　确定我国冲突法立法理念的变迁，需先行界定我国冲突法的立法阶段，毕竟不同阶段的立法是立法理念的规则载体并表征着特定的立法理念。我国冲突法立法并非始于新中国，在中国古代时期就出现过为世人所知的《永徽律》的"化外人相犯"条。由于该条所使用的立法概念、基本范畴，以及作为其立法前提的政治观念、世界观与现代观念存在极大的差异①，对该条立法是否属于"冲突法立法"存有争议。如果以"涉外法律问题的法律选择"作为判断是否为冲突法的准据，至少该条规则及其后的一些立法可纳入"准冲突法"的范畴。新中国成立后，我国冲突法立法可分为两个阶段：第一阶段是以《民法通则》第八章为中心的冲突法规则体系；第二阶段则是以《涉外民事关系法律适用法》为中心的规则体系。本部分将按此三阶段分别考察这些规则体系内蕴的立法理念。

（一）准冲突法时期的立法理念

比较中外冲突法或准冲突法的立法之源，具有极强的镜鉴意义。如果唐朝《永徽律》中"化外人相犯"②条是冲突规范，那么在世界范围内冲突法的立法开端至少可以追溯至公元651年。横比西域，直至公元12、13世纪才出现巴托鲁斯学说形态的冲突法思维；在立法上，更是迟至1756年德国的《巴伐利亚法典》才出现区际私法规则。遗憾的是，唐朝《永徽律》中的冲突规范既是中国和世界上最早的规范，也是新中国之前最开明和国际化的冲突规范，但此后的类似立法便一路走弱，直至倒退为立法上的排外状态。③因此，从立法理念上言，我国准冲突法时期主要呈现为从国际主义向国家主义的转变。以下将主要以"化外人相犯"条为据，阐明其国际主义的法律适用理念。

之所以谓"化外人相犯"条为国际主义的立法规则，主要基于如

---

① 最大的差异可能有三：第一，天下观念与国家观念；第二，作为法律作用点的身份与地域；第三，调整对象的公私之合与分。

② 参见《永徽律》"名例章"："诸化外人，同类自相犯者，各依本俗法；异类相犯者，依法律论。"

③ 如《明律》规定："凡化外人犯罪者，并依律拟断"；清朝时期曾出现过类似区际法律冲突和人际法律冲突的规定，但这些规范只适用于刑事犯罪，并主要以排除为原则。参见刘想树主编：《国际私法》，第49页。

下理由：

其一，在立法前提即政治观念上，该条规则秉持的是国际主义的信念。严格地说，用国际主义一词仍不足以准确概括"化外人相犯"条的开放性，因为国际主义一词属于标准的西方语言，且是近现代国家观念出现之后才发展出来的概念。换言之，国际主义一词立足于当代国家观念，强调的是国家之间、内外国之间。"化外人相犯"条所处历史时期并无国家观念，没有一个与唐帝国并列的国家，当时的政治观念乃是与现当代的"世界观"相对应的"天下观"。有学者用"天下·世界·国家"三概念概括近代中国对外观念的演变史①，不无道理。天下是一个类似西方概念"世界"，但又高于和包含世界的中式独有概念。世界概念注定是以国家和国家利益为本位的，而天下概念则必然是开放的和以国际利益为本位的。有观点即认为，"正是天下/帝国的这种开放性使得它具有完全不同于民族/国家的价值标准。天下作为最高的政治/文化单位意味着存在着比'国'更大的事情和相应更大的价值标准"，"显然，世界体系是由国家之间的冲突和互相合作形成的，其中起决定性作用的是国家利益。而天下体系强调的是，存在着某些世界公共利益，这些公共利益的力量达到'一荣俱荣，一损俱损'的程度以至于没有一个国家愿意破坏这些利益"。② 因此，孕育了"化外人相犯"条的中国古代"天下观"并没有内国与外国之意识，在政治前提上远高于、远大于西方的"世界观"。

作为天下观念而非世界观念的显明表现之一，"化外人相犯"条没有出现地域观念，而是以身份观念作为法律选择的支撑点。这一点从现代人对"化外人相犯"条的理解即可推知。有文献将"化外人相犯"条理解如下："在与外国密切而频繁的交往中，唐朝尊重外国法，以致

---

① 陈廷湘、周鼎：《天下·世界·国家——近代中国对外观念演变史论》，上海三联书店2008年版。

② 赵汀阳：《天下体系——世界制度哲学导论》，第62—63页。

形成了内、外国法平等的先进理念，逐渐触碰到外国法的域外适用这一冲突法的根本问题，并先从立法上加以解决，而后付诸于司法实践。这一切都源于唐朝的强大、自信、开放和包容。"① 此种理解是用西方概念和观念对中式表达的翻译，但由于概念之间缺乏对应性和本质差别，因此翻译中的"不可译性"以及"误解性翻译"就不可避免。由此可见，"化外人相犯"条立足的政治前提是以最为开放、包容的天下观为基础的，截然不同于西方以国家及其利益为基础的世界观。国际主义一词也只是天下观的入门概念，相应地，以天下观为底蕴的"化外人相犯"条就不仅是国际主义的，而且是超越国际主义的选法规则。

其二，在适用范围上，该条规则展示了迄今为止最高的立法开放境界。"化外人相犯"条不被认作标准冲突规范的原因之一是：当代标准冲突规范以涉外私法关系为调整对象，而该条的调整对象主要是刑法性质的对外法律关系，也兼及对涉外私法关系的调整。简言之，被认为是标准的冲突规范隶属于私法性冲突规范，而"化外人相犯"条则是公私一体化的选法规范。在时下国际私法界仍在为介于公私法之间的强制性规范之适用进行论证和论争之时，该条就已经史无前例，且迄今后无来者地明确将公法冲突也纳入其调整范围。就此而言，"化外人相犯"条的开放性和国际性在可预见的将来是无出其右的。允许在法律适用上对外国刑法及其他公法开放，并根据规则适用这些公法性质的规范，这种观念即便放在当今也是非常超前的。如此理解当下外国强制性规范的适用也就根本不是问题。然而，当下之世界根本不可能对外国刑法和其他公法规范予以让步，外国强制性规范的适用也仍属热烈讨论中的前沿问题。

其三，在适用法律上，该条规则确立了具有普遍主义精神的"本俗法"的优先适用地位。"本俗法"即行为者本人所属身份共同体的

---

① 吕岩峰主编：《国际私法学教程》，吉林大学出版社 2014 年版，第 49 页。

法律，在不严格的意义上，它对应的是当下国际私法中的"本国法"，或"属人法"。"本俗"是一个多边主义的法律适用连接点，"化外人相犯"条中将其列为首选的选法根据，即具有共同身份的当事人之间"相犯"，应适用共同的属人法。此一立法表现了立法者健全和理性的考虑：一方面，对法院地法或内国法进行了理性的抑制，避免了早期立法所普遍共有的地域思维及其导致的法院地法主义；另一方面，共同属人法的立法构造也体现了国际私法的最密切联系精神，并普遍地体现在各国立法之中。应当强调的是，此类思维和规则是现当代国际私法发展成熟之后奉献出来的优秀成果，在公元七世纪即为唐朝立法所采用，这不得不让世人叹服其立法观念的先进及其开放。

其四，"法院地法"在适用顺位上属于兜底规则。法院地法在"化外人相犯"条中是作为第二顺位规则，也就是兜底规则，它专门救济共同"本俗法"所不能调整，或不能合理调整的问题，即化外人"异类相犯"。以法院地法作为兜底调整规则，这并不是一种国家主义的法律适用理念，而是几乎所有现代国际私法立法所共同采取的规则。最典型的例子即是，在应当适用的外国法无法查明或查明不能时，法院地法即作为最后的规则予以适用。"化外人相犯"条以"本俗法"为优先规则，辅之以"法院地法"的替补适用，一方面展示了立法者成熟的立法技术，另一方面也并未因此不当地突出或扩大法院地法的适用。

唐朝以降，或承袭唐制，或转向绝对的属地主义，即以法院地法调整所有的涉外法律问题，不区分法律问题的涉外与否。因此，新中国之前的准冲突法时期，涉外法律适用理念的变迁可简化为：以国际主义的法律适用理念为开端，逐渐降为绝对的国家主义法律适用理念。①

---

① 当然，需要指出的是，北洋政府于1918年颁布了《法律适用条例》，在内容和体例上借鉴日本法例，具有一定的国际主义色彩，但该条例几近一纸空文，不在本文考察之列。

（二）以《民法通则》为中心的立法理念

新中国第一次较为系统的冲突法立法，是《民法通则》第八章，共九个条款。以该章为中心，还包括《民用航空法》《海商法》《票据法》《合同法》《继承法》等立法中的冲突规范，以及最高法对《民法通则》第八章所作的司法解释，由此形成我国涉外民事法律适用法的第一代体系。客观而论，尽管该体系的立法时间主要是 20 世纪 80 年代，不仅立法经验不足，应用实践很少，而且围绕该否适用外国法存在激烈的论争，但因得改革开放之利好，该体系呈现出的宏观涉外法律适用理念并不保守，可归为以国际主义为主、兼采当事人主义的理念类型。最突出的证据即为第一代冲突法立法体系中广泛采用双边系属，限制或者仅在国际通行的法律关系或问题上采用指向法院地法的单边系属。由于双边系属在选法指向上的多边性，也就是给予了所有相关国家法律体系以平等的被选择适用的机会，因此也就凝聚或代表了国际主义的法律适用理念。反之，指向法院地法的单边系属根本没有给予外国法以适用的机会，因此，此类单边系属可视为国家主义法律适用理念的体现。以下将分别统计以《民法通则》为中心的第一代冲突法立法体系中，冲突规范的系属构造及其比例，以期在规则层面静态呈现法院地法的适用状况。

1.《民法通则》中冲突规范的统计分析

《民法通则》第八章共九条规范，除第 142 条、第 150 条非冲突规范之外，其余冲突规范共七条。在七条冲突规范中，只有半条（第 147 条后半句关于离婚的法律适用）采取了指向内国法的单边系属，其他冲突规范采取的均为双边系属，或指向外国法的单边系属（第 143 条）。从比例角度看，指向法院地法的单边系与其余系属之比为 1∶10，因此，单从数量看，代表国际主义理念的系属成为《民法通则》所规定的冲突规范的绝对选择和主流。为直观起见，可将《民法通则》第八章共七条冲突规范的构造，统计如下表（表4）：

表4 《民法通则》中冲突规范的构造及法律运用理念

条款	范围	系属	系属类型	法律适用理念
第143条	中华人民共和国公民定居国外的，他的民事行为能力	可以适用定居国法律	指向外国法的单边系属	国际主义
第144条	不动产的所有权	适用不动产所在地法律	双边系属	国际主义
第145条	涉外合同	当事人可以选择处理合同争议所适用的法律	双边系属	国际主义
		没有选择的，适用与合同有最密切联系的国家的法律	双边系属	国际主义
第146条	侵权行为的损害赔偿	适用侵权行为地法律	双边系属	国际主义
		当事人双方国籍相同或者在同一国家有住所的，也可以适用当事人本国法律或者住所地法律	双边系属	国际主义
第147条	中华人民共和国公民和外国人结婚	适用婚姻缔结地法律	双边系属	国际主义
	离婚	适用受理案件的法院所在地法律	指向法院地法的单边系属	（主流的）国家主义
第148条	扶养	适用与被扶养人有最密切联系的国家的法律	双边系属	国际主义
第149条	遗产的法定继承	动产适用被继承人死亡时住所地法律	双边系属	国际主义
		不动产适用不动产所在地法律	双边系属	国际主义

2.《海商法》中冲突规范的统计分析

《海商法》也同样广泛采用双边系属，其第十四章共九个条款，标准的冲突规范也只有七条，共设定了十一个系属，只有三个系属属于指向法院地法的单边系属，其余均为代表国际主义法律适用理念的双边系属，单、双边系属之比为3∶8。这也体现了该法总体上仍属于国际主义理念的阵营。为直观起见，可对该法规定的冲突规范统计如下表（表5）：

表5 《海商法》中冲突规范的构造及法律适用理念

条款	范围	系属	系属类型	法律适用理念
第269条	合同	当事人可以选择合同适用的法律	双边系属	国际主义
		合同当事人没有选择的，适用与合同有最密切联系的国家的法律	双边系属	国际主义
第270条	船舶所有权的取得、转让和消灭	适用船旗国法律	双边系属	国际主义
第271条	船舶抵押权	适用船旗国法律	双边系属	国际主义
	船舶在光船租赁以前或者光船租赁期间，设立船舶抵押权	适用原船舶登记国的法律	双边系属	国际主义
第272条	船舶优先权	适用受理案件的法院所在地法律	单边系属	国家主义
第273条	船舶碰撞的损害赔偿	适用侵权行为地法律	双边系属	国际主义
	船舶在公海上发生碰撞的损害赔偿	适用受理案件的法院所在地法律	单边系属	国家主义
	同一国籍的船舶，不论碰撞发生于何地，碰撞船舶之间的损害赔偿	适用船旗国法律	双边系属	国际主义
第274条	共同海损理算	适用理算地法律	双边系属	国际主义
第275条	海事赔偿责任限制	适用受理案件的法院所在地法律	单边系属	国家主义

3.《票据法》中冲突规范的统计分析

《票据法》第五章共有八个条款，其中，属于标准冲突规范的条款共六条，其采用的系属共有九个，均为双边系属，是呈现国际主义法律适用理念最彻底的冲突法立法。为直观起见，统计该法所涉冲突规范相关信息如下表（表6）：

表6 《票据法》中冲突规范的构造及法律适用理念

条款	范围	系属	系属类型	法律适用理念
第97条	票据债务人的民事行为能力	适用其本国法律	双边系属	国际主义
		依照其本国法律为无民事行为能力或者为限制民事行为能力而依照行为地法律为完全民事行为能力的，适用行为地法律	双边系属	国际主义

条款	范围	系属	系属类型	法律适用理念
第 98 条	汇票、本票出票时的记载事项	适用出票地法律	双边系属	国际主义
	支票出票时的记载事项	适用出票地法律	双边系属	国际主义
		经当事人协议，也可以适用付款地法律	双边系属	国际主义
第 99 条	票据的背书、承兑、付款和保证行为	适用行为地法律	双边系属	国际主义
第 100 条	票据追索权的行使期限	适用出票地法律	双边系属	国际主义
第 101 条	票据的提示期限、有关拒绝证明的方式、出具拒绝证明的期限	适用付款地法律	双边系属	国际主义
第 102 条	票据丧失时，失票人请求保全票据权利的程序	适用付款地法律	双边系属	国际主义

4.《民用航空法》中冲突规范的统计分析

《民用航空法》第十四章集中规定了相关冲突规范。该章共七条，其中，标准冲突规范有五条，共设定七个系属。在七个系属中，单边系属有两个，其余五个均为双边系属，二者之比为 2∶5。由此观之，该法的冲突规范设计仍是以双边系属为主，采纳的是国际主义的法律适用理念。为直观起见，该章冲突规范的类型可统计如下表（表 7）：

表 7 《民用航空法》中冲突规范的构造及法律适用理念

条款	范围	系属	系属类型	法律适用理念
第 185 条	民用航空器所有权的取得、转让和消灭	适用民用航空器国籍登记国法律	双边系属	国际主义
第 186 条	民用航空器抵押权	适用民用航空器国籍登记国法律	双边系属	国际主义
第 187 条	民用航空器优先权	适用受理案件的法院所在地法律	单边系属	国家主义
第 188 条	民用航空运输合同	当事人可以选择合同适用的法律	双边系属	国际主义
		合同当事人没有选择的，适用与合同有最密切联系的国家的法律	双边系属	国际主义
第 189 条	民用航空器对地面第三人的损害赔偿	适用侵权行为地法律	双边系属	国际主义
	民用航空器在公海上空对水面第三人的损害赔偿	适用受理案件的法院所在地法律	单边系属	国家主义

5.《合同法》中冲突规范的统计分析

《合同法》中只有一个条款即第126条规定了冲突规范,该冲突规范分两款,分别针对一般合同和三类特殊合同进行了规制。就一般合同而言,首先适用当事人选择的法律(意思自治);否则,即适用最密切联系地法。此条款涉及两个系属,均为双边系属。就三类特殊合同而言,则应适用法院地法,此系属为单边系属。由于一般合同在类型上可具体细分为有名合同和无名合同,在数量上远远超过三类必须适用中国法的特殊合同,因此可以合理认为,我国涉外合同的法律适用总体上贯彻的是国际主义的法律适用理念;即便在必须适用中国法,从而展示出国家主义法律适用理念的特殊合同上,此种受限制的国家主义乃是国际通行之做法,因其事涉所在国的政治经济主权,故此,此国家主义的法律适用理念也辩证地符合国际本位观念。[①] 为直观起见,对该条冲突规范的剖析如下表(表8):

表8 《合同法》第126条的构造及法律适用理念

条款	范围	系属	系属类型	法律适用理念
第126条	涉外合同	当事人可以选择处理合同争议所适用的法律	双边系属	国际主义
		涉外合同的当事人没有选择的,适用与合同有最密切联系的国家的法律	双边系属	国际主义
	在中华人民共和国境内履行的中外合资经营企业合同、中外合作经营企业合同、中外合作勘探开发自然资源合同	适用中华人民共和国法律	单边系属	国家主义

① 有文献认为:"在国际私法上,尤其是就正进入全球化时代的国际私法来讲,既不能简单地认为凡适用法院地法就不符合国际私法上述功能的要求,只有遇事便适用外国法才符合这种要求,也不能简单认为,适用法院地法便不能保证判决的公正,只有适用外国法才能达到这个要求。但当代国际私法越来越要求必须平等地对待内外国法律,即在应当适用法院地法时去适用法院地法,而在应当适用外国法时,也应毫不犹豫地去适用外国法。"参见李双元、邓杰、熊之才:《国际社会本位的理念与法院地法适用的合理限制》,《武汉大学学报(社会科学版)》2001年第5期,第521页。

综上，新中国第一次较为系统的冲突法立法，形成了以《民法通则》为中心，以《海商法》《票据法》《民用航空法》《合同法》等单行法为补充的结构体系。通过逐一对这些立法中相关冲突规范的统计分析可看出，无论是就单部立法而言，还是就立法总体而言，代表国际主义法律适用理念的双边系属成为我国第一代冲突法立法体系的主要系属模式，对法院地法的适用进行了有条件的限制。因此，在规则层面言，我国第一代冲突法立法体系虽然因制定时间的原因，立法规则较为粗放，立法技术尚显稚嫩，许多内容仍属空白，但在制定出来的冲突规范中，贯穿和体现了开放和健全的国际主义法律适用理念。

（三）《涉外民事关系法律适用法》的立法理念

《民法通则》担纲的新中国第一次冲突法立法，在历经二十多年的改革开放后，即使可以勉敷其用，也已经无法合理地规范各类复杂的涉外民事法律关系。其间，虽然关于冲突法有数次立法运动[①]，但最终仍归于平静。直至为建立完成"中国特色社会主义法律体系"的宏伟工程，《涉外民事关系法律适用法》才得以在 2010 年通过，并于 2011 年 4 月 1 日正式生效实施。该法与第一代冲突法立法体系之间的关系较为复杂[②]：一方面，《涉外民事关系法律适用法》并未全面终止第一代立法体系，而只废除旧法体系中的三个条款[③]；另一方面，由此造成了未被终止的旧法条款与《涉外民事关系法律适用法》并行有效的格局，

---

① 在《民法典》立法运动中，对冲突法篇有所调整，但该次立法运动最终因《民法典》草案的搁浅而未能得出任何积极成果；其后，学界又向立法机构提交了单行的冲突法草案，仍未获采纳。

② 围绕这一关系，学界有多篇文献进行阐释。具有代表性的文献包括但不限于刘贵祥：《涉外民事关系法律适用法在审判实践中的几个问题》，《人民司法》2011 年第 11 期；丁伟：《涉外民事关系法律适用法与"其他法律"相互关系辨析》，《政法论坛》2011 年第 3 期。

③ 这三个条款分别是《民法通则》第 146、147 条，以及《继承法》第 36 条。参见《涉外民事关系法律适用法》第 51 条。

从而需要解决新旧条款针对同一涉外民事法律关系或问题的适用冲突。因此，如果视《涉外民事关系法律适用法》为新中国第二代冲突法立法，那么务必注意的是，它与第一代立法的《民法通则》之间是兼容关系，而非取代关系。据之，我国现行冲突法立法便形成了以《民法通则》和《涉外民事关系法律适用法》为并列中心的，以《海商法》《票据法》《民用航空法》《合同法》以及其他民商事单行立法中的专篇或散见式冲突规范为补充的立法体系。职是之故，上述关于各法所施行的国际主义法律适用理念于当下仍为有效之结论。此处需要进一步探讨的是，《涉外民事关系法律适用法》作为新中国第一部单行冲突法立法，其操持的是何种理念，表达为何种规则。

梅因曾经说过，一个国家的文明开化程度，只要看看该国民法和刑法的比例就可以知道。类似地，对于冲突法立法的文明开化程度，或者说其国际主义的普及程度，也可以说只要简单地查阅其单边和多边冲突规范的比例即可知悉一二。有文献即指出：一国在制定冲突法时应"更注意贯彻'国际社会本位'的观念，以营造一个有利于各国或全球共同可持续发展的国际法律环境。如果这些观念或理念得到贯彻，这个国家的国际私法就必然会以平等对待内外国法律的双边冲突规范为主要的冲突规范类型（重叠性冲突规范与选择性冲突规范均是双边冲突规范的变形），就应该更自觉地把法院地法的适用限制在合理的范围之内，并克服'回家去'的倾向"[1]。简言之，双边冲突规范体现的多边主义精神即为国际主义的或国际本位的理念，而上文的分析正是以此为据的。基于同一分析方法，也可以在量化角度揭示《涉外民事关系法律适用法》的国际主义程度。同样为直观起见，现将《涉外民事关系法律适用法》作如下统计（表9）：

---

[1] 李双元、邓杰、熊之才：《国际社会本位的理念与法院地法适用的合理限制》，《武汉大学学报（社会科学版）》2001年第5期，第521页。

表 9 《涉外民事关系法律适用法》中冲突规范的构造及法律适用理念

条款	范围	系属	系属类型	法律适用理念
第 8 条	涉外民事关系的定性	适用法院地法律	单边系属	国家主义
第 11 条	自然人的民事权利能力	适用经常居所地法律	双边系属	国际主义
第 12 条	自然人的民事行为能力	适用经常居所地法律	双边系属	国际主义
		自然人从事民事活动,依照经常居所地法律为无民事行为能力,依照行为地法律为有民事行为能力的,适用行为地法律	双边系属	国际主义
第 13 条	宣告失踪或者宣告死亡	适用自然人经常居所地法律	双边系属	国际主义
第 14 条	法人及其分支机构的民事权利能力、民事行为能力、组织机构、股东权利义务等事项	适用登记地法律	双边系属	国际主义
		法人的主营业地与登记地不一致的,可以适用主营业地法律	双边系属	国际主义
第 15 条	人格权的内容	适用权利人经常居所地法律	双边系属	国际主义
第 16 条	代理	适用代理行为地法律	双边系属	国际主义
	被代理人与代理人的民事关系	适用代理关系发生地法律	双边系属	国际主义
		当事人可以协议选择委托代理适用的法律	双边系属	国际主义
第 17 条	信托	当事人可以协议选择	双边系属	国际主义
		当事人没有选择的,适用信托财产所在地法律或者信托关系发生地法律	双边系属	国际主义
第 18 条	仲裁协议	当事人可以协议选择	双边系属	国际主义
		当事人没有选择的,适用仲裁机构所在地法律或者仲裁地法律	双边系属	国际主义
第 19 条	依照本法适用国籍国法律	适用有经常居所的国籍国法律	双边系属	国际主义
		自然人具有两个以上国籍的在所有国籍国均无经常居所的,适用与其有最密切联系的国籍国法律	双边系属	国际主义
		自然人无国籍或者国籍不明的,适用其经常居所地法律	双边系属	国际主义
第 20 条	依照本法适用经常居所地法律,自然人经常居所地不明的	适用其现在居所地法律	双边系属	国际主义

条款	范围	系属	系属类型	法律适用理念
第21条	结婚条件	适用当事人共同经常居所地法律	双边系属	国际主义
		没有共同经常居所地的，适用共同国籍国法律	双边系属	国际主义
		没有共同国籍，在一方当事人经常居所地或者国籍国缔结婚姻的，适用婚姻缔结地法律	双边系属	国际主义
第22条	结婚手续	符合婚姻缔结地法律、一方当事人经常居所地法律或者国籍国法律的，均为有效	有利于	当事人主义
第23条	夫妻人身关系	适用共同经常居所地法律	双边系属	国际主义
		没有共同经常居所地的，适用共同国籍国法律	双边系属	国际主义
第24条	夫妻财产关系	当事人可以协议选择适用一方当事人经常居所地法律、国籍国法律或者主要财产所在地法律	双边系属	国际主义
		当事人没有选择的，适用共同经常居所地法律	双边系属	国际主义
		没有共同经常居所地的，适用共同国籍国法律	双边系属	国际主义
第25条	父母子女人身、财产关系	适用共同经常居所地法律	双边系属	国际主义
		没有共同经常居所地的，适用一方当事人经常居所地法律或者国籍国法律中有利于保护弱者权益的法律	有利于	当事人主义
第26条	协议离婚	当事人可以协议选择适用一方当事人经常居所地法律或者国籍国法律	双边系属	国际主义
		当事人没有选择的，适用共同经常居所地法律	双边系属	国际主义
		没有共同经常居所地的，适用共同国籍国法律	双边系属	国际主义
		没有共同国籍的，适用办理离婚手续机构所在地法律	单边系属	国家主义
第27条	诉讼离婚	适用法院地法律	单边系属	国家主义
第28条	收养的条件和手续	适用收养人和被收养人经常居所地法律	双边系属	国际主义
	收养的效力	适用收养时收养人经常居所地法律	双边系属	国际主义
	收养关系的解除	适用收养时被收养人经常居所地法律或者法院地法律	部分单边系属	国际及国家主义
第29条	扶养	适用一方当事人经常居所地法律、国籍国法律或者主要财产所在地法律中有利于保护被扶养人权益的法律	有利于	当事人主义
第30条	监护	适用一方当事人经常居所地法律或者国籍国法律中有利于保护被监护人权益的法律	有利于	当事人主义

续表

条款	范围	系属	系属类型	法律适用理念
第31条	法定继承	适用被继承人死亡时经常居所地法律	双边系属	国际主义
		但不动产法定继承，适用不动产所在地法律	双边系属	国际主义
第32条	遗嘱方式	符合遗嘱人立遗嘱时或者死亡时经常居所地法律、国籍国法律或者遗嘱行为地法律的，遗嘱均为成立	有利于	当事人主义
第33条	遗嘱效力	适用遗嘱人立遗嘱时或者死亡时经常居所地法律或者国籍国法律	双边系属	国际主义
第34条	遗产管理等事项	适用遗产所在地法律	双边系属	国际主义
第35条	无人继承遗产的归属	适用被继承人死亡时遗产所在地法律	双边系属	国际主义
第36条	不动产物权	适用不动产所在地法律	双边系属	国际主义
第37条	动产物权	当事人可以协议选择	双边系属	国际主义
		当事人没有选择的，适用法律事实发生时动产所在地法律	双边系属	国际主义
第38条	运输中动产物权发生变更	当事人可以协议选择	双边系属	国际主义
		当事人没有选择的，适用运输目的地法律	双边系属	国际主义
第39条	有价证券	适用有价证券权利实现地法律或者其他与该有价证券有最密切联系的法律	双边系属	国际主义
第40条	权利质权	适用质权设立地法律	双边系属	国际主义
第41条	合同	当事人可以协议选择	双边系属	国际主义
		当事人没有选择的，适用履行义务最能体现该合同特征的一方当事人经常居所地法律或者其他与该合同有最密切联系的法律	双边系属	国际主义
第42条	消费者合同	适用消费者经常居所地法律	双边系属	国际主义
		消费者选择适用商品、服务提供地法律或者经营者在消费者经常居所地没有从事相关经营活动的，适用商品、服务提供地法律	双边系属	国际主义
第43条	劳动合同	适用劳动者工作地法律	双边系属	国际主义
		难以确定劳动者工作地的，适用用人单位主营业地法律	双边系属	国际主义
	劳务派遣	可以适用劳务派出地法律	双边系属	国际主义
第44条	侵权责任	适用侵权行为地法律	双边系属	国际主义
		当事人有共同经常居所地的，适用共同经常居所地法律	双边系属	国际主义
		侵权行为发生后，当事人协议选择适用法律	双边系属	国际主义

续表

条款	范围	系属	系属类型	法律适用理念
第 45 条	产品责任	适用被侵权人经常居所地法律	双边系属	国际主义
		被侵权人选择适用侵权人主营业地法律、损害发生地法律的，或者侵权人在被侵权人经常居所地没有从事相关经营活动的，适用侵权人主营业地法律或者损害发生地法律	双边系属	国际主义
第 46 条	通过网络或者采用其他方式侵害姓名权、肖像权、名誉权、隐私权等人格权的	适用被侵权人经常居所地法律	双边系属	国际主义
第 47 条	不当得利、无因管理	适用当事人协议选择适用的法律	双边系属	国际主义
		当事人没有选择的，适用当事人共同经常居所地法律	双边系属	国际主义
		没有共同经常居所地的，适用不当得利、无因管理发生地法律	双边系属	国际主义
第 48 条	知识产权的归属和内容	适用被请求保护地法律	双边系属	国际主义
第 49 条	知识产权转让和许可使用	当事人可以协议选择	双边系属	国际主义
		当事人没有选择的，适用本法对合同的有关规定	双边系属	国际主义
第 50 条	知识产权的侵权责任	适用被请求保护地法律	单边系属	国家主义
		当事人也可以在侵权行为发生后协议选择适用法院地法律	单边系属	国家主义

由上可见，《涉外民事关系法律适用法》共 52 条，其中有 41 条属于标准冲突规范。在 41 条冲突规范中，有六条属于单边冲突规范，而且是以双边冲突规范形式存在的隐性单边冲突规范[①]；另有五条是以"有利于"形式存在的冲突规范系属；余下 30 条均为双边系属。因此，从统计学的量化角度看，《涉外民事关系法律适用法》无疑是以国际主义为绝对主流，同时辅之以国家主义和当事人主义的法律适用理念。

---

① 法院地法本身是一个双边系属，但在管辖权确定的同时，该系属也就固化为单边系属了。故有学者称其为隐性单边冲突规范。沈涓：《法院地法的纵与限》，《清华法学》2013 年第 4 期，第 156—175 页。

可以说，该法彰显了立法理念的进步[①]、立法技术的提升，以及立法规则的成熟[②]。

二、法院地法在立法中的中立化

理念决定立法的表现。通过上文对我国正式立法中冲突规范采用的系属类型的统计分析业已表明，我国立法采取的是国际主义理念。本部分将进一步针对以法院地法为系属的冲突规范立法进行分析，以精准判断法院地法在我国冲突法立法体系中的客观地位。

（一）法院地法在我国现行立法中的统计

在我国现行有效的正式立法中，即主要是指《涉外民事关系法律适用法》《民法通则》《海商法》《民用航空法》《票据法》及《合同法》，除《票据法》均采用双边系属，未设定法院地法系属外，其余立法均有包含法院地法系属的冲突规范。综合上文统计内容，进一步筛选以法院地法为系属的立法规范及其从出立法，可得如下统计结果（表 10）[③]：

---

① 如有文献指出：《涉外民事关系法律适用法》"摒弃了狭隘的国家主义路线，秉承包容、开放的国际主义原则，以'平等地'保护各方当事人的合法权益，促进和谐稳定的国际民事关系为宗旨，而不仅仅是为了单方面保护中国当事人的利益，充分展示了新时期中国法制自信、宽容与开放的精神"。参见黄进：《开创中国国际私法新纪元——写在〈中华人民共和国涉外民事关系法律适用法〉颁布实施之际》，《南阳师范学院学报（社会科学版）》2011 年第 7 期，第 7 页。

② 陈卫佐：《涉外民事关系法律适用法的中国特色》，《法律适用》2011 年第 11 期，第 48—52 页。

③ 需要指出的是，以事实上适用法院地法为标准，那么除了以法院地法为系属的冲突规范之外，还包括两类隐性的法院地法：一是指向中国法的单边冲突规范；二是虽表现为双边冲突规范，但结合管辖权的专属考虑，此类冲突规范仍然实质性地指向法院地法，典型如不动产适用不动产所在地法。对于后者，本文暂不予以考虑和统计。

表 10　以法院地法为系属的冲突规范

法名	法条	范围	系属
《涉外民事关系法律适用法》	第 8 条	涉外民事关系的定性	适用法院地法律
	第 27 条	诉讼离婚	适用法院地法律
	第 28 条	收养关系的解除	适用收养时被收养人经常居所地法律或者法院地法律
	第 50 条	知识产权的侵权责任	当事人也可以在侵权行为发生后协议选择适用法院地法律
《民法通则》	第 147 条	离婚	适用受理案件的法院所在地法律
《海商法》	第 272 条	船舶优先权	适用受理案件的法院所在地法律
	第 273 条	船舶在公海上发生碰撞的损害赔偿	适用受理案件的法院所在地法律
	第 275 条	海事赔偿责任限制	适用受理案件的法院所在地法律
《民用航空法》	第 187 条	民用航空器优先权	适用受理案件的法院所在地法律
	第 189 条	民用航空器在公海上空对水面第三人的损害赔偿	适用受理案件的法院所在地法律
《合同法》	第 126 条	在中华人民共和国境内履行的中外合资经营企业合同、中外合作经营企业合同、中外合作勘探开发自然资源合同	适用中华人民共和国法律

由表 10 可知：（1）以法院地法为系属的冲突规范仅有 10 条，其中有一条是实质性地以法院地法为系属的冲突规范。如果说法院地法是隐性单边冲突规范的话，那么《合同法》第 126 条第二款就是隐性的法院地法。

（2）《涉外民事关系法律适用法》中以法院地法为系属的冲突规范有四条，主要调整涉外民事关系的定性、诉讼离婚、涉外收养关系的解除以及知识产权的侵权责任。

（3）《民法通则》中以法院地法为系属的冲突规范仅有一条，只是在针对涉外离婚时才适用法院地法。由于该法未区分协议离婚和诉讼离婚，因此，在规则层面上法院地法同时调整两类离婚。[①] 当然，考虑到在我国协议离婚并不涉及法院，离婚机构所在地法从而成为法院地法的一种变形而存在。这正是《涉外民事关系法律适用法》进一步明确规定的内容。

（4）《海商法》中以法院地法为系属的冲突规范有三条，相对较多。这些冲突规范主要调整船舶优先权、海事赔偿责任限制，以及船舶公海碰撞的损害赔偿。

（5）《民用航空法》中以法院地法为系属的冲突规范仅有两条，主要调整民用航空器优先权，及其在公海上空对水面第三人的损害赔偿。

（6）《合同法》仅有一条冲突规范，共分两款，其中第二款是典型的指向法院地法的单边冲突规范。[②] 该条款并不直接以法院地法为明示系属，而是一个指向适用我国法的单边冲突规范。结合考虑此冲突规范得以适用的前提是中国法院行使管辖权，并且此三类合同管辖问题的特殊性，即我国立法将其列为专属管辖的范畴[③]，因此，该条款的系属也就是实质或隐性的法院地法。

以上是通过统计客观展示立法中的法院地法及其分布和调整情况，这是本书判断其在立法中的地位的客观事实基础。

---

① 需要指出的是，在我国《婚姻法》修订之前，涉外离婚只能通过法院诉讼的方式，因此，该条在当时的法制语境下不存在问题。然而，该法修订后，涉外离婚允许以协议方式为之，该条作为与《涉外民事关系法律适用法》并行有效的规则，就显得不合时宜。当然，《涉外民事关系法律适用法》用新规则更新了该条立法，相关案件可依新法优于旧法的时际私法规则解决。如此，就实质上废止了该条规则。

② 应当指出，我国最高法在2009年曾经出台过一部关于审理涉外民事或商事合同纠纷案件法律适用的司法解释，对涉外民商事合同的冲突规范调整做了较为系统、全面、科学和先进的规定。这部立法也规定了较为全面的必须适用中国法的合同类型。遗憾的是，该司法解释因《涉外民事关系法律适用法》的施行而被废止。事实上，后者及其司法解释（一）并不能完全取代2009年司法解释的内容。

③ 参见2012年《民事诉讼法》第266条："因在中华人民共和国履行中外合资经营企业合同、中外合作经营企业合同、中外合作勘探开发自然资源合同发生纠纷提起的诉讼，由中华人民共和国人民法院管辖。"

（二）法院地法在我国现行立法中的定位

上述统计结论毋庸置疑地指向一个立场，即我国至少在规则层面并不存在任何明显的法院地法倾向，法院地法被安排在非常有限的领域发挥规范调整作用，将其视为现行立法的"例外"也并不过分。主要理由有三：

其一，量化分析表明，我国立法并不存在法院地法倾向。从法院地法系属在我国现行立法中被采用的数量比例看，法院地法在规则体系中不但没有"回家趋势"，反而展现出极强烈的"去法院地法化"倾向。具体而言，现行主要立法中存在约 67 条标准冲突规范，即便不考虑以法院地法为系属的法条仅构成某一条的一款或部分的情形，法院地法系属的冲突规范占比也仅为 16.42%（11/67），不到整个冲突法体系的五分之一。如果考虑到在 11 条以法院地法为系属的冲突规范中，某些规范仅为某一冲突规范的构成部分或一个条款，那么这个占比还将继续下降，为 10% 左右。

其二，定性分析揭示，我国立法并不存在法院地法倾向。从法院地法调整的对象范围看，其适用范围体现了国际通行做法，不能成为法院地法倾向或"回家趋势"的有力证据。具体而言，在我国立法中，与法院地法系属构成对应的冲突规范范围主要集中在定性或识别、离婚、收养关系的解除、知识产权侵权责任、船舶及民用航空器优先权、海事赔偿责任限制，以及公海发生的船舶碰撞、公海上空民用航空器对水面第三人的损害赔偿等内容上。换言之，我国立法中的法院地法系属主要规范六种法律关系或问题：（1）定性或识别；（2）特定身份的关系终止或解除；（3）优先权；（4）海事赔偿责任限制；（5）无法可依的情形；（6）知识产权侵权责任。除知识产权侵权责任以外，我国立法通过法院地法规范调整的此类关系或问题典型地属于国际社会通行做法。即便是针对知识产权侵权责任，我国立法也只是将法院地法列为当事人协议选择的对象。如果进一步考虑知识产权的地域性特征，以法院地法规范知识产权相关法律关系也是国际普遍的做法。因此，我国法院地法的调整范围没有显示出法院地法有"越位管辖"或"长臂管辖"的现象。

其三，管辖权考察显示，我国立法并不存在法院地法倾向。必须注意到作为系属的法院地法的辩证性，一方面，"法院地法"本身是一个双边系属，在管辖权未定时在指向上具有多边性；另一方面，"法院地法"虽为双边系属，但一旦管辖权被确定，其选法指向就从多边性转化为单边性。因此，法院地法作为系属究竟隶属于单边系属还是双边系属，关键性地决定于判断的时态，即是在管辖权确定前还是之后进行判断。这就逻辑地可推论出，在合并考虑涉外管辖权的分享或并行的可能和现实时，以法院地法为系属的冲突规范在具体案件的应用中并不必然导致内国法的适用。只有在一国规定专属管辖的时候，针对该专属管辖的法律关系或问题的以法院地法为系属的冲突规范，才会必然导致受理案件的内国法的适用。

综上所述，在我国过去和现在制定的现行有效的冲突法立法体系中，就规则层面言，不存在任何意义上的法院地法倾向。反之，法院地法是我国立法明确限制的对象，只在为国际社会所共同认可的有限范围内被设立。规则层面如此，规则的应用即实践层面也理当如此。对规则的应用状态进行判断，仍然需要立足实证的客观论据。

三、法院地法在实践中的内向化

规则层面是否存在法院地法倾向，是一个相对简单的统计分析和对比的问题。但在司法实践层面却有文献正相反对，断言法院地法倾向是一个普遍趋势者有之，如荣格教授即认为"这种'返家趋势'

（homing trending）是全球性的"①；断言法院地法倾向仅是一个幻想的"混乱神话"（myth of mess）者也有之，如克里斯托弗就认为："传统识见夸大了法律选择的错误，并默示地低估了其对全球治理的贡献。"② 比较而言，赞成法院地法倾向者似更符合通常印象，然而要确证其存在，则仍需要对我国涉外民商事司法实践进行考察。以下将主要针对 20 世纪 90 年代以来我国涉外商事海事审判实践所给出的 400 多宗典型判例进行整理③，最终确定 200 多个样本，据此对我国冲突法的司法状况做实证统计分析。这些统计分析的主要目的不在于通过现实证明一个业已为人所预感的结论即法院地法倾向，而是在于进一步发掘和类型化法院地法倾向得以发生的形成因由，审慎思考这些在实践中明摆着，但却屡禁不止的"违法"现象，才可能有效地解决这些问题。

（一）我国涉外民商事案件的宏观统计

自新中国成立以来，我国人民法院系统究竟审理了多少涉外民商事案件，以及这些涉外民商事案件的法律适用状况如何，迄今虽有较为连续的年度司法实践抽样考察④，但未见全面系统的调研分析。从数据上看，最高人民法院自 1980 年至 2016 年，共发布了 37 次年度工作报

---

① 荣格：《法律选择与涉外司法》，霍政欣、徐妮娜译，第 5 页。

② Christopher A. Whytock, "Myth of Mess? International Choice of Law in Action", *New York University Law Review*, vol. 84, 2009, p. 719.

③ 这些判例均参考和来自于"中国涉外商事海事审判网"（http://www.ccmt.org.cn/cpws.php）, 该网站是由最高人民法院主办的，公布中国涉外商事海事生效文书的官方网站。该网站截至 2017 年 3 月 3 日共刊登了 14081 个判决书；截至该日，被其列为典型案例的有 455 宗。本研究以这些典型案例为主体，最终整理出 225 个样本案例作为研究基础。

④ 美国自 1988 年以来已形成较为连续和系统的 29 次司法实践年度述评，与之相应，我国学者黄进教授等也自 2001 年起对我国国际私法的司法实践进行了年度述评，迄今已经进行了 15 次述评，这些述评对司法实践做了有意义的总结，但不是对涉外司法实践的全面评析。

告①，对 1980 年至 2015 年度案件受理、审结和执行等情况做了公示。在这 37 次年度工作报告中，与涉外案件有关的数据统计见下表（表 11）：

表 11　最高人民法院 1986—2016 年度工作报告中涉外案件类型及数据统计

年度	涉外案件类型	统计数据
2015	审结各类涉外民商事一审案件	15348 件，下降 2.74%
	涉港民商事案件	10561 件，上升 28.34%
	涉澳民商事案件	1180 件，上升 44.96%
	海事海商案件	17546 件，上升 44.13%
2014	审结涉外民商事案件	15780 件
	审结海事海商案件	11678 件
	审结涉港澳台民商事案件	13999 件
	认可港澳台地区民事判决、裁定、调解书	333 件
	办理涉港澳台送达文书、调查取证、裁判认可、罪赃移交等司法协助案件	12863 件
2013	涉外商事、海事海商案件	1.6364 万件
	涉港澳台案件	1.5 万件
	送达文书、调查取证、裁判认可等案件	1.3 万件
2012	涉外商事、海事和海商案件	2.2 万件
	涉港澳台案件	1.5 万件
	司法协助、送达司法文书、协助调查取证	6325 件
2011	涉外商事和海事海商案件	2.2 万件
	涉港澳台案件	1.5 万件
	司法协助	6325 件

---

① 最高法 1980—2013 年度工作报告的官方文件载中央人民政府官网：http://www.gov.cn/ test/2008-03/21/content_925627.htm，2016 年 6 月 7 日再访问；最高法 1983—2015 年度工作报告也刊载在最高法官网：http://gongbao.court.gov.cn/ArticleList.html?serial_no=wx，2017 年 3 月 7 日最后访问。

年度	涉外案件类型	统计数据
2010	涉外案件	17020 件，同比上升 6.17%
	涉港案件	11066 件，同比上升 8.21%
	涉澳案件	594 件，同比上升 28.85%
	涉台案件	4653 件，同比下降 11.1%
2009	一审涉外案件	11470 件，同比上升 15.95%
	海事海商案件	8621 件，同比上升 7.50%
	涉台案件	3951 件，同比上升 12.94%
	涉港案件	6631 件，同比上升 0.52%
	涉澳案件	329 件，同比上升 14.24%
2008	涉港澳台案件	10621 件
2007	五年涉港澳案件	26561 件，同比上升 30.53%
	五年涉台案件	16130 件，同比上升 85.27%
	五年涉外、海事海商案件	64558 件，同比上升 14.97%
2006	涉外、涉港澳台案件	23313 件，同比上升 16.39%
	海事海商案件	7375 件
2005	未给出	
2004	未给出	
2003	不服高院一审民事和涉外商事上诉案	372 件
	审结民事和涉外商事再审案件	59 件
2002	五年来涉外案件	26399 件，年均递增 4%
2001	未给出	
2000	未给出	
1999	未给出	
1998	未给出	
1997	五年来涉外案件	19074 件，年均递增 14.57%
	五年来涉港澳台案件	17368 件，年均递增 8.10%
	五年来海事海商案件	14790 件，年均递增 24.90%

年度	涉外案件类型	统计数据
1996	涉外案件	3287 件，同比上升 24.98%
	涉港澳台案件	3831 件，同比上升 11.59%
	海事海商案件	3648 件
1995	涉外、港澳台、海事海商案件	6619 件，同比上升 9.24%
1994	涉外、涉港澳台案件	6353 件，同比上升 21.1%
	海事海商案件	2139 件，同比上升 33.11%
1993	涉外、涉港澳台案件	1311 件，同比上升 39.62%
	海事海商案件	1830 件，同比上升 10.64%
1992	五年来涉外案件	6186 件
	五年来涉港澳案件	9264 件
	五年来涉台案件	1144 件
	五年来海事海商案件	4652 件
1991	涉外、涉港澳台经济纠纷	648 件，同比上升 38.17%
	海事海商案件	910 件，同比上升 23.5%
1990	涉外、涉港澳台案件	535 件，同比上升 39.38%
	海事海商案件	753 件，同比上升 3.86%
1989	海事海商案件	725 件，同比上升 27.42%
1988	涉台案件	246 件
	其他	未明确
	四年来涉外海事海商案件	146 件
1987	五年来涉外民事案件	3126 件
1980—1985	未给出	

由上可见，历年来最高人民法院公报所提供的数据分类缺乏一致性，有的年度报告如 1987 年只是给出一个笼统的涉外案件数量[①]；而有

---

① 该涉外案件是否包括涉港澳台案件并不明确，不过从近年来的年度公报将涉外案件与涉港澳台案件并列的做法似乎意味着该涉港澳台案件并未被列为涉外案件，特别是考虑到 1987 年之前的时代氛围，更没有可能将涉港澳台案件视为涉外案件的基础。

的年度报告如 1996 年则在统计分类上较为具体，将案件区分为涉外、涉港澳台、海事海商共三类；有的年度报告甚至没有对涉外案件的类型进行单独统计，只是按照法律关系的性质进行统计；有的年度报告采用案件审结数据，有的则采用受理案件数据。截至 2016 年，最高人民法院公报仍然在总体上对涉外案件的类型缺乏一个统一的规范分类与统计标准，这在一定程度上限制了对我国涉外司法实践的量化统计和客观比较。在此基础之上，为大体呈现我国涉外民商事司法实践的发展趋势及年度间比较，本研究将各年度的涉外案件统一化约为单一的量度，即涉外案件 =（涉外案件 + 涉港案件 + 涉澳案件 + 涉台案件 + 海事海商案件），据此可整理出各年度涉外案件的统计数据为下表（表 12）：

表 12　涉外案件年段统计数据

区间	年份	涉外案件数量（件）
1	1983—1987	3126
2	1988—1992	21246
3	1993—1997	51232
4	1998—2002	26339
5	2003—2007	107249
6	2008—2012	155281
7	2013—2015	117456

说明：1. 海事海商案件在这种统计方法下被全部列作涉外案件，但实践中仍然有部分海事海商案件只是国内案件，不具有涉外性。由于无法区分开涉外的与国内的海事海商案件，本统计数据将海事海商案件全部列作涉外案件进行统计，特此说明。

2. 鉴于提交本研究成果之日，最高法对 2016 年司法工作进行回顾的 2017 年度工作报告尚未公布，因此此处统计数据仅含 2013—2015 三个年度的数据。

从宏观统计数据看，我国人民法院系统受理涉外案件的量化发展趋势可概括为稳步提升，间有下挫。除第 4 个统计区间（1998—2002）有所下降之外，其余统计区间都是稳健上扬。这种发展趋势是与我国对外开放的逐步深入遥相对应的。特别是自我国加入 WTO 之后，我国法院系统受理的涉外案件开始急剧增长，在第 5 个统计区间（2003—2007）即高达 107249 件，而在 2008 年至 2012 年的五年时间之内，涉外案件的受理量再创新高，高达有史以来的最大受理量即 155281 件。第 7 区间虽然有所下降，但考虑到该区间仅统计了三年数据，2016 年及 2017 年度数据尚未纳入，虽仅有三年案件受理量，但其总量业已超越第 1—5 区间的任一区间案件量，由此涉外案件受理量的角度，也可管窥我国对外开放的深入，以及国家领导层在贸易自由化方面贯彻的坚定不移的政策。

随着经济全球化与市场统一化进程的深入，特别是我国涉外经济的高速发展，国家"一带一路"战略，自贸区安排的扩展，中外企业"一进一出"政策，即中国企业"走出去"战略和优秀外资引进来战略的实施，我国法院系统的涉外案件受理量预期还将进一步提升。现有的涉外司法经验，以及未来发展趋势将充分表明：（1）涉外案件的受理和裁决不再是我国涉外民商事司法的例外或特别情形，而开始成为涉外司法的常态或例行任务，这就要求我国人民法院系统应建立并改善常设的涉外案件专业庭及其他配套的专业管理与监督机制。

（2）涉外案件在量上的规模化发展，是我国经济发展与国际接轨程度的重要征兆，涉外案件的司法处理因此不仅应提高到"为改革发展服务的水平"，秉持"为大局服务、为人民司法"的理念[1]，更应该彰显涉外司法的国际性，从"国际社会"而非国别立场出发革新涉外司法的观念与技艺。

---

[1]　最高人民法院 2011 年度工作报告，http://www.court.gov.cn/qwfb/gzbg，2016 年 3 月 2 日访问。

（3）涉外案件在处理上的规范化、科学化与法治化成为日益重要的时代使命，我国人民法院的涉外司法能力建设亟待推进与完善。[①]

对我国涉外商事海事审判实践的进一步微观实证分析，将会揭示出更多的问题。只有认真与坦诚地面对和反思我国涉外司法中可能存在的法院地法倾向的"适用乱象"，才能乱中求变，进而建构公正、合理、有序的涉外法治秩序。

（二）我国涉外民商事案件法律适用的抽样统计：法院地法倾向

国外诸多文献指出，冲突法的实践普遍混乱[②]；根据惯性思维，冲突法的原理及其规则并不会对法官的选法决策产生重要影响[③]，选法结果相反是本国法优先于外国法[④]，本国当事人优先于外国当事人，原告优于被告[⑤]的强烈偏见所促致。我国司法实践是否也存在类似情形，冲突法在现实层面究竟被我国人民法院以何种方式落实到何种程度，这个问题有必要进行实证透析。从理论、逻辑以及我国现行立法规则看，冲突法的理想状态是平等对待所涉法律体系，并忠诚地按照冲突法设定的选法连接根据不偏不倚地选择准据法，然后据之裁决

[①]　最高法业已关注并已经或正在通过一系列积极举措解决这个问题。例如最高法院院长周强在 2015 年 12 月 16 日全国海事审判工作会议上就强调：海事审判要梳理中国海事司法的良好公信力；促进海事审判体系和审判能力现代化。参阅周强：《加强海事审判工作　推进事实海洋强国战略》，http://www.court.gov.cn/zixun-xiangqing-16335.html，2016 年 6 月 7 日访问。最高法国际海事司法研究基地也同时成立。

[②]　参见 Kermit Roosevelt II, "The Myth of Choice of Law: Rethinking Conflicts", *Michigan Law Review*, vol. 97, 1999, pp. 2448-2538。

[③]　参见 Stewart E. Sterk, "Marginal Relevance of Choice of Law Theory", *University of Pennsylvania Law Review*, vol. 142, 1994, pp. 949-1031。

[④]　参见 Joseph William Singer, "Real Conflicts", *Boston University Law Review*, vol. 69, 1989, p. 59; Ralph U. Whitten, "U. S. Conflict-of-Laws Doctrine and Forum Shopping, International and Domestic", *Texas International Law Journal*, vol. 37, 2002, pp. 559-560。

[⑤]　参见 Lea Brilmayer, "Interest Analysis and the Myth of Legislative Intent", *Michigan Law Review*, vol. 78, 1980, pp. 392, 398。

案件。[1] 但考虑到查明外国法的语言、文化与法系差异的难度，特别是理解上不可避免地存在的距离，再加上我国人民法院系统涉外司法的能力建设现状，冲突法的理想适用效果可能是难以达到的。问题是，冲突法适用的理想与实践之间究竟有多大的悬殊，理想向实践妥协的程度是否可以接受，以及司法实践究竟以何种方式偏离了冲突法适用上的理想状态。这些现实的问题无法通过纯理论与逻辑的分析就可以得出客观的结论，而是需要建立在涉外司法实践的现实调研基础之上。

1. 年度抽样统计结果揭示了法院地法倾向

据具有代表性的系列年度抽样统计显示，长期以来涉外民商事案件适用中国法律的概率均在 86% 以上：2001 年为 88%，2002 年约为 92%，2003 年为 92%，2004 年为 94%，2005 年为 92%，2008 年为 97%，2009 年为 96.9%，2010 年为 90%[2]，2011 年为 98%（94%+4%）[3]，2012 年为 92%（84%+4%+4%）[4]，2013 年为 100%（82%+10%+8%）[5]，

---

① 中立选法规则被认为是"经典的"（classical）冲突规则。参见 Sandie Calme, *French Private International Law*, Vandeplas Publishing, 2015, p. 30。

② 2001 年至 2010 年的抽样统计数据均摘自黄进、杜焕芳等：《中国国际私法司法实践研究（2001—2010）》，法律出版社 2014 年版。需要说明的是，这些数据均为适用或者同时适用中国内地的法律的统计数据。

③ 其中，94% 为完全适用中国内地的法律的案件；4% 为同时适用中国内地的法律和国际条约的案件。参见黄进等：《2011 年中国国际私法司法实践述评》，载《中国国际私法学会 2012 年年会论文集（上）》，中国大连，2012 年 9 月。

④ 其中，84% 为完全适用中国内地的法律的案件；4% 为同时适用中国内地的法律和国际条约的案件；4% 为同时适用中国内地的法律和域外法律的案件。参见黄进等：《2012 年中国国际私法司法实践述评》，载《中国国际私法学会 2013 年年会论文集（上）》，中国甘肃，2013 年 9 月，第 25 页。

⑤ 82% 为全部适用中国法律的案件；10% 为同时适用中国内地的法律和国际条约的案件；8% 为同时适用中国内地的法律和域外法律的案件。参见黄进等：《2013 年中国国际私法司法实践述评》，载《中国国际私法学会 2014 年年会论文集（上）》，中国上海，2014 年，第 25 页。

2014 年为 86%（82%+2%+2%）^①，2015 年为 92%（90%+2%）^②。即便考虑到其中适用中国法律的合理案例之外，这些统计数据仍然在一定程度上印证了美国学者艾伦茨威格所认为的冲突法及其有关制度只是获得适用法院地法的手段的观点。但宏观的统计数据只是揭示了法院地法倾向的可能，更具有说服力的证据需要进一步扩大抽样调查的案例量，特别是考究其选法说理的过程。

2. 典型案例法律适用统计结果证实了法院地法倾向

按照中国法院系统官方给出的 455 个典型案例，本研究集中对 225 个典型案例进行了分析。^③ 实证分析的结论基本印证了理论上的预判，我国冲突法的司法实践较为普遍地存在有法不依、有法乱依或错依的现象，在法律适用结果上普遍地指向了法院地法。现从样本总量上按照选法结果标准进行分别统计，对样本案例的法律适用总体情况作一分析和把握。从法律适用结果上进行统计，主要有四种类型，分别是：适用法院地法，适用"法院地法 + 外国法、国际条约或惯例"，适用外国法、国际条约或惯例，以及经调解或和解结案。这些类型的样本案例数量及比例见下表（表 13）：

---

① 其中，82% 为完全适用中国内地的法律的案件；2% 为同时适用中国内地的法律和国际公约的案件；2% 为同时适用中国内地的法律和域外法律的案件。参见黄进等：《2014 年中国国际私法司法实践述评》，载《中国国际私法学会 2015 年年会论文集（上册）》，中国广州，2015 年 11 月，第 23 页。

② 其中，90% 为完全适用中国法律；2% 为同时适用国际公约和中国内地的法律。只有 8% 的案例适用了域外法律。参见黄进等：《2015 年中国国际私法司法实践述评》，载《中国国际私法学会 2016 年年会论文集》，长沙，2016 年 11 月。

③ 本文统计的典型案例源自"中国涉外商事海事审判网"。该网站由最高人民法院主办，是"中国涉外商事海事生效文书公布指定网站"，"提供最新审判动态，权威裁判文书，精彩案例评析"。本次统计案例涵盖该网提供的所有典型案例，剔除其中非涉外部分、重复部分，以及某些纯粹程序案件后，共有 225 个样本案例。本统计结果截至 2017 年 3 月 3 日。

表 13 样本案例法律适用分析

序号	适用法律	数量	比例
1	法院地法	196	87%
2	法院地法 +	16	7%
3	非法院地法	7	3%
4	和解或调解	6	3%
合计		225	100%

由上表直接可得如下几点结论：（1）法院地法的适用占比是绝对的。在 225 个涉外商事海事典型判例样本之中，单纯适用法院地法的案例就高达 196 件，占总体样本量的 87%。如果将并用法院地法的案例纳入其中，225 个样本量中适用中国法的判例就有 212 件，占总体样本量的 94%；如果进一步考虑和解或调解中作为法院地法的中国法之适用事实，法院地法对涉外商事海事审判实践的影响就更大，225 个案件之中除了 7 个案件单纯地适用非法院地法的规则之外，直接适用法院地法或间接受其影响的案件惊人地达到了 218 件，占据样本总量的 97%。

（2）非法院地法的适用占比很小，如果剔除其中的国际条约和国际惯例的适用部分，仅计算外国法的适用占比，其数值将进一步下降。非法院地法得以适用的样本案例仅有 7 例，适用占比为 3%。其中，只有 5 例适用了外国法，占比仅为 2%。这与法院地法适用占比形成鲜明的对比。

（3）和解或调解在涉外商事海事审判中也具有重要的适用空间。在一定时期内，甚至于在当前及以后相当长的时期内，推重和解或调解仍将是我国司法的主旋律之一。通过和解或调解结案，在法律适用上将会发生搁置效应，即法院将直接引导双方当事人关注案件实体权利义务的分配，法律选择环节将被忽视。法官也会在潜移默化中引导当事人根据法院地法进行调解或和解。因此，和解或调解的扩大适用，必将进一步扩展法院地法的适用，提升法院地法适用占比，从而在法律适用结果上强化法院地法倾向。

第三章 类型判别与分类研析

一、法院地法倾向类型判别

通过对 225 个样本案例中单一或并用法院地法的案例进行逐一审查，剔除其合理适用部分，包括调解与和解结案部分，其余案例适用法院地法或多或少存在着瑕疵，从而导致不合理的法院地法倾向。按照这些案例不当地适用法院地法的理由，可以分别概括为十种主要类型，分述如下：

（1）无任何选法理由的说明。此种类型的案例数量最多，在 225 个样本案例之中，其数量超过 120 例。冲突规范是关于和规范涉外民商事关系法律选择过程的规则，其价值之实现、拘束力的展示均集中在选法过程的说明。然而，从样本案例显示出，我国司法实践存在着大量的无选法说理的案件，这在根本上决定着法院地法的适用是"无因"的。无因的另外一种表达就是无法可依，就是直接违背法治，即便在法院地法的适用上于结果层面而言是正确的。

（2）牵强理由。一些样本案例虽然载明了法官的选法依据，但其依据明显地强词夺理，表现出为适用法院地法而适用法院地法的推理逻辑。牵强理由的案例中，最突出的例子即是"最密切联系地法"的判断，常见的情形是，法官在判决中通常生硬或者强硬地在案件与中国之间建立关联，即便是唯一和虚弱的关联，随即笔锋一转，匆忙认定中国内地的法律是最密切联系地法，从而适用作为法院地法的中国内地的法律。此种情形实是最密切联系原则的倒用，即实质上为最不密切联系的中国内地的法律以最密切联系之名被适用。

（3）堆砌理由。与一些样本案例无任何选法理由相反，许多案例的选法依据存在多重化现象，其貌似理直气壮，但却难掩其后的理屈词穷。典型案例之一即是在无正本提单放货的情形下，在案件被定性为侵权后，用侵权冲突规则选法即可，但法官仍然"心虚"地援引最密切联系规则补强法院地法的适用。此种补强即是堆砌理由之一，然而却是自相矛盾。因为在案件裁判时，我国涉外侵权的法律适用中，只有侵权行为地法与结果发生地法之适用，并无最密切联系规则之适用，并用二者使最密切联系规则成为"神来之笔"，显得突兀。对于涉外法律选择而言，真正坚实的理由往往只需要一条，量变并不能带来质变。

（4）错用理由。错用理由也是导致法院地法倾向的主因之一。实践中，受案法官错用理由的表现通常有二：一是客观出错，或者限于对国际私法的认知，或者由于对案件的错误解读，从而导致选法依据的错误援引；二是主观过错，即法官为达到适用法院地法之目的而有意滥用选法依据。典型的例子之一即是对最密切联系规则的泛原则化，即在未规定有最密切联系规则的领域，援引该规则确定法律适用。又如，在一些"层级化"①（hierarchization）冲突规则或"选法阶梯"（ladder）中，故意以法院地法直接短路后位系属的法律适用，如规范涉外合同的冲突规范"意思自治＞最密切联系"，当当事人所选法律无法查明时，本应适用最密切联系地法，但法官以当事人所选外国法无法查明为由，直接适用法院地法，从而出现错用理由的现象。

（5）默示选择。首先应区分明示选择、默示选择以及推定选择

---

① 参见 Sandie Calme, *French Private International Law*, Vandeplas Publishing, 2015, p. 34。

（或假设性选择）之间的关系，厘定三者之间的界限，才能更好地给予默示选择以合理的定位。明示选择与默示选择构成一对反义词，以明确的书面、口头、电子或其他方式达成法律选择的，即为明示选择，其载体形式为何，并不重要。反之，如无任何形式明确对法律的选择，而是以其行为或意向事实性地对适用法律达成协议的，则为默示选择。就二者存在对所适用的法律的合意而言，二者并无本质差异，只是选法的方式不同而已。但考虑到默示选择需要高度依赖对当事人意向的解释，而这种解释有时候很难与拟制、假设相区分，为此，包括我国在内的一些国家明确反对默示选择，这在我国《涉外民事关系法律适用法》中就有明确的规定。从理论上言，如果能够适切地区分和识别默示选择与推定选择或假设性选择，默示选法的合理性将为立法所肯认。例如，当事人签订的合同文本所使用的文字，是否构成对文字所属国法律的选择，这在实践中常有不同见地。鉴于实践中默示选法与推定选法微妙的区分很容易为当事人或法官所操纵，因此即便是承认默示选法的立法也通常要对默示选法的合法性进行界定。如我国最高人民法院即通过司法解释承认了庭审中有法官参与的默示选择。而就推定选择而言，由于根本不存在事实上的选法合意，故不为立法所接受。但在我国司法实践中，法官较为频繁地将默示选择作为适用法院地法的依据，从而构成法院地法倾向的推动力量。

（6）推定选择。上已述及，推定选择在根本上不同于明示选择和默示选择，它等同于当事人之间没有选择。我国司法实践中也不乏以此为理由适用法院地法的案例。在实践中，典型例子即是，受案法官常以管辖权为根据，将当事人在中国法院起诉或应诉的事实，作为对中国法律的选择。管辖权的问题与法律选择的问题并非同一问题，即便必须得承认二者之间存在关联。但如果仅以管辖权为根据作为法律选择的合意存在之证据，则过于虚弱。如果强行在二者之间建立因果关系，就很可能构成推定选择。推定选择在我国立法中是不成立的，司法以此为据在很大程度上是为了规避外国法的适用，而便利地适用法院地法。

（7）滥用公序。公共秩序在国际私法历史上具有两种主要的定位：一是作为法律选择的例外，二是构成法律选择的原则。我国立法中的公共秩序并不具有原则地位，而是作为安全例外的措施，确保外国法的适用不构成对我国公共秩序的实质损害。这就意味着，在大多数情形下，公共秩序只是作为一种审查标准，但不会得到应用。事实上，考虑到当今各国法律之间的趋同，以及对彼此私法价值理念的认同，公共秩序保留的适用空间将会越来越受到限制，特别是在财产领域中，基本上不需要动用公共秩序保留制度。在我国司法实践中，法官滥用公序排除外国法或外域法适用的情形时而有之，典型的例子即是违背外汇管制的法律选择，实践中存在法官用公共秩序否定所选外域法的情形。此类案例在现今看来，更合理的做法是通过直接适用的强制性规范，而非公共秩序来排除当事人的选择。但由于受理案件时并不存在类似措施或制度，法官遂以公共秩序为由排除了当事人所选法律。无论如何，从不应适用，但法官强行适用公共秩序的角度看，此即构成滥用公序的情形。

（8）滥用查明。如何及由谁查明外国法，甚至，外国法是否应当在当事人没有明确请求的情况下得到适用，这些问题数十年来一直被认为是讨论国际私法的支点问题。[1] 其中，该支点问题的焦点即是如何认定并防止查明制度的滥用。对应当适用的外国法进行忠诚的查明，是国际私法功能和目标得以实现的一个预设前提。设若经过国际私法千辛万苦、历经曲折的"求经"式的指引，但最终无法查明外国法，或者说几乎很少能够查明外国法，那么从经济效率的角度看，国际私

---

① 参见 Eva-Maria Kieninger, "Ascertaining and Applying Foreign Law", in Stefan Leible(ed.), *General Principles of European Private International Law*, Wotters Kluwer, 2016, p. 357。

法从一开始就不应该有存在价值。如此观之，查明制度之于国际私法具有决定性作用。事实上，在我国司法实践中即便不能说滥用查明普遍存在，但在样本案例的基础上，也必须得承认滥用查明是一个不容回避的重要现象。同样无法否认的是，即便某些案例确实无法查明，但在现代各国法律交流日趋频繁的情形下，大部分适用外国法的案例无法查明，就存在值得反思的问题。一个不言而喻的潜规则是，外国法无法查明能够为法官的法律适用带来便利，即适用法院地法作为补救规则。这很可能构成法官滥用查明的激励因素。

（9）任择适用。冲突法的任择适用，触及了前冲突法的问题，而这个问题关涉的是冲突法应否适用、如何适用。为更好地理解该问题，可对比该问题的反概念即冲突法的法定适用。如果主张冲突法应该在当事人诉请且证明的基础上得以适用的，即为冲突法的任择适用；相反，如果认为无论当事人是诉请还是反对冲突法的适用，法官均应依照法律规定而适用的，即为冲突法的法定适用。此问题的本质事实上是对冲突法性质的理解。简而言之，在我国立法格局下，冲突法作为立法机关颁布的专门针对涉外民商事关系进行调整的法律，其适用是法官的法定职责和义务，无关当事人的诉请或反对。但在实践中，一些案例表现出冲突法任择的倾向，受案法官以当事人未诉请适用为根据，直接适用法院地法。坦率而言，法官如此行为，很可能并不是接受或认同冲突法的任择适用，而是认同或接受冲突法任择适用的法律后果，即更大概率地适用法院地法。

（10）操纵识别。冲突法规范涉外民商事关系的基本原理是，将实践中产生的争议问题归入特定性质的法律关系，再根据表征特定法律关系的本座确定所应适用的法律。有观点认为，识别就是一个解释的过程；而另有观点认为，识别是一个归纳的过程。[①] 事实上，识别应该

---

① 参见 Helmut Heiss & Emese Kaufmann-Mohi, "Classification: A Subject Matter for a Rome 0 Regulation?", in Stefan Leible(ed.), *General Principles of European Private International Law*, 2016, p. 90。

是两个过程的结合，即需要进行解释，然后纳入特定的冲突规范。在这个看似简单的选法过程中，决定性的环节发生在特定争议的识别上。实践中，对冲突法的适用最有影响的两个环节应该是识别和外国法的查明，二者都是"找法"，但识别是为特定的案件确定冲突法，而外国法查明则是为该案件确定实体法。由于识别是一个高度抽象的思维活动，特别是在实践中法律关系复杂的情形下，识别的弹性就非常明显，而法官则有可能滥用这种弹性，以使法律适用向法院地法回转。

事实上，除了和解或调解结案的案件之外，上述类型都可以归入广义上的错用理由类型，它们在适用法院地法的过程之中都存在选法上的瑕疵。对于调解结案中的法律适用的合理性是毋庸置疑的，但它在合法性问题上有别于国内案件的调解。根据我国《民事诉讼法》第9条的规定：人民法院审理民事案件，应当根据自愿和合法的原则进行调解；调解不成的，应当及时判决。该条属民事诉讼法的总则，因此在逻辑上也是可适用于涉外民事诉讼的。但该条既然规定人民法院的调解应当满足自愿与合法原则，在涉外案件中的调解也应同时满足这两个原则。应指出的是，涉外案件之中的合"法"调解当是指合"准据法"的调解，因此，涉外案件的调解之前提仍然是依照冲突法首先确定准据法，如果准据法选择错误，所谓的"合法"调解也就无法保障。但样本案例中的调解并无准据法的选择过程，法院很可能是直接按照法院地法进行调解，依法院地法进行调解有三种可能：其一，冲突法的选法过程被短路，即冲突法被弃而不用，调解或和解的过程抹平了涉外案件与国内案件处理模式的差异。其二，法院推定当事人选择了法院地法，并且当事人在整个调解过程之中对法院依法院地法进行调解并未提出异议，法院由此预设了意思自治的冲突规则，并简约了准据法选择过程。这种理解虽然有了选法过程，但可能涉嫌推定选择或错用理由，因为所调解的案件可能并无当事人选法，或者并非必然属于意思自治这种冲突规则的调整范围。例如对于涉外侵权案件而言，依样本案例调解时按我国有关冲突规范，应当适用侵权行为实施地法或结果发生地法，并非意思自治规则，人民法院据之进行调解的准据法或合法性标准就不应当是意思自治法，而是侵权行为地法。人民法院如果推定当事人选择了法院地法作为准据法，并据此调解案件，就违反了调解的"合法"性原则。其三，依照法院地法对涉外案件进行调解也可以解释成冲突法的任择适用，即涉外案件当事人没有主张也没有证据证明冲突规范的存在，并提供和证明该冲突规范指向的准据法时，法院就径直按照国内案件的方式依法院地法调解或裁决案件。但上文业已述及，我国冲突法是法定而非任择适用，依法院地法进行调解的做法据此也不能确立自身的合法性，尽管它符合调解的自愿性原则。

以上只是从宏观层面对我国涉外民商事样本案件进行了法院地法倾向的发生路径之类型化分析，以下将以样本案例中的典型例子为据，探究法院地法倾向得以发生的原由，及其反映的法院的司法逻辑，为解决问题把脉问诊。①

二、分类研析一：错用理由

错用选法理由的现象，通常与识别密切相关，特别是在将案件识别为 A 法律关系的时候，却依规范 B 法律关系的冲突规范调整。例如，在将案件识别为侵权的情形下，却仍然用规范涉外合同法律关系的意思自治或最密切联系调整之。当然，实践中还可能存在其他错用理由的类型，现择两件典型案例以示范说明。

---

① 此处不分析未给理由和调解结案的样本判例。未给理由的判例是无可分析，也是不用分析的，因为它在形式和逻辑上都直接否定了冲突法的适用；调解结案的判例信息未经权威公开，此处也暂时不对其进行分析，但鉴于其实践意义和价值，实有另文探讨的必要。

案例1：美齐科技股份有限公司诉讼高章货运（上海）有限公司（简称"高章上海"）、高章快运有限公司（Go-trans Express Limited）案。

该案原告认为：本案是海上货物运输合同纠纷，适用我国《海商法》。高章上海作为承运人违反凭单放货义务，应承担赔偿责任。高章快运和高章上海在无船承运业务上是总、分公司关系，且两被告存在混同，高章快运应和高章上海对原告的损失承担连带赔偿责任。故请求判令两被告连带赔偿货款损失及利息损失。

两被告答辩认为：本案是多式联运合同纠纷，根据提单背面条款的约定，应适用美国1936年《海上货物运输法》，即使适用中国法律，也应适用我国《合同法》。依据美国1936年《海上货物运输法》相关规定和我国《合同法》的规定，高章快运向收货人直接交付货物并无不妥，不应承担赔偿责任。高章上海是高章快运的代理人，因此不承担赔偿责任。即使支持原告诉请，也应以报关单记载的货物金额为准，且高章快运可以根据美国1936年《海上货物运输法》的规定享受赔偿责任限制。

上海海事法院经审理认为，由于涉案运输包含海路运输、铁路运输、陆路运输等运输方式，故本案是以提单为证明的多式联运合同无单放货赔偿纠纷。本案不适用美国1936年《海上货物运输法》，应属我国《海商法》调整范围。一审判决后，两被告提起上诉。上海市高级人民法院驳回上诉，维持原判。

该院在裁决案件之后对本案的法律适用进行了评析，认为：本案原、被告诉争的无单放货环节发生在境外，具有涉外因素。依我国《海商法》第269条，当事人可以选择合同适用的法律，法律另有规定的除外；合同当事人没有选择的，适用与合同有最密切联系的国家的法律。美国1936年《海上货物运输法》适用的前提是原、被告协商一致同意适用，两被告虽提出提单背面有解决争议的法律适用条款，但未举证证明原告同意适用该条款。因此，该条款不能视为原、被告协商一致同意适用，该法不适用于本案。中国上海是涉案运输的始发地，属合同履行地之一，本案应适用中国法律界定争议各方的权利义务。①

分析上海海事法院的选法推理可看出，中国法律的适用是建立在错用冲突法的基础之上的：第一，该争议属合同关系，因此应根据我国调整涉外合同的冲突法规则即"意思自治＋最密切联系"确定准据法，该案所涉提单中的选法条款不能仅仅因为其是格式条款就认定它并非属于双方当事人意志的体现，反之，如无反证就应认定该选法条款的有效性。受案法院认定意思自治规则不存在是对当事人之间客观事实的视若无睹。

第二，即便认定当事人没有选法，也应当明确选法规则为最密切联系地法，受案法院的判决书根本没有对最密切联系地进行合理和全面的分析，仅以中国是涉案货物的运输出发地，是合同履行地之一，就直接确定中国法律作为准据法，这是根本违背最密切联系规则的，是对最密切联系规则的最不密切适用。

案例 2：山东省威海船厂诉 Schoeller 控股有限公司（Schoeller Holdings Limited）案②。

该案受案法院青岛海事法院经审理认为：本案系因涉外船舶建造、买卖合同纠纷产生的争议，涉案船舶建造地为中国威海，合同履行地在中国境内。涉外合同当事人可以选择处理合同争议所适用的法律，应当是指双方当事人共同明确选定的合同发生争议时所应适用的实体法。本案争议的本身就是原、被告之间是否存在合同法律关系。虽然被告与案外人湖北机械公司签署的合同中将原告列为合同一方并有"适用英国法律"的条款，但原告认为其没有签字盖章，并非合同一方当事人。此种情形下，应视原、被告双方对适用法律没有选择，根据

---

① 该评析参见 http://www.ccmt.org.cn/shownews.php?id=8912，2017 年 3 月 9 日最后访问。

② 该案参见 http://www.ccmt.org.cn/shownews.php?id=3454，2017 年 3 月 8 日最后访问。

《民法通则》第145条的规定，应适用与合同有最密切联系的国家的法律，即中华人民共和国法律。

笔者认为，本案具有典型性，即受案法院在确定冲突规范援引准据法之前，首先遇到了冲突规范的立足前提是否存在的问题。从逻辑上看，只有当合同存在并且有效，合同中的选法约定才是存在且有效的。然而在国际私法之中，合同是否存在及其效力在性质上并非是一个简单的事实问题，还可能涉及实体法律的解释和适用，因此它也是一个实体问题，依国际私法法理，该问题应根据合同准据法判断。于是这里就出现了国际私法中的一个循环论证：合同是否存在及其效力决定于准据法，准据法的确定决定于冲突规则即选法条款，选法条款的存在及其效力又决定于合同的存在及其效力。对于这个问题，应归属于准据法调整的范畴。鉴于准据法的确定需要先行判定冲突规范及其依存其中的合同的存在及其效力，为回避这个不可避免的循环，只能根据表面证据先行假定合同的存在及其有效性，其最终是否存在及有效，决定于它的准据法。换言之，涉外合同是在首先被推定为有效的情况下，最终根据其中的冲突规范确定的准据法确定之。

由此观之，本案的法律适用存在两个关键问题：其一，偷换准据法。受案法院认为原告没有签字盖章就直接认定合同不存在，并据此认为合同中的选法条款不是当事人之间的选法合意，继而按照最密切联系规则确定准据法。这个推理看起来天衣无缝，但它却违背了冲突法的基本运作原理：合同是否存在是一个实体问题，因此应由准据法确定，但受案法院在未确定准据法的情况下径直认定合同不存在，这事实上相当于在确定准据法之前不自觉地"偷用"了法院地法作为准据法。换言之，受案法院的法律适用思路如下：依照法院地法合同不存在，因此合同中选法条款不存在。一个本应由准据法确定的问题，自发但隐蔽地为法院地法所调整。

其二，自相矛盾。撇开受案法院关于法律选择与适用的瑕疵不论，它自身的认定也是相互矛盾的。这个矛盾在于：法官一方面认定合同不存在，并据此否认了其中的选法条款；但另一方面却又按照最密切联系规则确定准据法，而这种做法的前提却是以合同存在且有效为前提的。简言之，法官一方面认定合同不存在，另一方面却又按照合同存在和有效的前提确定准据法。简言之，为不适用当事人所选择的外国法，法院否认了当事人之间存在合同法律关系；之后，为了适用法院地法，法院又承认了刚刚否定的合同法律关系的存在。

三、分类研析二：牵强理由

所谓牵强理由，是指法官虽然在确定准据法的过程之中运用了冲突规范，但冲突规范与所指准据法之间的关系显得牵强。在样本案例中，这种牵强附会最突出地体现在法官对最密切联系规则的解释之上，事实上也只有这种弹性连接点才会给予法官进行牵强解释的可能空间。现择两例以述明：

案例1：香港启通船务有限公司（简称"启通公司"）诉中国广州外轮代理公司（简称"广州外代"）货运代理合同纠纷案。

该案受案法院广州海事法院认为：本案是一宗涉港货运代理合同纠纷，启通公司与广州外代没有选择处理合同争议所适用的准据法，依据《民法通则》第145条第二款最密切联系原则的规定确定处理本案实体争议的准据法，因合同履行地在中国广州，故本案应适用中华人民共和国法律。

受案法院用最密切联系规则确定准据法，这是正确合法的，但问题在于，如何判断最密切联系地法。对最密切联系地的判断在方法上主要是考虑两个因素：一是连接根据的量（quantity），二是连接根据的质（quality），只有通过质、量（QQ）评价才能合理识别最密切联系地。为限制法官滥用最密切联系规则，影响法律选择的稳定性和可预期性，一些国家提出了特征性履行法来硬化其操作，如我国最高法院颁布的《关于审理涉外民事或商事合同纠纷案件法律适用若干问题的规定》第5条第二款规定："人民法院根据最密切联系原则确定合同争议应适用的法律时，应根据合同的特殊性质，以及某一方当事人履行的义务最能体现合同的本质特性等因素，确定与最密切联系的国家或者地区的法律作为合同的准据法。"[①] 2011年《涉外民事关系法律适用法》也采取了类似的规定，但也有不同之处。上述司法解释只是将特征性履行法作为最密切联系规则的执行法，而后者则是直接规定特征性履行法。该法第41条规定：当事人可以协议选择合同适用的法律。当事人没有选择的，适用履行义务最能体现该合同特征的一方当事人经常居所地法律或者其他与该合同有最密切联系的法律。有了这样的规定，就可以在很大程度上限制法官的滥用行为，避免将最不密切联系地作为最密切联系地。上引案例在确定最密切联系地时就明显有此种牵强解释的倾向。尽管受案法院在裁决案件时并没有关于特征性履行法的司法解释和正式立法，但该案以中国法作为最密切联系地法是缺乏充分说理的，判决书仅列举出一个连接因素与中国相关即"合同履行地在中国广州"，就匆匆认定按照最密切联系规则应适用中国法，这至少在形式上是非常不充分的。

案例2：日本国三忠株式会社诉中国福建九州（集团）股份有限公司（简称"九州公司"）案。

该案一审法院即开元区人民法院经审理，未进行法律选择，直接按照《经济合同法》作出判决。被告九州公司不服一审判决，向厦门市中级人民法院提起上诉。厦门市中级人民法院认为：上诉人九州公司和被上诉人三忠株式会社所签订的购销合同符合双方当事人的意思

---

① 需要指出的是，该司法解释已被废止。

表示，应属有效合同。鉴于双方在合同中没有选择准据法，根据最密切联系原则，双方的纠纷应适用中华人民共和国法律。

本案的法律选择具有典型性。一审法院完全不考虑冲突规范的适用，是有法不依，二审法院对此进行了纠正，值得肯定。但是，二审法院的选法说理也存在两个突出的问题：第一，在准据法未确定之前，就先行依照中国法认定合同的有效性，这是一个明显的错误。受案法院事实上在本案之中采取了分割论的法律适用方法：对于合同的效力适用法院地法，对于合同的其他问题依照冲突规则由准据法确定之。法院的推理逻辑可能是认为，只有有效的合同才能进行法律选择，但并没有意识到合同是否有效的问题是准据法调整的范畴，如上所述，国际私法的运作原理是先假定合同有效，再根据准据法最终裁断之。第二，受案法院在运用最密切联系规则确定准据法时，以中国法作为最密切联系地法在说理上未能充分展开，仍然沿用的是"一言以蔽之"的言说方式，这不仅显得牵强，而且也不利于当事人的服判和域外的被承认与执行。

四、分类研析三：默示选择

当事人通过意思自治选择准据法在方式上有二：一是明示选择，即通过明确的书面或口头方式就准据法达成一致意见；二是默示选择，即当事人通过自己的行动表达其选法意向。默示选择在许多国家被立法所认可，但我国不承认默示选择的有效性，最高法2007年《关于审理涉外民事或商事合同纠纷案件法律适用若干问题的规定》只是规定了选择的明示性，其第3条规定：当事人选择或者变更选择合同争议应适用的法律，应当以明示的方式进行。但第4条第二款紧接着规定了一种事实上的默示选择，即：当事人未选择合同争议应适用的法律，但均援引同一国家或者地区的法律且未提出法律适用异议的，应当视为当事人已经就合同争议应适用的法律作出选择。2011 年《涉外民事关系法律适用法》第 3 条也只承认明示选择：当事人依照法律规定可以明示选择涉外民事关系适用的法律。由此可认为，我国有效的选法方式是明示选择，只有一种例外，且该种例外必须满足如下条件：其一，当事人未选择准据法；其二，当事人均援引同一国家或者地区的法律；其三，当事人未提出法律适用异议。

然而，在许多样本案例中却较为普遍地存在着违背上述条件而滥用默示选择的实践。这些案例虽然各有特征，但也表现出某些共性的方面：受案法院通常仅以双方当事人，乃至一方当事人在起诉或答辩时援引了中国法，则不论当事人是否另行选择了准据法，也不论当事人是否提出法律适用异议，就直接认定当事人在庭审中选择了中国法作为准据法。这在选法推理上也是存在问题的，它并不排除如下可能，即当事人合意的准据法被法院强行以法院地法进行了置换。这种置换体现着程度不同的强加或强迫。下择两例予以实证说明：

案例 1：浙江省纺织品进出口集团公司诉立荣海运股份有限公司案。

就法律适用问题，受案法院认为，根据涉案提单背面相关条款的文字表述，即"任何因提单而产生的纠纷和索赔适用承运人（本案被告）所选择的法庭和法律，这些法庭和法律可以是承运人主要营业地，或者装货或交付地，或者装船或卸货港所在地的法庭和法律"，被告曾在就管辖权举行的听证会上陈述因其主要营业地在香港特区，故请求就本案适用香港特区法律。本案受理后，原、被告双方，特别是被告在庭审中明确表示选择《海商法》《合同法》等相关法律处理本案争议，法院对此尊重争议双方的合意选择。

本案在法律选择及其效力认定上具有典型意义的地方在于，双方当事人约定了一个浮动选法条款（floating clause），即虽然双方已经进行了约定，但该约定是浮动、开放的，授权承运人再次选择。浮动选法条款的效力在不同国家有不同的定位，在我国立法上并无明确规定，其是否有效取决于解释：如果从选法的明示性与明确性要求出发，似不应赋予其法律效力；如果从宽容地尊重当事人的选择角度出发，似可认可其法律效力。本案法官承认了其法律效力，在承运人选择香港地区法律的情况下，本应适用之。但据受案法官述明，当事人另行在庭审中选择了内地的法律，最终案件以内地的法律进行了裁决。

应当说本案受案法官的选法推理是无懈可击的：当事人有选择的，尊重其选择；当事人变更了选择，也相应地适用其变更选择之后的法律。然而，值得思考的问题有二：第一，该浮动条款是否有效？第二，我国司法实践中大量存在着这样的案例①，即当事人没有选择或者已经有了选择，但据法官述明，他们在庭审中均一致选择了中国法。庭审实践是否果真如此？对于判决书的撰写而言是法官的权力，法官完全可以"妙笔生花"，将事实上并没有在庭审中达成一致选法的真相予以屏蔽，直接适用法院地法且饰之以意思自治之理据，除非亲自参与案件庭审，否则是很难确定的。

案例2：中国木材华东公司诉米雷纳船舶管理有限公司（Milena Ship Management Co. Ltd.）、东丰船务有限公司案。

一审法院查明后认为：本案起因于被告对原告中国木材华东公司所有的由"Budva"轮实际承运的船载货物实施留置。该行为是在被告东丰船务有限公司具体指示，被告米雷纳船舶管理有限公司经营管理的"Budva"轮实际操作下实施的，故上述两被告是留置货物的合作行

---

① 如莫瓦萨拉特运输公司（Mowasalat [The Transport Co.]）诉中远航运股份有限公司海上货物运输合同货损纠纷案，东方海外货柜航运有限公司诉中国外运江苏集团公司苏州公司，东方国际创业浦东服装进出口有限公司诉北京华夏企业货运有限公司上海分公司，振兴船舶株式会社诉中远集装箱运输有限公司与上海奥吉国际货运有限公司，北京富洋行贸易有限公司诉海贸国际运输有限公司，泛洋航运贸易公司（Pan Pacific Shipping & Trading S. A.）诉深圳蛇口万事达实业有限公司，香港大中船务有限公司诉珠海市医药进出口公司与中国工商银行珠海市南山支行，深圳联达拖轮有限公司诉银河航运企业有限公司（Galaxi Shipping & Enterpris Es Co. Ltd.）等案。

为主体，应对其留置船载货物的行为承担相应的法律后果。鉴于本案原、被告双方均在庭审中大量引用中华人民共和国有关法律支持其各自的主张，故本案应以《海商法》及我国相关法律作为准据法，同时根据本案具体情况，参照适用国际航运租船惯例。

当事人不服上诉，二审裁定驳回上诉，维持原判。

本案的法律适用推理存在如下两个问题：第一，在说理顺序上，法官应首先对准据法确定予以说明，而不能直接对案件实体问题予以评论，再确定准据法。这是前后颠倒的做法，没有准据法，就谈不上实体问题的裁定。第二，受案法院仅以双方在庭审中大量引用中国法律就认定其选择了中国法作为准据法，这种默示选择的效力认定是大胆、超前的。即便按照该案审结之后才生效实施的 2007 年最高法司法解释之规定，也只有一种明示选择的例外，而在本案之中，当事人是否存在选法协议，双方或一方是否提出法律适用异议，受案法院对这些条件均未查明即直接认定当事人选择中国法。可见，受案法官的法律选择推理缺乏基本的规范，其选法逻辑并没有严格地遵守冲突法之规定。

五、分类研析四：堆砌理由

在样本案例之中，也有一定比例的案例不仅给出了选法说理，而且还给出了"一系列"可谓冠冕堂皇的选法理由，此可称作堆砌理由。受案法院堆砌选法理由的目的只在于，强化选择中国法的合理性和正确性。然而，正确的选法基本上只需要一个正确的理由，堆砌理由反倒是在形式上给人以不自信的"心虚"表现，在实质上则极有可能适得其反，因为这些并用的理由通常是自相矛盾的，从而相互瓦解了彼此的论证力量。

归纳起来，堆砌理由的表现形式通常有两大类型：其一，并用两种或以上的冲突规范。例如，对于涉外侵权关系的调整按照我国《民法通则》之规定只能适用侵权行为地法，侵权行为地法的适用只需要这一个理由即可，然而堆砌理由的做法除了列举这一规则之外，还同时并用最密切联系规则来"巩固"这一选法的正当性，完全不顾最密切联系规则在侵权领域中的可适用性问题。又如，对于涉外合同关系的调整，按照我国《民法通则》及《合同法》《海商法》之规定，其选法规则为一附条件的组合规则：意思自治法＞最密切联系地法。意思自治法首先用作选法规则，只有在当事人没有选择或者选择无效的时候，才能按照最密切联系规则确定准据法。但在一些判例之中，法官作出判决时却不顾此种递补式条件限制，同时采用意思自治与最密切联系规则作为选法根据。这种做法直接导致选法理由的相互矛盾，让人质疑其运用冲突规范的合法性与正确性。

其二，并用冲突规范与冲突规范的适用制度。涉及冲突规范的运用，就必须并用冲突规范的某些制度，但并不是必须并用冲突规范的全部制度，相反，冲突规范的不同运用状态会排除某些适用制度。例如，当运用意思自治规则为国际海上货物运输合同确定一准据法时，必然需要运行识别这些冲突规范的适用制度，但如果该准据法能被查明且被适用，在该案之中就不能再援引外国法查明的救济制度，这是矛盾的。在我国法院作出的一些判决之中就出现了不少这样的案例：一方面，法院认定当事人之间存在（默示）选择，从而按照意思自治规则确定法院地法为准据法；另一方面，法院同时又认为当事人此前明示选择的外国法无法查明，从而适用法院地法予以救济。两种方式在选法结果上都导致了法院地法的适用，但不同的是，前者是按照冲突规范指引的结果，后者是按照冲突规范指引不能而予以救济的结果。这两种方式理由不同，但结果一致。然而，从选法的逻辑性与严谨性而非唯结果论的角度看，选法与选法救济之间的关系不是平行关系，而是递补关系，不是或此或彼、既此又彼，而是非此即彼。

可见，堆砌理由本身是貌似合法的行为，它为实现法院地法的适用这一结果"粉饰"了众多的选法理由；但这些众多的选法理由之间并非总是兼容的，甚至它们之间只能是黑夜与白天之间的相继而非并存关系。而这个选法理由的堆砌过程，也就是法院地法倾向被强化的过程。下择三例实证之：

案例1：广州市仙源房地产股份有限公司与广东中大中鑫投资策划有限公司、广州远兴房产有限公司、中国投资集团国际理财有限公司股权转让纠纷案①。

该案一审法院认为：理财公司是在香港注册成立的公司，故本案属涉港股权转让纠纷，依法应比照涉外案件处理。因本案为合同纠纷，讼争各方开庭时已一致同意适用内地的法律，根据《民法通则》第145条第一款和最高人民法院《关于审理涉外民事或商事合同纠纷案件法律适用若干问题的规定》第4条第一款的规定，该院确认以内地的法律作为解决本案争议的准据法。中鑫公司不服，提起上诉认为，一审适用法律错误。

二审法院认为，本案是涉外股权转让纠纷，根据最高人民法院《关于审理涉外民事或商事合同纠纷案件法律适用若干问题的规定》第8条第（四）项关于"中外合资经营企业、中外合作经营企业、外商独资企业股份转让合同"适用中华人民共和国法律的规定，本案应适用内地的法律。一审适用法律正确，二审法院予以支持。中鑫公司不服二审判决，向最高法申请再审。

最高法认为：本案为中外（香港）合作经营企业股权（权益）转让合同纠纷，二审判决依法适用内地的法律解决，各方均无异议，本

---

① 该案经广州中院、广东高院和最高法审理，并由最高法于2009年作出再审判决，判决书字号为：（2009）民申字第1068号。该案的法律适用极为典型：其一，案经三级审判，且由最高法再审判决，具有指导意义；其二，案件的再审判决于2009年作出，具有当代意义。

院予以认可。

综合三级法院就法律选择问题给出的推理，可看出它们之间的貌合神离：首先，在结果上，广州中院、广东高院及最高法均适用了内地的法律，此为貌合。其次，在规范依据上，一审法院是将案件识别为一般的合同纠纷，并根据意思自治规则确定内地的法律为准据法；二审法院的做法有质的转变，它将案件识别为涉外股权转让纠纷，并按照单边冲突规范确定内地的法律为准据法，其规范依据已经不再是意思自治规则；再审法院即最高法在案件性质的识别上采取了二审法院的观点，将其定性为涉外股权转让纠纷，但在法律选择的规范依据上却又更接近于一审法院的意思自治规则，即它认可内地的法律作为案件准据法，是源于"各方均无异议"，此为神离。

由此可见，三级法院在冲突规则的选用上是存在矛盾的：一审明确其适用的冲突规范是意思自治规则，再审法院则倾向于意思自治规则，二审法院明确其适用的冲突规范是排除意思自治规则的单边冲突规范。但对于此种矛盾，三级法院似并未在意，或许是因为在准据法选择的结果上都是一致的，二审法院认为"一审适用法律正确"，再审法院则对二审法院的法律适用"予以认可"。这就是典型的唯结果论：只要结果正确，则不论过程。但冲突规范的约束力量正好就是对这个过程予以规范，没有合法的有规范的过程，合法的结果无从保障，只是一种运气。本案之所以产生了一致的选法结果，在冲突规范的合法运用上是一种偶然，在倾向法院地法的优先考虑上却是一种必然。换言之，本案的选法在实质层面难脱法院地法主义的嫌疑，具有偶然性的是，法院地法的选定符合按照正确的冲突规范的合法运用之结果。

同样需要指出的是，本案中冲突规范的正确运用应当是依循如下流程：案件应被识别为涉外股权转让纠纷，在我国立法无针对性规定的情况下，通过归类将其纳入"中外合作经营企业股份（权益）转让合同"，再按照我国单边冲突规范的规定适用中国法，进而确定内地的法律为准据法。① 在此过程之中，单边冲突规范的唯一运用是内地的法律被选择的唯一合法根据，也是全部的选法理由，此时既没有必要，甚至也不能够再用其他冲突规范如意思自治规则来合法化或正当化选法过程，否则，选法推理就不仅仅多此一举，而且还自相矛盾。也就是在这种冲突法的运用方式之中，其效力不是被强化、巩固或夯实，而是相反地被虚无化、被交易、被无原则地利用或滥用。一个选法结果的正确性，无需太多的理由，只需一个合法的理由就足够了。

案例2：万宝集团广州菲达电器厂诉美国总统轮船公司（American President Lines Limited）案。

受案法院一审认为：本案所涉提单首要条款约定，因本提单而产生的争议适用美国1936年《海上货物运输法》或1924年海牙规则。该约定没有违反中国法律，应确认其效力。但是，美国1936年《海上货物运输法》和1924年海牙规则均没有对承运人能否不凭正本提单向记名收货人交付货物作出明确规定。新加坡提单法案生效于1993年11月12日，对本案纠纷不具溯及力。因此，本案应适用中华人民共和国法律和有关国际航运惯例。

总统轮船公司不服海事法院的判决，提起上诉，认为：根据提单的首要条款，本案应适用美国1936年《海上货物运输法》或1924年海牙规则。一审判决没有适用美国法律处理本案是错误的。即使不适用美国法，也应适用行为发生地新加坡的法律。

菲达电器厂、第三人菲利公司和长城公司答辩认为：本案所涉及提单上的首要条款，是选择性条款，既可以选择美国1936年《海上货

---

① 这里需要指出的是，在冲突规范指向多法域国家时就涉及一个区际冲突下准据法的确定问题。我国民法通则相关司法解释及《涉外民事关系法律适用法》对此作了规定，但遗憾的是，这些规定是片面的，它们均仅限于冲突规范指向多法域的外国法这一种情况。当冲突规范指向多法域的法院地国法时，应如何解决，则无规定。本案就凸显了这种情况，三级法院对此均无任何回应，径直忽略了这个区际冲突下准据法的确定问题，将内国法等同于内地的法律。

物运输法》，也可以选择海牙规则。根据海牙规则的规定，承运人有凭正本提单放货的义务。即使适用美国 1936 年《海上货物运输法》，总统轮船公司所提供的所谓美国律师出具的意见，未经公证和认证，没有法律效力，不能作为定案依据。

二审法院认为：本案系菲达电器厂以总统轮船公司无正本提单放货，致使其货物所有权受到侵害为由提起的侵权之诉。总统轮船公司与菲达电器厂之间系因侵权行为而产生的权利义务关系，受有关侵权法律规范调整，而不受当事人之间的运输合同和选择适用的法律的约束。根据《民法通则》第 146 条的规定，侵权行为的损害赔偿，适用侵权行为地法律。侵权行为地包括侵权行为实施地和侵权结果发生地。本案侵权行为实施地是新加坡，侵权结果发生地是中华人民共和国。根据最高人民法院《关于贯彻执行〈民法通则〉若干问题的意见》第 187 条的规定，侵权行为实施地和侵权结果发生地不一致时，人民法院可以选择适用。本案除侵权结果发生地是中华人民共和国外，原告的住所地、提单的签发地等也均在中华人民共和国境内，较侵权行为实施地新加坡而言，中华人民共和国与本案具有更密切联系。因此，海事法院选择适用中华人民共和国法律并无不当。

笔者认为，本案的法律适用较为典型地体现了冲突法中的这样几个问题：（1）案件所涉法律关系的性质识别，及这种识别在冲突法上的法律效应；（2）当事人意思自治所选法律的多元化及其对法律适用的影响；（3）法律选择中的堆砌理由现象。对于承运人无正本提单放货，究竟属于合同纠纷还是属于侵权纠纷，一审法院的态度是合同纠纷，并按照调整合同关系的冲突规范进行选法调整；二审法院的态度是侵权纠纷，并按照侵权冲突规范进行选法调整。这凸显了识别在冲突法上的决定性意义，即第一个问题。第二个问题体现在一审法院在将案件识别为合同纠纷的情况下，当事人的选法出现了多元化，既有美国法律也有海牙规则，而且这两种法律本身的适用方式是"或者"

性的，如果这两种法律相互矛盾不可执行，究竟如何适用，这将引起一连串的后续问题。本案中法院以两种法律对所涉内容均无规定，回避了这些问题，但这些问题在逻辑上的可能性意味着有进一步深究之必要。

第三个问题即堆砌理由是该案在此处被援引展示的目的。事实上，不论是一审还是二审法院都有堆砌理由的情形。一审法院将案件识别为合同关系，据我国立法应首先按照意思自治规则，其次按照最密切联系规则确定准据法。一审法院首先认定当事人的选择是有效的，但因所选法律无规定，其次再结合认定本案中承运人交货地法即新加坡法因溯及力问题不适用于本案，据此两理由，一审法院得出结论：应适用中国法和有关国际惯例。此一选法推理存在的问题有：一方面，在意思自治所选法律无规定的情况下，并不能够导致作为法院地法的中国法之直接适用，应按照最密切联系规则确定准据法；另一方面，承运人交货地作为本案的侵权行为地，其所指法律即新加坡法也被一审法院予以考虑适用，只是其因溯及力问题未得适用，然而法院地法的这种考虑适用也就意味着它并用了两种冲突规范：意思自治规则与侵权行为地规则。由此可见，一审法院不仅有堆砌选法理由的问题，而且这些选法理由之间正好相矛盾：一是建立在所涉争议为侵权关系，二是建立在所涉争议为合同关系基础之上。

二审法院在选法推理的明晰性上较一审法院有所改进，它将案件识别为侵权关系，并根据我国侵权冲突规范考虑选用侵权行为实施地法与结果发生地法，前者为新加坡法，后者为中国法。但在进行这种选择时，根据我国立法及相关司法解释之规定，人民法院拥有自由选择的权力，本案中二审法院明确地给出了其选法理由即最密切联系地法。这在实质效果上就相当于既按照侵权行为地法规则，又按照最密切联系规则来确定案件准据法，后者并不是我国侵权冲突规范上的要求。还需要指出的是，尽管一审法院存在明显的选法瑕疵，但因其结果与二审法院的结果一致，因此二审法院在总结时虽然纠正了其理由，但却认为一审选法"并无不当"，这一结论有所不当：选法结果正确并不保证选法过程正确。为抵消或去除法院地法倾向的不当性，就不仅应有正确的选法结果，而且应该有合法的选法过程予以支持。

六、分类研析五：推定选择

推定选择不同于默示选择，二者的主要区别不在于效力层面，而在于存在层面。存在与效力是两个逻辑层面的问题：存在是客观的事实构成，效力是主观的价值评价。具体地说，默示选择在事实层面存在选择，而推定选择则是"虚拟语气"，是司法者事后假定如果当事人进行了选择的话，他们可能进行何种选择。也因此，默示选择在一些国家被接受为有效，而推定选择几乎在所有国家都不被承认为有效。在没有选择的当事人之间虚拟一种选择，这事实上是一种选择的强加，由于在实施推定选择时主要决定于法官的理解，法官因此常借此实现特定的用法目的，特别是用作适用法院地法的手段。通过实证调研发现，我国法院的司法实践中也不乏推定选择的做法，其最常见的运用特征有二：一是将法律选择与管辖权相关联"搭售"，当事人选择了我国法院起诉，通常就作为选择适用作为法院地法的我国法律之根据；二是将法律选择与当事人的诉答行为相挂钩，诉答中当事人引用我国法律，或者不提异议，或者不积极证明外国法的，即作为选择我国法的证据。

推定选择是对意思自治规则的滥用，在我国立法要求选择必须是明示选择的立法格局之下，默示选择尚且不能得到有效承认，推定选择就更不应被法院接受为选法根据。在承认默示选择的国家，由于推定选择与默示选择之间的微妙区分决定于法官的理解，因此这些国家的法官有很大的滥用权力的空间。但在我国不承认默示选择的背景之下，从逻辑上讲不应存在推定选择的应用空间，但事实胜于雄辩，也胜于逻辑，司法实践中还是出现了这种禁止行为，导致法院地法倾向的发生。下择两例以实证之：

案例 1：Orient Overseas Container Line Inc. 诉中化山东烟台进出口公司、烟台土畜产进出口集团有限公司案 ①。

受案法院认为：本案为涉外海上货物运输合同纠纷，根据《海商法》的规定，合同当事人可以选择合同适用的法律。本案原告向中国法院起诉，在审理中用中国法律进行诉辩，可视为其已选择中国法律。而本案的两被告均为国内的单位。故应适用国内法。

此种选法推理就是一种推定选法。法院认定原告选择中国法的根据有二：一是向中国法院起诉，二是利用中国法进行诉答。但这最多只能推出原告选择了中国法，并无任何证据证明两被告也选择了中国法，受案法院以两被告均为国内单位为据，生硬地推定双方当事人之间进行了法律选择。如果没有这种推定选择，该案应该适用的法律便是最密切联系地法。显然，本案如果以最密切联系为根据适用法院地法，会更为合理。

案例 2：怡诚航运公司诉日本邮船株式会社案。

受案法院天津海事法院认为：关于本案所应适用的法律，被告在书面答辩状中主张依据提单背面条款的约定，审理本案的准据法应为日本法，但被告并未提交相应的日本法。在实际庭审中，被告当庭表示将提交日本法律，但在法院指定举证期限内，被告仍未提交任何日本法律文本，而天津海事法院亦无法查明。虽然被告提出了本案应适用日本法的主张，但在庭审过程中，被告为支持其抗辩主张却又引用中国法律。被告的这种意思表示等于被告认可本案适用中国法，这与

---

① 参阅（1998）沪海法商初字第 419 号民事判决书。

原告主张适用中国法的主张是一致的，对此天津海事法院予以确认。事实上，本案的提单签发地和货物的出运地均在中国，依据最密切联系的原则，应适用中国法律审理本案。

本案中，当事人之间存在真实有效的法律选择，即提单所载选法条款。据此，该案应适用日本法裁决案件，即便该法无法查明（姑且不论法院是否遵守了查明规则，日本法是否经过合理途径仍无法查明），也应该依照递补规则即最密切联系规则确定准据法。然而，法院在以外国法无法查明作为理由的同时，推定当事人之间另行选择了中国法，这就显得自相矛盾。按照法院陈述的事实，当事人之间并不存在另行选择的合意：被告以中国法作为答辩的根据，与原告主张适用中国法，这二者的联合效果并不等于当事人明确选择中国法作为准据法，更何况被告积极主张本案应当适用日本法。不仅如此，受案法院在述明选法推理时还同时存在堆砌理由之问题：一方面是认为当事人所选法律无法查明，另一方面则认为当事人另行选择了中国法，再一方面还按照最密切联系规则确定适用中国法，相互矛盾的理由被不分青红皂白地并列起来，只是因为它们都共同指向了法院地法即中国法的适用。本案的选法推理可以说，看似理由充足，实则缺少章法。

七、分类研析六：滥用查明

冲突法之运行不同于内国法调整最突出的特征之一是适用法律有所不同：前者可能导致外国法的适用，后者完全不考虑外国法的适用。在适用内国法的情况下，按照法官知法之天理，内国法无需查明，仅需释明；而在适用外国法的情况下，要求法官自然地知晓其内容就有违天理，为此，外国法查明制度开始在国际私法中发展出来。外国法查明制度本来是为便利且正确地适用外国法而设计出来的辅助制度，但由于种种原因，外国法查明制度存在被滥用的倾向，外国法查明制度在很多判例之中被有意识地用来作为外国法无法查明的手段，作为其补救结果，法院地法介入进来替代本应适用但无法查明的外国法。

滥用查明存在很多实践表现形态，在样本案例中主要的滥用包括两种类型：一是未合理用尽外国法查明的手段，将查明责任仅仅归于当事人，一旦当事人没有尽到查明责任即认定外国法无法查明；二是未正确区分外国法查明不能的救济形态，法院地法之适用并非外国法查明不能的唯一救济规则，在冲突规范存在多个系属或有多种指向的情况下，还应先行考虑其他法律的适用，而非径直适用法院地法。下列举两例实证之：

案例1：中国人民保险公司北京市分公司诉日本株式会社商船三井案[①]。

该案受案法院认为：本案海上货物运输合同的签订地和履行地、被告住所地均在国外，具有涉外因素，合同当事人依法可以选择处理合同争议所适用的法律。被告以其提单中有关于法律适用的条款为由，主张涉案纠纷适用海牙规则和日本法律。因涉案提单系被告的格式提单，其中记载的法律适用条款为被告单方印制，不能证明系提单持有人与承运人之间真实的意思表示。提单持有人接受了提单，并不能证明双方已就提单中记载的法律适用条款进行了协商和约定。此外，被告亦未向本院提交有关海牙规则和日本法律文本，故其主张本案纠纷适用海牙规则和日本法律依据不足。本案在中国审理，且涉案货物到达港在中国，故原告主张本案适用中国法律可予采纳。

本案法律适用兼有下述问题：（1）否认格式化选法条款的存在及其效力，错误地以其为单方印制为由不予承认，这是对意思自治规则的明显违背；（2）最密切联系地的确定过于牵强，中国法院管辖案件，

---

① 参见（2002）沪海法商初字第440号民事判决书。

及涉案货物到达港在中国，此两连接因素并不必然代表最密切联系地在中国；（3）滥用查明，即将查明海牙规则与日本法律的责任完全归于被告，在被告不能提供时就排除其适用，未能尽到合理查明的义务与责任。

本案正确的法律适用推理应为：首先应承认提单选法条款的有效性，然后按照我国外国法查明规则查明日本法及海牙规则；在无法查明时，按照最密切联系规则确定准据法；在无法查明需要适用的最密切联系地法时，才适用作为法院地法的中国法。

案例2：香港井川国际航运集团诉华威近海船舶服务有限公司、交通部上海海上救助打捞局案。

该案受案法院认为，井川集团与华威公司自愿达成的TOWCON格式的拖航合同合法有效。双方约定选择英国法律解决纠纷，但在诉讼中双方均未能提供合乎要求的英国法律，故本案应适用中国法律。

笔者认为，本案较为典型地体现了滥用外国法查明制度的两种类型：（1）本案当事人选择了英国法作为准据法，其选择有效，但受案法院仅以双方当事人未能提供合乎要求的英国法为据，就认定外国法无法查明，并没有合理利用有效的查明方式，也没有给出令人信服的外国法查明所要达到的标准；（2）受案法院既然将本案识别为合同纠纷，那么按照我国冲突规则，首先是依意思自治规则，其次是依最密切联系规则，但受案法院在查明意思自治所选法律无果的情形下，根本不考虑最密切联系规则的适用，而直接以法院地法作为准据法，这相当于是在"意思自治法＞最密切联系地法"之间硬生生地插入法院地法规则，将此立法规定篡改为"意思自治法＞法院地法＞最密切联系地法"，短路了最密切联系规则的运用。

八、分类研析七：任择适用

对于冲突法的任择性适用，上文已有所述及，它虽然与我国冲突法的法定适用方式相背，但却因客观上导致法院地法更多适用的便利，也为我国一些实务案例所不自觉地采用。不过，我国司法实践中冲突法的任择性并不是典型形态的，而是与默示选择或推定选择交织在一起的。典型的冲突法的任择性适用，是当事人要提出证据证明涉外性、相关冲突规范、冲突规范所指向的外国法，否则，内国法院将直接按照内国法裁决案件。我国的司法判例却有将当事人不证明、不提供的行为视为或者推定为选择法院地法的证据，因此改变了冲突法的任择性适用方式，将其仍然转化为冲突规范的适用。下择两例以实证之：

案例 1：河北圣仑进出口股份有限公司诉津川国际客货航运有限公司、津川国际客货航运（天津）有限公司案。

受案法院认为：本案应为涉外海上货物运输合同无正本提单放货纠纷。虽然涉案提单背面条款约定"因提单引起的争议应在韩国解决或根据承运人的选择在卸货港解决并适用英国法。任何其他国家的法院均无权管辖"。但是，原告在天津海事法院起诉后，两被告在法定期限内未对天津海事法院管辖提出异议，并进行了应诉答辩。根据《民事诉讼法》第 245 条的规定，应视为两被告承认天津海事法院是有管辖权的法院。实际诉讼中，原、被告双方当事人均未曾向天津海事法院提出过适用法院地外法律的主张，也未向天津海事法院提交过相应的法律规定。因此，天津海事法院认为，应适用中华人民共和国法律处理本案的争议。

从冲突法在本案之中的正确运用来看，受案法院本应该首先按照意思自治规则确定准据法，在当事人没有选择，或者虽有选择但无法查明的情况下，再按照最密切联系规则确定准据法。然而，受案法院只字不提这些选法规则，在指出当事人不主张、不提供可能选择的法律的情况下，直接适用了中国法。这种做法具有多维度的解释空间：一方面可解释为，法院将冲突规范的适用建立在当事人的合意之上，从而构成冲突法的任择性适用；另一方面也可解释为，当事人合意选择了法院地法；再一方面还可解释为，因当事人未提供法律从而致使外国法无法查明，法院地法作为救济规则予以适用。后两种解释都是在冲突法的法定适用模式下作出的。本案的受案法院究竟采取的是何种解释，其态度堪称三可，为学界留下了足够大的解释空间。

案例2：韩进海运有限公司（Hanjin Shipping Company Ltd.）诉山东中粮国际仓储运输公司、亚洲货运有限公司（AT Container Line Ltd.）、连云港市化工医药保健品进出口公司案。

该案经青岛海事法院审理认为：本案是海上货物运输合同纠纷，本案所涉货物是在青岛港装运，原告在本院起诉，根据《民事诉讼法》和《海事诉讼特别程序法》的规定，该院对本案有管辖权。本案涉及的海上货物运输的起运港是青岛，运输关系的形成也在青岛，庭审中各方当事人未对本案的准据法提出自己的主张，也未提出相关的准据法文本，并且原告在起诉书中引用了《海商法》的有关条款，参照国际惯例，本案应适用中华人民共和国法律。

对比上一案例，本案中青岛海事法院的选法推理既有相同也有不同之处。相同之处是，它们都将当事人未主张、未提供准据法的事实作为适用法院地法的根据；不同之处在于，本案具有更为明显的默示或推定选择的迹象，受案法院不再仅仅局限于上述两点证据，而同时指出了原告援引中国法的行为，将其视为当事人之间默示选择的积极根据。

由上可见，冲突法的任择与当事人的默示选择之间存在很微妙的区分：冲突法的任择是对是否运用冲突法的合意，是在冲突法之外对冲突法运用方式的抉择；当事人的默示选择则是对是否适用特定法律的合意，是在冲突法之内对准据法的抉择。上述两案例究竟属于何种类型，由于受案法院表述上的模糊性，从而具有两种解释的可能性，但无论何种解释，都牵涉冲突规范适用的弹性及其导致的法院地法倾向。

九、分类研析八：操纵识别

识别不为国际私法所独有，国内案件也需要进行案由或性质的识别；但国际私法的识别却独具特征，这就是它的识别并不直接服务于实体法的适用，而是服务于实体法的选择。简言之，识别的直接功能在于通过确定案由来确定将要适用的冲突规范，再通过冲突规范确定将要适用的准据法。既然识别问题关系到此冲突规范与彼冲突规范之适用关系，并且由此决定了冲突规范所指向的实体法归属，因此，识别上的偏差就足以构成案件实体结果上的重大差别，如果法官滥用职权，利用这种偏差来避免本应适用的冲突规范及其指向的准据法，而导向本不应适用，但他意欲适用的冲突规范及其指向的准据法。这就是所谓的操纵识别。

操纵识别并非晚近的事情，在国际私法历史上可谓源远流长。在美国冲突法革命之前的若干案例之中，就已经出现了法官通过对识别的操纵来减缓僵硬的传统冲突规范在面对和规范近代涉外私法关系时的谬误与无能程度。在某种意义上可认为，操纵识别延展了传统冲突规范的生命力，延缓了冲突法革命的到来。这是操纵识别的积极方面，但它也有消极功效，即法官将其作为适用法院地法、排除外国法的工具。

我国司法案例中的"深圳莫斯科工贸有限公司诉俄罗斯波罗的海航运公司（Baltic Shipping Company）案"就是如此。该案受案法院认为：本案为未交货侵权损害赔偿纠纷，中国是侵权行为的结果发生地，应当适用中华人民共和国法律和有关国际惯例来认定承运人是否构成侵权以及是否应当承担赔偿责任。

该案涉及的无单放货所致损害具有合同之债与侵权之债的竞合特征。根据识别依据，即作为法院地法的中国法，在发生此种竞合的情况下，可由当事人选择诉由，也就是授权由当事人进行识别。本案原告以提单为据向法院起诉求偿，受案法院将其识别为侵权关系，并援引侵权冲突规范确定中国法为准据法。事实上，在提单之中存在着选法条款，原告的诉讼请求建立在作为合同的提单基础之上，因此似应更合理地将其识别为合同之债。对此，受案法院相关人士也对该案评析认为：海事法院的判词中明确地将本案定性为侵权纠纷，主要理由有两个方面：（1）提单是物权凭证，被告将提单项下货物交给其他人，侵犯了原告对提单项下货物的物权；（2）被告签发第二套提单并将货物交给第二套提单收货人的行为，违反了法律规定和国际惯例，主观上有过错，客观上对原告造成损害，被告的行为与损害结果之间有因果关系。上述观点还值得进一步探讨，从另一个角度看，作为提单持有人的原告与作为承运人的被告之间存在着提单所证明的运输合同关系。基于该运输合同关系，原告有向被告提取货物的权利，被告有向原告交付货物的义务。被告不能履行向原告交付货物的义务，违反的是运输合同，被告的行为具有明显的违约的特征。海事法院将本案定性为侵权纠纷，适用侵权行为地法解决，有值得商榷之处。

如果受案法院将案件识别为合同关系，则应适用提单中的选法条款，该条款的适用很可能不能导致法院地法的适用。反之，受案法院将其识别为侵权关系，就可以自然地规避提单中的选法条款，在法律适用结果上就导致了法院地法的适用。这使本案的受案法院表现出一定程度的操纵识别之倾向。

十、分类研析九：滥用公序

公共秩序保留是国际私法上的安全阀，它旨在通过否定和排除有伤内国公序的外国法之适用，达到捍卫内国公序之目的。由于公序保留之后出现无法可依的结果，为填补准据法空白，法院地法作为救济规则予以替补适用。从本质上言，法院地法的适用只是一种不得已的补救举措，并不是公序保留之直接目的，但对于法院地法主义者而言，公序保留制度就可能被利用作为适用法院地法之手段，从而表现为公序保留制度的功能异化。此即为滥用公序。

滥用公序本身表现为如下类型：（1）扩张性地理解和运用公序的保留功能，扩大法院地法的适用概率；（2）混淆公序保留制度与其他制度之间的关系，错误运用公序保留。前者如主观说与客观说之别：主观说仅以外国法的字面意义与内国公序相冲突，即排除外国法之适用；客观说则强调外国法适用的现实效果是否冲犯内国公序，只有在实践上会产生现实的损害结果时才会考虑通过公序保留排除该外国法的适用。

另一种滥用公序的情形是将公共秩序保留制度当成了一条大阴沟，各种该归入、不该归入它的问题都扫入其中，由其负责。例如，对于法律规避禁止制度与直接适用法而言，它们与公序保留就存在明显的功能差异：公序保留是法律选择之后的安全性修正措施，法律规避禁止是法律选择过程之中的恢复性修正措施，而直接适用法则无关法律选择，是法律选择之前、之外的可直接适用的规则。对于这些制度之间的关系，有实务人士比较深刻地指出：涉外审判实践中，进行实体审理所依据的准据法通常是经过冲突规范的援引来确定，但是如果某种特定涉外法律关系有强行性或禁止性规定，则直接适用该规定，即国际私法上的"直接适用的法"。我国担保法规定，国家机关不能提供担保；行政法规规定，对外担保需要办理审批登记；最高法院司法解释则进一步规定，没有办理审批登记的对外担保行为无效。这些规定属于强制性和禁止性规定，由于这些规定的存在和我国国际私法立法的滞后，导致司法审判中对这一问题的法律适用混乱。比如，在当事人没有约定法律适用的情况下，法院往往想方设法通过最密切联系原则确定中国法律为准据法；在准据法为外国法或外法域法律的情况下，法官往往以公共秩序保留原则或法律规避为由排除本应适用的外国法或外法域法律。在笔者看到的众多相似案例中，有部分法官在确定法律适用时，根据的就是公共秩序保留原则或法律规避禁止排除当事人选择的法律，从而直接适用我国内地的法律，这几种法律适用虽然在后果处理上都相同，但从学理上讲却大相径庭。实际上，上述强制性、禁止性规范的适用涉及的就是国际私法上的"直接适用的法"的适用问题。直接适用的法是指国家制订的一系列强有力的法律规范用以调整部分特殊的涉外法律关系，这些具有强制力的法律规范，可以绕开传统冲突规范的援引，直接被适用于涉外民事关系。直接适用的法具有在其自身规定的行为范围内直接适用的法律效力，其不包含在公共秩序保留的范围之内。在"直接适用的法"调整范围内其排除外国法或外法域法律的适用，对于不属于其调整范围内的其他事项，仍应当适用准据法调整。

在中国银行（香港）有限公司诉广东省农垦集团公司、广东省农垦总局①案中，法官正确地区分了公序保留与直接适用法，并以直接适用法排除了当事人对香港地区的法律的选择，并没有将此种"黑锅"扣在公序保留制度之上。该案中，一审法院认为，因原告为香港企业，故本案应参照涉外案件处理。又因本案为涉港担保合同纠纷，而中国内地的法律对涉外（包括涉港澳台地区）担保有强制性规定，因此，

---

① 参见广东省广州市中级人民法院（2004）穗中法民三初字第103号民事判决书（2005年7月21日）；广东省高级人民法院（2005）粤高法民四终字第255号民事判决书（2005年12月15日）。

本案应适用中国内地的法律作为处理的准据法。

一审判决后，被告农垦集团不服，向广东省高级人民法院提起上诉。二审法院审理后认为：本案应认定属涉港保证合同纠纷。本案双方当事人约定处理本案保证合同纠纷应适用香港特别行政区法律，而香港特别行政区的法律对该担保行为未作出限制性规定，如适用香港特别行政区的法律规定处理本案纠纷，则违反了《最高人民法院关于适用〈中华人民共和国担保法〉若干问题的解释》第6条第一款第（一）项关于未经国家有关主管部门批准或者登记对外担保的行为无效的规定，即违背中国内地的法律的强制性规定。因此，参照《民法通则》第145条和《合同法》第126条第一款关于"涉外合同的当事人可以选择处理合同争议所适用的法律，但法律另有规定的除外。涉外合同的当事人没有选择的，适用与合同有最密切联系的国家的法律"的规定，本案应适用中华人民共和国内地的法律。

由上可见，两级法院对于当事人选择适用香港特别行政区法律的事实具有不同的理解：一审法院采用直接适用的强制性规定，排除香港特别行政区法律的适用；二审法院则以意思自治的例外限制为由，排除了香港特别行政区法律的适用。比较而言，一审法院的做法更加"现代化"，因为在审理案件后的相当时期内，我国立法尚未规定所谓的直接适用法或强制性规定。这就使一审法院的法律适用显得合理但不合时宜，有合理地违法之嫌。二审法院在规则框架之内解决了该问题，虽然略显生硬，但回复到了法治界限内。需要指出的是，本案法官虽然没有滥用公序，但针对几乎完全相同的案情和问题，另有法官却出现了滥用公序的现象，即以违背公共秩序为由，排除了香港特别行政区法律的适用，华比富通银行与广东省水利厅担保合同纠纷案[①]即

---

① 参见广东省广州市中级人民法院（2002）穗中法民三初189号民事判决书（2006年4月25日）；广东省高级人民法院（2004）粤高法民四终字第232号民事判决书（2005年8月31日）。

是如此。

该案中，针对基本完全相同的案情，广州市中级人民法院经审理认为：本案系涉港担保合同纠纷，应比照涉外案件处理。虽然双方在担保函中约定适用香港地区的法律，但因华比富通银行擅自变更合同的行为违反了我国对外担保审批制度，根据《民法通则》第150条"依照本章规定适用外国法律或者国际惯例的，不得违背中华人民共和国的社会公共利益"的规定，上述行为不发生适用香港地区的法律的效力，故本案应适用内地的法律作为解决争议的准据法。

广东省高级人民法院经审理认为，本案属于涉港担保合同纠纷，华比富通银行（下简称"银行"）与水利厅之间基于水利厅的保函形成的担保合同关系发生于1985年，根据当时施行的《涉外经济合同法》第5条的规定，合同当事人可以选择处理合同争议所适用的法律。但是，适用当事人选择的外法域法律的结果不得违反我国内地的社会公共利益。中国内地对国家机关提供担保以及对外担保有强制性规定，这些强制性规定的目的在于维护中国内地的基本经济秩序和经济利益。本案若适用当事人选择的香港地区的法律，其结果违反了为保护内地公共利益的上述规定，因此原审法院在本案不适用当事人选择的香港地区的法律，而根据最密切联系原则适用担保人所在地法律并无不妥，本院予以维持。

分析两审法院关于法律适用的裁判说理，有两方面值得指出：（1）两审法院均认为当事人所选的法律违背了公共秩序，从而以维护公共秩序为由排除了香港地区的法律的适用。事实上，根据现有法律依据看，本案所涉问题更多的是直接适用的强制性规定，这些规定还不足以上升到公共秩序的高度，因此尚够不上公共秩序保留。本案限于时限，无法援引直接适用法制度，而不得不采用公共秩序保留，虽有情有可原之处，但仍然属于滥用公序的范畴。（2）二审法院比一审法院进步之处在于，一审法院在以维护公共秩序为由排除当事人所选法律之后，就直接适用了内地的法律，相当于在"意思自治＞最密切联系"之间直接用法院地法置换了最密切联系地法的适用；而二审法院则正确地纠正了问题，在排除意思自治所选之法后，回归到最密切联系规则之上，确定了内地的法律作为准据法。

总结而言，虽然我国在立法上历来彰显的是法院地法与非法院地法等而待之的大国气度，但在司法实践中却因法官极富创意的司法行为而促致了法院地法倾向的普遍存在。这就如同海德格尔所谈的"林中路"，虽然各法院、各法官在各个案中所选取的路径不同，但均通往共同的目的地即法院地法。的确，我国冲突法司法实践看似气象万千，但似乎可以将法院地法作为以一驭万的准则，只要精准地抓住了法院地法这个法官心中隐秘的规则，也就找到了正确打开、解读和透视中国的冲突法司法实践之钥匙。当然，林中路虽然交错众多，但如能找到这些路径共有之关键节点，再有针对性地处理之，也就能事半功倍地遏制法院地法的倾向，使法律选择重归清明。

第四章　诱因类型与内在考究

　　我国司法实践的实证调研结果清楚地揭示了冲突法的存在和作用处境，以及作为其结果和表征的法院地法倾向，即其最直接的表现是法律适用结果的"回家趋势"，导致法院地法非完全理性的泛滥。事实上，适用法院地法并不总是应受质疑和批判，在很多判例中法院地法是优越于外国法的上佳选择。然而，基于形式公正的外在形态，当内国司法者在裁判内国法与外国法参与的适用机会上的竞争时，内国法的适用，即便是正当合理的适用，也会在形式层面首先令人心生疑虑。况且，古今中外的史实与当下也的确验证了并且还在继续验证着法院地国不当适用法院地法的成见。如果简单地认为法院地法倾向只是法官心存偏见的结果，那么就不可能真正地发现和有效地救治业已"病入膏肓"的冲突法。只要承认病因始终会透过实践表现出相应的病症，就可以通过对病症现象的透析提取隐匿其后的致病因素，并通过系统的对治方案瓦解这些致病因。通过对涉外民商事样本案例的实证调研与筛查，样本"病例"显示出主要存在三种促致冲突法拘束力疲软的致病因，分别是冲突法的逻辑诱因、司法者的心理诱因和我国司法大环境的现实诱因。

一、先天的逻辑诱因

所谓逻辑诱因，是指冲突法的作用原理及其路径在逻辑上存在着的独特结构，这种独特结构是其与生俱来的先天禀赋，也正是这种无可更改的先天禀赋造就了冲突法规范机制的基因缺陷。这种逻辑诱因主要可概括为两方面：一是作用原理上的自律；二是作用路径上的内化。自律不是行为者的首要选择，其要义是"克己"和"复礼"，这就注定了克己自律的反复性和艰难性，尤其需要引入外部制约力量予以抗衡。另一方面，冲突法作用路径的内化意味着隐形，如果说透明和阳光是消除不义的良方，那么冲突法作用路径的内化就对外部监管提高了客观难度，从而成为滋生各种不端行为的阴暗角落。两方面的不谋而合在根底处合力倾斜了冲突法的立足基础，导致法院地法与非法院地法的失衡，法院地法倾向由之而生。

（一）自律的作用原理

一部法律的实现需要行为主体的自律遵守和外部主体的他律监督，但在作用原理上，冲突法有别于其他所有法律部门之处在于，它是自律性最强，或者说最依赖自律性的规范。甚至从某种角度言，冲突法是唯一的一种自律性调整规范。一个法律体系的规范可以被分为三类：实体规范、程序规范和冲突规范。实体规范与程序规范在调整社会关系时都是自身的独占适用，也就是说，这两种规范不会给予其他规范以任何适用的可能。从排除异己、无任何自我抑制的角度看，实体规范与程序规范也就是无自律的、"自私"的规范，是自我意志的不打折扣的伸展与张扬。但冲突规范的作用原理迥然有别于二者：它作为间接调整规范在调整社会关系时却是为人作嫁衣，是为其他实体法律的适用创设条件的。最为独特的是，在适用结果上，冲突法的适用还在逻辑上为内国法之排除、外国法之适用提供了平等的可能，这种不仅对自身，而且对内国法的整体"让渡"行为实在算得上是法律科学中的另类，也称得上是法律领域中前所未有之"大变局"。要给予外国法以平等适用的机会，反过来也就是要求作为内国法体系之组成部分的冲突法能对内国法实施有效的约束，不仅要在观念上承认他者、在理念上尊重他者，更要在实践中适用他者。最紧要的是，这种尊重和适用他者，依靠的不是中立的第三者或外部力量，而是法院地国的自觉意识和自我控制。这就是冲突法作用原理上的自律基因。

　　由于自律是一个行为体的心智发展到成熟阶段之后才可能结出的理性之花，这就注定了以自律为规范基础的冲突法之生成必然滞后于其他法律学科的诞生和发展，而且其存在与完善程度实可作为一法域或一国家之文明开化程度的衡量尺标。冲突法的史实印证了这一逻辑推断。在我国古代文明中，冲突法几无痕迹，只是在公元641年的唐《永徽律》中才出现了一条颇有争议的"化外人相犯"条。该条规定："诸化外人，同类自相犯，各依本俗法；异类相犯，以法律论。"从适用范围上看，它由于主要适用于涉外公法领域，因此不被视为当代冲突法之肇始；但从作用原理上看，似有将其视为冲突法的可能，因为它对涉外法律关系的治理的确采取了与当代冲突法一致的选择策略，并给予了外域法以适用的机会。由于冲突法的克己自律之信念操守与帝国文明格格不入，终致该冲突法文明在中华历史上昙花一现，为"既入吾境，当依吾俗"的传统法律适用方式所取代。冲突法的孔纪元年已属晚生，但其西纪元年更为滞后，世人公认西方冲突法的开端源于公元13世纪至14世纪的法则区别说。由此足见冲突法的生成相比于其他国内法部门和科学而言，是罕见的"难产"，这与其自律的调整方式存在必然的关系。法律是人类高级文明的产物，而冲突法作为高级文明产物中的高级部分，需要以其他法律的诞生、发展和成熟为底蕴与基础。冲突法之所以采取这种截然有别于其他法律部门的作用原理，并非凭空而来，它既是不得不如此的被动之举，也是最好如此的主动之择。

之所以是不得不如此的被动之举，是因为它是历史拣选而非人力可改变的结果，人力反倒是曾经试图扭转涉外私法关系踏上冲突法之途，但历史证伪了其他解决方案的有效性。这尤其可通过对比没有冲突法的世界和有冲突法的世界之不同而得到凸显。法律冲突的产生并不直接导致冲突法的生成，这就意味着在法律冲突产生之后、冲突法生成之前，针对法律冲突存在着某些替代解决方法。主要的替代解决方法就是法院地法。法律冲突是由私法关系的涉外性引起的，但涉外私法关系在产生之初及其后相当长一段时间内一般都采取与国内私法关系相同的处理方式，这是很自然和朴素的做法。相反，冲突法的解决方案才是反自然的解决方式，因为它需要对法院地法的无节制适用进行反思和抑制。但法院地法作为一种解决方案并不能长期和广泛地在解决法律冲突问题上赢得成功和认同，根由在于，涉外私法关系的调整及其实现已超出一国可控制和支配的范围，需要两个或更多的国家进行合作。

一个国内案件的解决从诉讼流程上看涉及三方面："管辖—法律适用—执行"，这些环节都处于一国的绝对控制之中。但对于涉外案件而言，管辖和法律适用处在法院地国的控制之下，但第三环节却有可能在外国执行（当然也包括域外调查与取证等事项），这就需要得到外国的承认和执行。外国是否承认和执行该判决，不是由内国通过命令的方式决定的，这只能请求外国提供司法协助。这种向外迈出的姿态极其重要，它意味着个体或特定的国家必须走出自我，进入公共空间与他者进行交流、磋商，于其中必然会出现彼此的冲突及妥协。冲突与妥协是走向自律、协调和统一的基础与力量。如果内国法院在处理涉外案件时完全不顾案件所涉其他国家的法律，只强调本国法的独占适用，唯我独尊，其后果必然是在请求他国提供司法协助环节时受到消极对待。这种完全不顾其他国家法律的态度，在戚希尔（Cheshire）等人看来是"不切实际的"："一个主权者在它的领域之内是至高无上的，根据该统一管辖原理，它对在其领域内的任何人、事，及在该国生效的任何交易均有排他的管辖权。它能够，如果它选择这样做，只考虑自己的法律而拒绝适用任何其他法律。尽管采取这种无区别的政策在其他时代非常普遍，但它在现代文明世界之中是不切实际的。"[1] 外国的承认和执行就如同"上帝之眼"一般监督着内国法院的审判，内国法院也就面临着外国的"二次审判"，这种监督与审判将使内国法院在法律适用上从蒙昧（法院地法的独占适用状态）到文明（内外平等的法律适用原则）[2]。中国法院和领导层致力于建构良好的"国际司法形象"，谋求信达天下，就尤其需要自我克制，以曲折贯彻"将欲取之，必先予之"的意图。

　　涉外案件的处理不仅存在这样的现实考虑，而且对正义的信仰和追求也不容许在所有涉外案件之中都采取法院地法解决问题。马丁·沃尔夫曾指出：如果各国法官只是考虑本国法的适用，"这种单纯的方法将会导致严重的不正义"[3]。戚希尔等也认为，适用外国法律"并不意示礼让，也不用献祭主权。这仅源于实现正义的欲求"[4]。案件的涉外本性反对偏私地适用法院地法的简单做法，而且可能同样地基于国内案件处理经验的启发，当事人将会出于一种自然正义的考虑反对同一个案件仅仅因为管辖地的不同而竟然有不同的法律结论。法院地法

---

① J. J. Fawcett (ed.), *Cheshire, North & Fawcett Private International Law*, 14th edition, Oxford University Press, 2008, p. 4.

② 有无他者的注视将会对行为人的行为模式产生决定性影响。按照萨特的说法，他人的注视使自为之人变成了自在之人，主体的对象化将发生一系列因应的变化。萨特：《存在与虚无》，陈宣良等译，生活·读书·新知三联书店 1987 年版，第 327 页。

③ Martin Wolff, *Private International Law*, Oxford University Press, 1945, p. 1.

④ J. J. Fawcett (ed.), *Cheshire, North & Fawcett Private International Law*, p. 5.

的适用不能适当地满足"同一个世界，同一个案件，同一个法律"这个"同一个梦想"，而此外也再没有更好的解决方案，这种困境直接促使一种全新方案的面世，这就是冲突法的独特进路。

通过冲突法方案解决涉外案件，这既不是法院地法方案之后的第一思路，也不是法院地法方案之外的最佳思路，毋宁说它是法院地法方案之外最不差的方案。法院地法之后可以有效满足涉外案件得到国别划一处理的第一也是最佳方案应是统一实体规范的方案。统一实体规范包括国际惯例和国际条约，以及类似欧盟条例的超国家的实体性规范，它在超国家的地域范围之内实现了局部法制统一状态。它既可以被视为是对法院地法的否定或克制，也可以视为是在一个更大、更新的"法院地"范围内的新"法院地法"，是对传统法院地法的辩证扬弃。但因统一实体规范在适用范围（时间、空间、成员、事项）、达成条件方面的种种局限，减损了它在解决涉外案件时的功效。在统一实体规范无能为力的领域，尚需要有次优的替代方案，这就是虽然不得不如此，但也是迄今最好如此的冲突法方案。

冲突法方案也是解决涉外案件的单边方案，它由各国在自身法律体系之内进行自我抑制，给予内国法与外国法（通常是）平等适用的机会，而冲突法即是设定内外国法得以适用的机会和条件的准则。冲突法方案因此是一种自律的方案，自律从来不是一个主体天然或自然的倾向，它是主体之间交互作用之后从唯我到谦抑的稳健姿态。与统一实体规范不同的是，冲突规范尽管也追求法律适用及判决一致，但它的一致是在维持国别立法差异的前提和基础之上的一致。从法律适用的根据看，要实现国家间判决一致无外乎两类思路：一是存在统一法律适用根据，这即是统一实体规范的思路；二是通过选择适用同一个法域的法律，这即是冲突规范的思路。

通过选择使同一个涉外案件不因国别管辖及国别立法之差异而始终能够指向同一个法律，这种方案相比于统一实体规范而言在成立条件的要求和各国立法成本方面得到有效降低。但它同时也开出了另外一个条件即国家之间共守相同的冲突规范，这就要求各国也应存在统一的规范即统一冲突规范。统一冲突规范相比于统一实体规范来说难度降低，相对容易达成，然而要实现在所有领域存在所有国家都共同遵守的冲突规范也无疑只是一个新的乌托邦。现实状态因此是，在非常有限的领域之中存在着少数国家所缔结或参与的一些统一实体规范和统一冲突规范，大量的留白领域只有通过国别冲突规范进行调整。

冲突规范的有效性在于它体现了承认与合作的基本精神，通过承认外国法的有效性并且真实地落实到具体行动之中，外国法与内国法建立起了平等关系。这首先在公的层面体现了公平正义。其次，究竟在某一具体关系之中适用何国法律，则诉诸该法律关系的内在独有性质，以此方式又在私的层面体现了法律适用的合理性。这使冲突法方案成为法院地法之后、之外与统一实体规范平行，但比统一实体规范更全能的解决法律冲突的不二方案。当然，因其国别属性，冲突规范的有效性只是有限的有效性。这里存在的悖论或循环是，冲突规范本是为解决法律冲突而设的二级规范，但由于其制定和实施又受制于国别冲突，因此它在实现法律适用，进而判决一致方面的有效性是有限的。然而，就其在无任何其他替代解决方案或其他解决方案所生效果次优的背景之下还能发挥效用的角度而言，此种有限性仍是一种有效的有限性。换言之，在不可能存在完善方案的前提下，作为最不差方案的冲突法方案反过来也就是最有效的方案。它与统一实体规范方案共同构成解决涉外私法案件的两种举措，是在没有其他更好办法下的不得不如此，但也最好如此的解脱方案。

由于作为其作用基础的自律性不是人性的第一反应（感性直觉），而是对人性第一反应的第二反应（理性抑制），在人性不能始终如一地进行自我理性抑制的背景下，理性终有打盹的时刻，冲突法的适用也就难免在自我意志的扩张下趋于疲软，法院地法就始终具有优先于外国法被考虑、被选择、被适用的机会和倾向。但必须指出的是，法院地法倾向虽然是冲突法的危机，但并不是其"破产"的证据，因为即便是最彻底的法院地法主义者也不得不承认，在涉外案件的处理中不得不顾虑一个国际社会的存在，不得不对法院地法的激进锋芒予以限制。简单对比前冲突法时期的法院地法主义与现时代的法院地法主义，就足以看出二者之间的质的区别。因此，在涉外案件的处理过程之中，既不存在绝对的自律，这是一种乌托邦；也不可能是绝对的律他。客观状况是介于二者之间的动态变化，这就实证为冲突法作用力的强弱交替，法院地法的适用状态作为浮标则相应地呈现出沉浮变化。对我国实证案例的调研得出的冲突法适用状况及其导致的普遍的法院地法倾向是不能令人满意的，这是因为我们将理想的法律适用状态当作了比较的参考标准；但反过来，相比于绝对的法院地法主义状态而言，我国当下的法律适用现状是有所进步的。有了这样的历史觉察，明了了自律性作为冲突法效力基础的逻辑诱因，也就同时能够辩证地理解，正是因为且只有立足于这个逻辑诱因，在人性始终是在朝向自律性方向努力与前进的前提下，承认冲突法的存在价值和意义，法院地法倾向就并非是没有希望的。

（二）内化的作用路径

冲突法对涉外私法关系的治理是通过选择准据法来实现的，从而在作用路径上表现为前后两个环节：找法与用法。用法是国内案件和涉外案件共有之环节，冲突法在作用路径上的比较特征因此集中表现为找法环节。关于找法，有文献将其解构为三个"特征明显的精神步骤"：（1）识别（characterization），这是第一步，旨在通过将案件纳入侵权、合同等法律范畴的方式确定特定的案件适用何种冲突规范；（2）域化（localization），这是第二步，旨在确定连接点的地理位置，虽然它是一种事实性探究，但也有赖于二级规则的域化，如合同要约或承诺地等；（3）适用（application），第三步包括许多小步骤，如确定连接点所在地的法律的内容，确定该法的适用程度，审查可能适用的任何例外，以及最后适用法律。这个过程的"每一步都提供了各种例外、逃避或操纵的机会"[①]。这就提示了冲突法作用路径的两大特质：一是它属于内在的"精神步骤"（mental steps）；二是它充满了不测或不确定性。

找法不是对涉外案件所要适用法律的猜测或先行设定，需要依赖特定的规则，按照相应的逻辑进行法律的选择，由此形成冲突法的适用制度，构成环环相扣的作用路径。这些作用路径在适用上都具有高度的内化特征，很少表现为外在的可客观测度的操作性规程，是一种主观衡量、判断与抉择，因此体现为极为复杂的纯粹思维过程，是一种"思想的功夫"。这些制度单一或组合起来均可成为实现法院地法得以适用的"拐杖"，艾伦茨威格不无讽喻但的确有所印证地将它们统称为"一套迷人的智力体操"，并指出，只要法院地法被适用，就意味着这些制度发挥了其应有的功能。[②] 此番言论虽略有夸张，但却极为现实地刻画了冲突法作用路径的内化特征及其预设结论。归纳起来，冲突法的主要作用路径包括识别、禁止法律规避、外国法查明、公序保留及规避条款，这些路径体现了内在的思维深度和反差极大的可操纵性。

1. 识别[③] 与禁止法律规避的内化运作

识别的主要功效在于对所解决的争议的法律性质进行界定即定性，但冲突法中影响法律选择的定性包括如下几个层面，每一层面的不同

---

① Symeon C. Symeonides, *Choice of Law*, Oxford University Press, 2016, p. 64.

② 转引自邓正来：《美国现代国际私法流派》，中国政法大学出版社 2006 年版，第 142—143 页。

③ 需要指出的是，此处的"识别"是广义性的，不局限于法律关系的定性，而是扩展到冲突法前的识别活动。

识别都将导致法律适用的根本转变，而就在这些层面的识别过程中，司法者握有极大的自由裁量权，用之得当有助于涉外私法关系之善治；用之不当，则可能成为沦陷冲突法、适用法院地法的手段。又由于这些识别在实践运用中有"存乎一心"之妙，因此它们是司法者内化的认识过程。以下简述之（图1）：

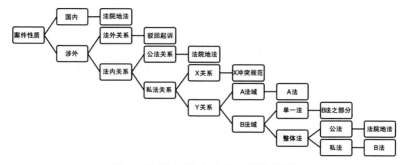

图1　海外案件中广义识别的层次

（1）第一层识别：涉外或国内。

在案件是否具有涉外性的识别上，按照国内案件与涉外案件的治理方案不同，涉外案件由国际私法调整，国内案件由国内私法调整。因此，案件涉外性的判断就成为决定案件向左还是向右转的枢纽。由于我国涉外因素的判断是通过法律关系三要素来确定的，当事人可以人为地将国内私法关系嵌入涉外因素[1]，或者反过来，将涉外私法关系转变成为国内关系[2]。司法者在这个问题上也有识别的能动性，对于一个人为的涉外或国内法律关系，或者虽非人为但偶然涉外的案件，司

---

[1]　如两内地法人就内地标的物达成的买卖合同，双方当事人有意识地选择在香港或其他外法域去签订合同，从而轻易地将其转变成为涉外私法关系。

[2]　涉外私法关系转变为国内私法关系也是可能的，如某外国法人长期与内地一些企业或法人发生民商事交易，基于规避税负、成本等方面的考虑，该外国法人可在内地建立全资子公司，再操纵该全资子公司与内地企业、法人或个人发生法律关系。

法者既可以消极识别，即严格按照我国关于涉外性的判断来确定法律关系的内外性质，也可以能动识别，按照实质重于形式的原则确定案件的内外性质，并据此适用或者不适用冲突法进行调整。在司法者对涉外性的能动还是消极识别可以自由裁量的角度上看，他就可以滥用之以规避冲突法的适用。

典型的案例是海上货物运输合同纠纷，当国内托运人按照 CIF（Cost, Insurance, and Freight；成本、保险费和运费）价格销售货物给外国当事人，与国内运输公司达成运输合同，由于双方当事人的国籍、住所等因素都位于国内，法律关系中具有涉外因素的是标的物及运输行为，我国法院的许多判决书对此类案件的涉外性及其法律适用不作任何分析，也就是没有选法过程，直接作为内国案件，依内国法进行裁决。在这样的案件中，当事人通常也较少提出异议。这样的判决方式在一定程度上可以理解为司法者实质性地将案件识别为了国内案件，从而避开了冲突法的运用。这种做法即便是合理的，但它在形式上也是不合法的，不论案件是否含有涉外因素，司法者均应在判决书中予以述明。以此观之，我国法院判决书可分为三类：一类是不作任何述明，这样的处理方式占了很大的比例；一类是直接给出涉外或不涉外的结论[①]；一类是对涉外因素作必要分析，然后给出是否涉外的结论[②]。显然，第一种方式既不合法也不合理，第二种方式不合法但相对较合理，第三种方式则是合理合法的。通过对涉外因素的分析与述明，就

[①]　如"新兴铸管股份有限公司诉中国环洋国际运输有限公司等航次租船合同纠纷案"，参阅青岛海事法院（2008）青海法海商初字第 165 民事判决书；"丸红美国有限公司诉威海山海光星制革有限公司等无正本提单提货侵权纠纷案"，参见（2009）青海法海商初字第 126 号民事判决书，（2010）鲁民四终字第 120 号民事判决书。

[②]　如"莫瓦萨拉特运输公司诉中远航运股份有限公司海上货物运输合同纠纷案"，一审广州海事法院（2008）广海法初字第 392 号判决书就指出：涉案货物是从中国上海运至卡塔尔多哈，属于涉外案件。又如"湛江市启航货运代理有限公司诉湛江市百事佳案"，广州海事法院判决认为：本案货物运输目的港是印度新德里，具有涉外因素。

可以将此种识别从内化转为外显的证明过程，赋予法院地法的适用以正当性。

（2）第二层识别：法外或法内。

案件是否为法律所要调整的问题，也需要识别。由于涉外案件所涉不同法域可能就同一个争议是属于法内关系还是法外关系有不同的定位，因此，在一法域为法内关系者（如荷兰法律上的涉外同居关系、涉外同性伴侣关系），在另一法域则为法外关系（如我国法律上的同居、同性关系）。对这个问题的不同识别，将引起不同的法律效果：或者驳回起诉，或者受理后纳入冲突法调整。

但此类识别也可由司法者自由地积极或者消极识别，例如，两个按照荷兰法注册成为同性伴侣关系的荷兰籍公民，就他们在中国境内的某一不动产权属产生争议，诉诸不动产所在地的中国法院，如其诉讼请求为同性伴侣关系上的财产权属争议，我国司法者就可以采取两种识别方式：一是严格依照法院地法将同性伴侣关系识别为法外关系，或者驳回起诉，或者要求当事人变更诉讼请求；二是通过新法院地法的观念将其识别为准夫妻财产关系，通过援引我国冲突法确定准据法，解决之。司法者通过操纵这个识别过程，就可以挑选案件的处理方式，冲突法之运用与否也就悬于司法者的一念之间。

（3）第三层识别：公法或私法。

在案件所涉争议系法内关系的情况下，司法者还需要通过识别将该关系定性为公法关系或私法关系。公私关系之间的区分是相对的，因此在很多情况下也就是可以相互转化的。如日本在侵华战争期间遗留的有毒化学武器所致损害的问题，它既是一个国际法上的问题，也可以通过公法问题私法化，由受害民间个体通过国际私法寻求民间赔偿。反过来，某些私法关系不仅关涉个人利益，而且还可能涉及公共利益，从而或者通过冲突法的事后公共秩序保留制度予以救济，或者事前就避开冲突法的调整，由"直接适用法"予以调整。

我国司法实践已经有一些判例涉及了直接适用法的问题，但限于裁决案件时的立法状况及司法水平，有的案件在法律适用逻辑上显得模棱两可，典型如上述华比富通银行与广东省水利厅担保合同纠纷案[①]。该案的核心争点是我国行政机关的对外担保是否具有法律效力，就当事人所选法律的效力及其适用在该问题上应如何处理？由于该案的一二审判决分别是在 2002、2004 年作出的，《涉外民事关系法律适用法》第 4 条关于直接适用的强制性规定不可能适用，但该案的确又涉及强制性规定的适用问题。需指出的是，直接适用法与强制性规定之间不能画等号，两者的分类标准是不同向度的，前者是关于法律适用的方式，分为直接与间接；后者是关于法律规范的性质，分为强制性与任意性。因此，在逻辑上，强制性规范可以按照法律适用方式分为直接适用和间接适用两类。在直接适用的情况下，这个问题已经是冲突法之外的问题，进入了公法属性的范畴，应直接适用法院地法中的强制性规定。

在上引案件裁决时，由于并没有直接适用的强制性规范之规定，因此司法者就只能通过冲突法的方式来实现该法的适用。但一二审的理由截然不同：一审的判决理路是，意思自治所选法律违背公序，故通过公序保留之后的法律适用救济，直接以法院地法即内地的法律作为准据法；二审的判决理路是意思自治法被公序保留之后不适用，应按照涉外合同的递补规则即最密切联系地法确定内地的法律为准据法。显然，二审更为合理。就司法者可以在公法关系（直接适用法涵盖范畴）与私法关系（通过冲突法调整）之间进行操纵而言，冲突法的适用也就有被规避的可能。

---

① 该案经广州中院一审（［2002］惠中法民三初 189 号民事判决书）及广东高院二审（［2004］粤高法民四终字第 232 号民事判决书），案件的选法推理存在很多值得发掘的信息。

（4）第四层识别：此类或彼类。

进一步的识别是典型的冲突法上识别，即对所涉的涉外私法关系在法律关系性质类型上进行分类，不同的分类将在效果上导致不同的冲突规范之援引，从而导向不同的准据法及其适用结果。我国最高法先后于 2008 年 2 月及 2011 年 4 月颁布了《民事案件案由规定》，并明确指出，民事案件案由是民事案件名称的重要组成部分，反映案件所涉及的民事法律关系的性质，是对诉讼争议所包含的法律关系进行概括，是人民法院进行民事案件管理的重要手段；建立科学、完善的民事案件案由体系，有利于当事人进行民事诉讼，有利于对受理案件进行分类管理，有利于确定各民事审判业务庭的管辖分工。① 根据《民事案件案由规定》，我国冲突规范的范围是以民法理论对民事法律关系的分类为基础，以法律关系的内容即民事权利类型来编排，总共分为 10 类 "一级案由"：人格权纠纷，婚姻家庭继承纠纷，物权纠纷，合同、无因管理、不当得利纠纷，劳动争议与人事争议，知识产权与竞争纠纷，海事海商纠纷，与公司、证券、保险、票据等有关的民事纠纷，侵权责任纠纷，适用特殊程序案件。在此基础之上，进一步区分为 42 类 "二级案由"，424 类 "三级案由"，以及列示性而非穷尽性地给出了一些 "典型" "常见" 的 "四级案由"。但有一些案由或者具有竞合性质，如合同关系与侵权关系②；或者具有模糊性，如国际海上货物运输合同关系中承运人无正本提单放货问题；或者具有国别差异性，如缔约过失所致损害的赔偿问题，在我国案由体系中应被识别为侵权之债，但在欧盟《关于非合同之债的法律适用》中却要求其应按照合同

---

① 最高人民法院 "法〔2011〕42 号"《最高人民法院关于印发修改后的〈民事案件案由规定〉的通知》。

② 对此，我国最高法允许由当事人选择，当事人的择由起诉就决定了案件的性质，并对此负责。如寰宇租船公司诉中国钦州外轮代理有限公司案，由于原告选择以侵权关系为诉由提起诉讼，从而导致原告权利损害未得保护。参阅两审判决书：北海海事法院（2001）海商初字第 001 号；广西高院（2002）桂民四终字第 28 号。

关系准据法裁决之①，这在某种程度上是将缔约过失纳入到了合同之债之中进行法律适用。在这些问题上识别的不定性或多可性就给了司法者很大的自由裁量权，可以轻易改变涉外私法关系的冲突法调整方向。

样本案例显示，我国不同法院对海上货物运输中"承运人无正本提单交货"的问题具有不同识别方式，有的法院将其识别为侵权纠纷，有的法院将其识别为合同纠纷，由此导致侵权与合同两类冲突规范之间在适用上的冲突与混乱。在"丸红美国有限公司诉威海山海光星制革有限公司案"②中，青岛海事法院将其识别为涉外侵权关系，援引涉外侵权适用行为地法，确定中国法为准据法裁决案件；在"江苏省纺织品进出口集团股份有限公司诉北京华夏企业货运有限公司上海分公司、华夏货运有限公司案"中，法院则将无单放货问题识别为合同纠纷。不过，在调研样本案例之中，无单放货被识别为合同纠纷的比例远高于侵权纠纷，在"河北圣仑进出口股份有限公司诉津川国际客货航运有限公司、津川国际客货航运（天津）有限公司案""纳瓦嘎勒克西航运有限公司诉中国冶金进出口山东公司案""粤海电子有限公司招商局仓码运输有限公司诉中国外轮代理公司蛇口分公司等案""源诚（青岛）国际货运有限公司上诉栖霞市恒兴物业有限公司案""连云港长江农业开发有限公司诉青岛义丰货运代理有限公司等案""江苏省轻工业品进出口集团股份有限公司诉中国江苏环球国际货运有限公司案""招商局仓码运输有限公司等申诉香港粤海电子有限公司等案"③中，无单放货被识别为合同纠纷。只有少数案例将其识别为侵权

① 《罗马条例Ⅱ》第12条规定：产生于合同缔结之前的交易所生之非契约之债，不论合同是否现实签订，应适用合同准据法或假定合同缔结情况下合同本应适用的准据法。

② 具体信息可进一步查阅判决书：（2009）青海法商海初字第126号；（2010）鲁民四终字第120号。

③ 该案具有代表性：二审法院将无单放货识别为侵权纠纷，最高法则在再审程序中将其识别为合同纠纷。

关系，除上述案例之外，还有"万宝集团广州菲达电器厂诉美国总统轮船公司案"，"深圳莫斯科工贸有限公司诉俄罗斯波罗的海航运公司案"。在万宝集团案件中，有实务界人士就指出：由于对无正本提单交货纠纷案件的法律属性目前还没有定论，因此，对上述不同法律适用原则的是与非，一时也难以定论。这种无定论性意味着识别上的可自由裁量①，冲突法如何适用及法院地法能否适用均将决定于司法者的内在选择，其滥用即是法院地法倾向得以形成的原因之一。②

（5）第五层识别：此法域或彼法域。

尽管存在多种弊端，并经历了多次调整，冲突法在选法时仍然主要是通过法域选择实现法律选择。在本质上，法域选择（jurisdiction selection）不等于法律选择（law selection），但由于法域与法律在大多数情形下是对应的，这导致冲突法的选法原理从选法律转变到选法域，通过后者地域化（locate）前者。这一过程及其批判已在美国冲突法革命之中被淋漓展示③，然而，抛弃法域而直接选法的方式却让法律适用"一步跃入深渊"，变得更加不可预测，从而实质性地转变为法院地法的"威不可测"的适用根据，这相对于法域选择的选法方式而言更让人难以接受。职是之故，法域选择仍然作为主要的选法方式。

法域选择的问题在冲突法上是通过连接点来实现的，这部分地外在化了选法过程，法律选择也因此转换成为对连接点的空间化即识别过程。连接点是冲突法选法功能得以发挥的支点，在通常情形下是客

---

① 不过，出于对无正本提单放货的定性等实践问题的回应，统一裁判尺度，最高法于2009年2月通过了《关于审理无正本提单交付货物案件适用法律若干问题的规定》（法释［2009］1号），该司法解释第3条明确了识别冲突的解决：正本提单持有人可以要求承运人承担违约责任或侵权责任。即由正本提单持有人选择诉由进行诉讼。该解释于2009年3月5日施行。

② 如"粤海电子有限公司等诉中国外轮代理公司蛇口分公司案"即是如此：一审法院未提法律选择；二审法院将案件识别为侵权，完全不顾提单中选法条款的存在；最高法院最终正确地将案件识别为合同纠纷，按照提单中选法条款进行了法律适用。

③ 参见Symeon. C. Symeonides, *The American Choice-of-Law Revolution: Past, Present and Future*, pp.394-403。

观的空间概念，如住所地、国籍国、行为地等，但这些连接点本身仍然具有解释上的延展性，例如在行为地的确定上，侵权关系中的行为地就至少可以包括行为实施地与结果发生地。另有一些连接点则纯粹表现为法律上的人为概念，如意思自治、有利于、最密切联系等，它们的识别或"定位"（localization）就需要依靠司法者的解释。不仅如此，在彼、此法域的识别与择定上，司法者还另有合法措施进行干预，这就是法律规避，通过禁止法律规避制度，司法者可纠正当事人干扰法域选择的问题。在所调研的样本案例中，我国司法者通过法域识别实现法院地法得以适用的表现形式主要有三：一是在连接点本身或通过解释指向包括法院地在内的若干法域时，优先考虑法院地的法律；二是通过牵强的识别方式将法域指向生硬地导向法院地法；三是通过滥用法律规避方式，将非属规避的行为识别为规避，达到适用法院地法的目的。

就优先考虑法院地的连接点而言，这本身只有道德瑕疵，并无法律瑕疵。例如，按照我国涉外侵权的冲突法规则，应适用行为地法。最高法允许人民法院在行为实施地与结果发生地之间进行选择，调研中的样本案例也显示，当我国作为侵权行为实施地或者结果发生地之一时，无论另一地点是否位于国内，均无例外地优先适用了作为法院地法的中国法。在"丸红美国有限公司诉威海山海光星制革有限公司案"中，青岛海事法院就以侵权行为实施地是提货地即中国为由适用了中国法；在"中国广澳开发总公司诉新加坡联发船务有限公司、印度尼西亚茂林合板厂有限公司案"中，受案法院首先认定提单签发地在印度尼西亚，但损害结果发生地在中国，故适用了中国法律；在"重庆对外贸易进出口公司诉土耳其杰拉赫奥乌尔拉勒总运输船舶商业有限公司案"中，受案法院也是先认定提单签订地在土耳其，但损害结果发生地在中国，故选择适用了中国法；在"万宝集团广州菲达电器厂诉美国总统轮船公司案"中，一审法院将案件识别为合同纠纷，但二审纠正识别为侵权纠纷，并将侵权行为地确定为新加坡，结果发生地确定为中国，二审法院有所突破的地方在于，它没有径直选择中国法为准据法，而是再次按照更密切联系的规则确定结果发生地法即中国法为准据法。

通过优先或牵强地将法域定位在中国，我国一些法院据此达到了适用中国法的目的。样本案例显示，这样的判例主要有如下表现：其一，通过生硬地改变法律关系的性质，改变法域定位，如当事人之间本来存在选法条款，但受案法院将其识别为侵权关系，据此回避了当事人所选法律，而按照侵权行为地确定中国法作为准据法，如"粤海电子有限公司等诉中国外轮代理公司蛇口分公司案"。其二，对最密切联系的牵强解释，只要中国与所涉案件有任意一点联系，就据此认定中国为最密切联系地，从而适用中国法，上文有关"牵强理由"的部分案件即是如此。其三，对意思自治进行推定或默示解释，将中国推定为所选法域，或者解释作为当事人默示选择的法域，以此达到中国法被适用之功效，上文所述"推定选择"与"默示选择"的系列案例即属此种表现。

禁止法律规避本是立法者授权给司法者遏制当事人"魔法"的"道法"，但司法者很可能魔由心生，将此道法滥用为魔法，从而以法官的法律规避来虚拟当事人规避，并加以禁止。冲突法上法律规避成立，决定于本应适用法的客观存在及其被当事人有意置换。本应适用的法因此始终是非现实层面的，它的存在依赖于解释与认定。法国最高法院通过鲍富莱蒙一案建立了规避内国法无效的先例，但又在佛莱案中确认了规避外国法有效的例子。[1] 这就在很大程度上显示了法律规避禁止制度是一种唯结果论的"游戏"，各种改变中的不变规律是法院地法最终被适用，而外国法被排除。在调研案例中，"中成财务有限

---

[1]　以上两家参见刘想树主编：《国际私法》，法律出版社 2015 年版，第 90 页。

公司诉鸿润集团有限公司、广东省江门市财政局案"就是我国司法实践中少数不当运用法律规避禁止制度的例子之一。受案一审法院认为，双方当事人签订的担保书约定适用香港地区的法律，是对内地的法律、法规和司法解释中明确规定国家机关不得作为担保人的规避，因此应适用内地的法律，该担保无效。从当下反观之，该案涉及的是直接适用的强制性规定，但并非法律规避，只是因为审案时我国尚没有直接适用法的规定，因此，受案法院只能通过其他制度予以制止，法律规避禁止制度也就在此种情况下被挪用作为救济措施。因此，该制度也就可能被作为排除外国法、适用法院地法的依据。

（6）第六层识别：单一法或整体法。

冲突法在为涉外私法关系择定准据法时，是仅仅指向特定法域中某具体的特定法律规范，还是指向该特定法域的全部法律，这是对准据法范围的识别。对准据法范围的界定意义深远，它关系到准据法的适用及其救济问题：在仅仅指向单一法的情况下，该单一法如无规定，则不能适用该法域中其他法律规则，准据法因此将被定性为无法可依；在指向整体法的情况下，该法域中的所有私法均为可能适用的规则，从而就降低了无法可依的概率。从逻辑上看，由于冲突法的作用原理是通过法域选择实现法律选择，因此，冲突法原则上指向的应当是特定法域的全部法律，为此，戴西（Dicey）、戚希尔等人就将准据法理解为法域之上的法律体系（law system），这就是整体法立场。但是，对于意思自治这个特别的冲突规范而言，如果当事人约定了特定法域中特定的法律规则，此种约定如何定位，就是一个值得探讨的问题。其蕴含的法律意义在于，当所选之规则无规定时，将面临选择：是适用该法域中的其他法律规则，还是视为无意思自治，从而利用最密切联系规则确定替补的法律适用？我国的一个司法判例对此提供了回应。在"江苏省纺织品进出口集团股份有限公司诉北京华夏企业货运有限公司上海分公司、华夏货运有限公司案"中，当事人就在提单中载明"无论运输是从美国开始或者到美国的，承运人的责任必须根据美国 1936 年《海上货物运输法》"，受案法院认定该法未对争议问题即无单放货作出法律界定，据此作为不适用美国法律的理由之一。这就是受案法院对准据法范围的"单一法"识别。这种做法极大地限制了准据法的可适用性，在相应程度上变相地提高了法院地法被择定适用的概率。

（7）第七层识别：公法或私法。

对准据法是公法与私法的识别，不同于对争议所涉法律关系是公法关系还是私法关系的识别。前者是准据法确定之后对准据法本身的性质进行的识别，其功能在于最终判定准据法的可适用性；后者是准据法确定之前对争议的性质进行的识别，其功能在于判定冲突法的可适用性。根据一个普遍接受的前提，即能够在内国予以适用的，只有外国的私法，因此，如果应适用的外国法是公法性质的，该外国法就应予以排除。[①] 这种情形肇始于西方国家对社会主义国家的国有化法令之排除，其理由之一即认为国有化法令具有惩罚性质，是公法，因此不得适用。同理，外国的程序法作为公法，也不能在法院地国适用，而应适用法院地法。

我国的一些司法判例涉及了这个问题。在"江苏省海外企业集团有限公司与被告丰泰保险（亚洲）有限公司上海分公司海商货物运输保险合同赔偿纠纷案"中，双方当事人约定，该案适用英国 1906 年《海上保险法》，受案法院予以认可，但裁定当事人的举证责任应适用我国《民事诉讼法》。

在另一个案件即"和德（集团）有限公司诉樱桃谷航运有限公司案"中，涉及对租约中仲裁条款效力的认定，广州海事法院作为一审

---

① 不过有一些国家的立法明确允许适用具有公法性质的外国法。如吉尔吉斯共和国《民法典》第 1167 条第四款规定：不得仅因外国法律规范具有公法性质而限制适用。瑞士《联邦国际私法》第 13 条也是如此。

法院裁定认为：虽然本案所涉提单载明与租约同时使用，租约中也有仲裁条款，但因提单并入的租约仲裁条款的内容只是针对租船人和承运人约定的临时仲裁，该仲裁条款并没有对提单持有人如何指定仲裁员作出规定，故应视为该仲裁条款并未赋予原告指定仲裁员的权利，该仲裁条款对作为提单持有人的原告来讲是一种不能执行的仲裁条款。因此，被告的管辖权异议不成立，应予驳回。

被告不服一审判决，向广东高院上诉：本案当事人选择适用英国法，英国法应当成为解决本案所有有关实体问题的纠纷包括提单并入条款的有效性及被并入提单的仲裁条款的效力问题的准据法。根据英国有关法律，本案提单中的并入条款及被并入的仲裁条款均合法有效，对作为提单持有人的原告具有法律约束力，并不存在有任何不可以执行之处。为解决本案纠纷，被告已针对原告在伦敦开始仲裁程序。故请求撤销原裁定，将本案提交仲裁解决。

广东省高级人民法院最终裁定：本案为海上货物运输货损赔偿纠纷。认定本案所涉仲裁条款的效力属程序性问题，对该问题的审查应适用法院地法即中国法。最后，广东高院裁定仲裁条款无效，人民法院有权管辖。

该案的焦点是仲裁条款的准据法之争。被告的主张是，仲裁条款的效力应由当事人选择的英国法判断；但广东高院的裁定表明了如下思路，即规范仲裁条款效力的问题是程序问题，规范这些问题的外国法属程序法，为公法，不应适用。但事实上，仲裁条款的存在及其效力是可以通过当事人选择的准据法进行判定的[1]，受案法院以此方式用法院地法挤占了外国法的适用空间，成为成就法院地法倾向的路径之一。

---

[1] 我国《涉外民事关系法律适用法》就专门针对涉外仲裁条款的法律适用做了规定。

2. 外国法查明的内化效应

外国法查明本为促进外国法适用之功效而设，但它在实践之中经常被滥用为外国法无法查明，或者查无规定，从而以法院地法之适用作为补救，使冲突法在功能上形同虚设。如上文所提及"滥用查明"的诸多判例即是如此，我国最高法出台的司法解释列举性地规定了五种查明方式，但实践中受案法院常采取其中一种即当事人查明，外国法查明完全等于当事人查明，当事人无法查明也就意味着外国法无法查明，法官不负查明责任。《涉外民事关系法律适用法》明确了当事人与法官的查明分工，在当事人选择法律的情况下，由当事人查明；其他则由法官查明。但该法仅适用于2011年之后的案例，此前的案例之中，法官如果仅因当事人未对其选法提供证明就认定外国法无法查明，则是典型的有法不依。至于2011年新的《涉外民事关系法律适用法》中关于外国法查明的责任分工是否能落到实处，法官是否会仍然将自己的查明责任转化为当事人的查明责任，实有观察的必要。

3. 公序保留内化效应

公序保留也是如此，由于公共秩序在界定上具有抽象性和模糊性，这就为法官滥用公序保留留下了很大的空间。为此，有一种形象的比喻是认为公共秩序保留就是国际私法中的一条大阴沟，所有问题都汇集其中。从功能上看，公序保留本为冲突法适用提供了必要的前提，因为如果不允许法院地国居安思危，对未知的风险因素事先采取或预留必要的排除措施，没有任何国家愿意彻底放开本国法律适用空间，降低外国法准入的门槛。公序保留以此安全例外的先行承诺，解除了法院地国的疑虑，为冲突法及其指向的外国法之适用提供了可能和保障。但在效果上，公序保留却是反冲突法的，它从尾端最彻底地否定了冲突法的前此运作，以"归零"方式清除了冲突法的作用效果。因此，萨维尼等学者宁愿将之视为例外而不愿意如同孟西尼一般将其视为原则，以此最大程度地限制公序保留对冲突法的毁败效果。

公序保留基于其功能上的需要，有必要模糊化公序的内涵，不确定性或模糊性是公序的存在形态。职是之故，曾经试图具体化公共秩序的精英们最终无法对公共秩序给出明确的定义。特定案例中外国法的适用与否及如何有伤公共秩序，就决定于法官的理解和解释。作为保留后的直接法律效果即是法院地法的适用。如此，公共秩序保留与其他冲突法适用制度一样，很可能被异化为获得法院地法适用目的的依据。

4. 规避条款（escape clause）

这里所谓的规避条款特指司法者而非当事人可以据此享有的豁免于立法规则拘束的条款，它是立法的自我限制。冲突法中的规避条款旨在满足特定条件下对该冲突规范所指向的法律体系之排除，它通常表达为"更密切联系除外"规则，以辅助最密切联系规则的应用。在一国国际私法明确将最密切联系提升为其立法原则或作为特定领域法律关系的选法规则时，一般会允许在案情综合显示存在着另外的更密切联系地法时，应变更适用该更密切联系地法。[①] 如德国《民法施行法》第 41 条第一款即规定：如果某另一国家的法律比根据第 38—40 条第二款本应适用的法律存在实质性的更密切联系，则适用该另一国家的法律。瑞士《联邦国际私法》第 15 条第一款规定：如果根据所有情况，案件显然与本法所指引的法律仅有较松散的联系，而与另一法律具有更为密切的联系，本法所指引的法律例外地不予以适用。欧盟《罗马条例Ⅰ》第 4 条第三款规定：如果案情清楚显示，合同明显与上述两款所指向的国家之外的其他国家存在更密切联系的，其他国家的

---

① 陈卫佐：《当代国际私法上的一般性例外条款》，《法学研究》2015 年第 5 期，第 194—207 页。

法律应予适用。《罗马条例Ⅱ》第 4 条第三款就非合同之债的法律适用也作了类似规定：如果案件所有情势明确表明，侵权或过失明显地与上述两款所确定的国家之外的国家具有更密切联系的，应适用这些国家的法律。与其他国家的明显的更密切联系应当特别考虑当事人之间的现有关系，例如合同关系，该关系是否与争讼中的侵权或过失有密切联系。

我国正式立法没有明确肯认例外条款，但在业已废置的最高法 2007 年《关于审理涉外民事或商事合同纠纷案件法律适用若干问题的规定》第 5 条第三款规定：如果上述合同明显与另一国家或者地区有更密切联系的，适用该另一国家或者地区的法律。在中国国际私法学会所提呈给全国人大法工委的《涉外民事关系法律适用法》学者建议稿中，例外条款曾被作为一般原则，但在正式通过的立法文本中该条款被删除。这就意味着，我国司法实践将只能在特定时期的涉外民事或商事合同领域贯彻该例外条款。由于例外条款的运用及其合理程度决定于对更密切联系的理解与判定，且这种理解与判定也只是一种高度内化的自由裁量，因此它也存在着被滥用及促致法院地法倾向的风险。所调研的样本案例之中虽无一例对例外条款的运用，这并不证明冲突法的指向不会被修正，因为例外条款是建立在最密切联系规则或原则的运用之上的，而我国司法判例显示，在最密切联系规则的运用上是存在很多问题的。有很多案例中最密切联系的判定是非常牵强的，有一些案例甚至反其道而用之，将最不密切联系地牵强硬性解释为最密切联系地，据此适用了中国法。如"中国人民保险公司北京市分公司诉日本株式会社商船三井案"中，受案法院首先认定，该案所涉海上货物运输合同的签订地、履行地、被告住所地均在国外，但在按照最密切联系规则确定准据法时却根据"本案在中国审理，且涉案货物到达港在中国，故原告主张本案适用中国法律可予采纳"。这就使最密切联系规则的运用很难以理服人。

二、主观的心理诱因

冲突法的作用原理及其路径在逻辑上使其规范刚性先天不足，这就提出了在后天予以补足的要求，然而作为后天支撑之组成部分的司法者在对待冲突法的态度上却又存在着促使其偏离正常指向，而倾向法院地法的心理诱因。此种诱因有三：一是私法本身的自治性，促使司法者倾向于将冲突法的运用立足于当事人的合意，由此形成冲突法的任择倾向；二是外国法理解上的可能性危机与困境，削弱乃至打击了司法者忠诚地恪守冲突法以适用外国法的主观积极性；三是对正义的自然感觉，促使司法者在内外国法之间"心存偏见"，自然和自发地瓦解了冲突法立足其上的、对内外国法的平等预设。冲突法运用上的后天心理诱因再次倾斜了法院地法与非法院地法之间脆弱的平衡预设，它与冲突法规范机制的先天缺陷共同作用，构成法院地法倾向及其普遍化的主要力量。

（一）私法的自治本因

在民意至上、私权张扬的当代法理环境下，私法自治的观念可谓刻骨铭心，并成为权衡一切的尺标。公意的消减与私意的增长达到这样的程度，凡是能够用私意决定的问题都尽可能地交给当事人自决，公意只是遥远地起着必要的限制。冲突法被认为是私法，并被冠以国际私法的名义，曾经将冲突法视为公法的观点与学者已经广受国际私法学界所反对。冲突法既然是私法，当事人的合意就应当作为其运作基础，这是私法自决的必然逻辑。秉承这一理念，冲突法不仅在其自身规则范围内将选法意义上的意思自治从合同领域推广铺张开来，渐次向侵权、婚姻、家庭、继承、物权、知识产权等领域渗透，而且还被一些国家提升为冲突法的基本原则，与最密切联系原则协同作用。我国冲突法的立法变迁便是一足证。

相比于《民法通则》《海商法》《民用航空法》《票据法》等规范之中的冲突规则，意思自治的适用范围在《涉外民事关系法律适用法》之中得到了最大限度的拓展。首先，意思自治选法规则被提升为我国冲突法的一般规定，该法第3条规定：当事人依照法律规定可以明示选择涉外民事关系适用的法律。其次，前此立法一般仅限于合同领域赋予当事人选法的自由，但新法全面突破了这一限制，第44、45条赋予当事人在侵权领域之中的选法自由；第47条赋予当事人在不当得利、无因管理中的选法自由；第37、38条赋予当事人在动产物权中的选法自由；第49、50条赋予当事人在知识产权中的选法自由；第24、26条赋予当事人在婚姻家庭关系中的选法自由。换言之，在继承之外的领域，我国新法均无条件或附条件地引入了冲突法性质的意思自治规则。

作为私法自治的直接表现，意思自治就成为司法者处理私法问题的心理预设。冲突法的问题作为私法问题，也被司法者纳入到了这一预设之中。但是，司法者在理解和践行意思自治这一规则时却混淆了它的三种形态间的区别：作为实体法规则的意思自治、作为冲突法规则的意思自治与作为冲突法规则作用基础的意思自治。冲突法是私法，但这并不意味着冲突法的作用基础就必然是意思自治，相反，我国立法采取的是法定适用主义，即在何种情况下应否通过冲突法调整，这不是当事人可以意思自治的。将冲突法是否适用建立在当事人的合意之上，这就成了冲突法的任择适用。我国司法中的一些案例显示，司法者正是这样来理解冲突法的适用的，他们将当事人不主张、不提供外国法为根据，就直接适用我国法律[①]，这相当于将冲突法的运行条件

---

① 如上引"河北圣仑进出口股份有限公司诉津川国际客货航运有限公司、津川国际客货航运（天津）有限公司案"中，受案法院即认为：实际诉讼中，原、被告双方当事人均未曾向天津海事法院提出过适用法院地外法律的主张，也未向天津海事法院提交过相应的法律规定。因此，

决定于当事人之手，这不能不说是受到了根深蒂固的私法自治观念的影响，错将实体法上的意思自治与冲突法上的意思自治用作冲突法奠基的意思自治，以约定置换了法定，以任择取消了职责。

　　尽管在我国冲突法适用的法定主义而非约定主义的立法背景下，冲突法的适用是法官的法定职责而非当事人可自由裁量的范畴，但有两类现象必须指出，它们在功效上的确导致了冲突法的约定不适用，并且仍然保持其合法性。这两类现象一是诉讼中的调解，二是当事人彼此之间的和解。我国司法实践中存在着涉外诉讼中的调解例子，如"银桉航运有限公司等诉福建省厦门轮船总公司案""天津俪江制衣有限公司诉马士基（中国）航运有限公司天津分公司案"等，均是调解结案。尽管按照我国《民事诉讼法》的规定，调解也必须"依法"进行，但它是高度地建立在当事人合意的基础之上的，冲突法及其所指向的准据法都有总体倾向法院地法的可能，且这种调解又是为我国司法实践所认同且大力提倡的。[①] 涉外商事海事调解是我国未来司法实

（接上页）天津海事法院认为，应适用中国法律处理本案争议。其他如"韩进海运有限公司诉山东中粮国际仓储运输公司、亚洲货运有限公司、连云港化工医药保健品进出口公司案"，受案法院认为：庭审中各方当事人未对本案的准据法提出自己的主张，也未提出相关的准据法文本，并且原告在起诉书中引用了中国《海商法》的有关条款，故该案应适用中国法。

　　① 在 2012 年 7 月召开的全国海事审判工作会议上，最高人民法院前副院长万鄂湘就指出：为贯彻实施《人民调解法》，各海事法院通过与货运代理协会、渔业协会、船东协会等行业协会、海事、渔政等行政机关，仲裁机构、人民调解委员会、司法所等机构加强沟通协调，探索建立多元调解机制，实现"诉调对接"，邀请人大代表、政协委员、基层干部、港澳台人士参与调解，充分调动社会各方力量促成调解，在近三年将海事案件一审调撤率提高至 57%，并成功调解一批影响重大的案件。如天津、海口海事法院分别调解了标的额达 7 亿多元的天津临港工业区航道与港口疏浚合同纠纷、"中山工 8218"工程船抓斗触碰海底天然气管道损害赔偿纠纷，受到当地党委政府和案件当事人的肯定与好评。宁波、厦门海事法院还通过与基层组织共同打造"无讼渔区""无讼港区""无讼海域"，将 300 余起纠纷在诉前予以化解。各海事法院密切关注辖区内发生的重大海事事故、重大环境污染事故，及时主动争取地方党委、政府以及海事、港航、渔政、口岸等的行政主管部门的支持配合，加强社会风险评估与公共危机应急处置，妥善化解了"蓬莱 19-3"溢油油田污染等一批可能影响社会稳定的群体性事件。在涉外案件的调解方面也是成效显著：各级法院充分发挥调解这种中国特色的东方智慧，及时化解了一批有重大国际影响的涉外海事纠纷案件，产生了良好的国际影响。如最高人民法院民四庭成功调解了"河北精神"轮碰撞损害赔偿管辖权纠纷异议案，一并解决了涉案船舶碰撞事故在中、韩两国引起的所有诉讼；武汉、广州等海事法院

践的一个努力方向，它已经产生了良好的社会效应，形成了正面积极的海外形象。在调解之中，被献祭的是冲突法及其可能指向的外国法，而法院地法再次成为赢家。

更突出的例子是涉外民商事争议的和解。当事人之间的涉外争议并不总是提交到法院、仲裁机构进行处理，他们在大多数情况下是私下和解的。在和解中，当事人就争议的处理拥有完全的自决权，包括是否运用、如何运用冲突法，是否运用、如何运用冲突法所指向的准据法，乃至更彻底地决定是否运用、如何运用法律规则。因此，冲突法的适用在和解之中就呈现为绝对的任择，除非这种和解逾越了国家的公共底线，否则，这种和解也就被当事人、社会及国家务实地接受。考虑到调解与和解的情形，冲突法的适用方式的确就在现实层面二分为法定主义与任择主义，实践中的任择性做法反过来也就拷问着法定主义的正当性，并诱导司法实践向任择性靠拢。

（二）外国法理解困境

通过冲突法方略解决涉外争议，这预设了一个可能且可行的基本前提，即冲突法所指向的外国法能够被正确理解和适用。但当代诠释学的研究结论指出，诠释作为互动，要实现对外国法本义的理解是不可能的，所能理解的是被变形了的外国法。从某种角度看，这种外国法也就不再是外国法。此即为外国法的理解困境，它不仅削弱了冲突法的规范力量，而且还威胁着冲突法的存在。

（接上页）和福建省高级人民法院分别调解韩国籍"蓝宝石"轮船员劳务合同纠纷系列案、马耳他籍"第一海洋"轮 2.6 亿美元巨额抵押借款合同纠纷案、越南籍"阳光"轮碰撞"闽连渔 0506"轮海上人身伤亡赔偿纠纷等重大敏感涉外海事纠纷案件，受到外国领事馆等机构的赞扬和国际社会的好评。参阅万鄂湘《在全国海事审判工作会议上的讲话》，http://www.ccmt.org.cn/shownews.php?id=11647，2014 年 12 月 1 日访问，2017 年 3 月 5 日再次访问。

不同国家的法律体系是由不同的语言系统、民族习惯、生活方式、历史传承所构成的，因此在不同法律体系之间不可能存在完全对等的语词，这种不对等性造就了它们之间的不可对译性，以及由此导致的理解盲区。翻译中的创造性或主动性对本真地理解外国法带来了负面影响，其结果是使法院地国所理解和适用的外国法只不过是该外国法的"低级复制品"。荣格就如此指出："众所周知，法官在适用外国法时会缩手缩脚，感觉如芒刺在背，与其说他们是在发挥建筑师的作用，还不如说他们是在发挥摄影师的作用，他们习惯忠于外国法的字面含义而非外国法的精神行事。即使法官确实对外国法的真义了然于胸，也仍不可避免地会出现曲解外国法的现象。一旦将一个规则移除于其天然生长环境之外，与适应相异实体政策需求的法院地程序规则生拉硬拽在一起，就会损及规则在释义上的完整性。因此，出于诸多原因，法院于实践中之所适用，往往只是外国法的低级复制品。"[1] 古今中外的很多法律概念间的差异深刻地展示了这一点。如中国古代帝制时的法律概念"妾"就难以为同时代的西方所理解。据学者研究，英帝国派驻马来亚的法官在审理一些涉及清朝华人的遗产继承案时，时常会遭遇妻妾的区分及其遗产继承的资格问题。英国法官所遇到的首要难题就是如何在自身的语言体系内找一个对应词翻译"妾"，最后不得不将其（错）译为 second wife；在另一些案件中，法官则剥夺了童养媳的正宗继承人资格。通过对真实案例的实证考察更能说明这个问题。

有学者根据诉讼档案追踪考察了 1855 年至 1942 年间中国福建与英属马来亚之间的跨国婚姻案件[2]，揭示了英国法官在适用中国法律时的苦楚和无助，以及对中国法的英式误解。据该学者考证，"殖民地的

---

[1]　荣格：《法律选择与涉外司法》，霍政欣、徐妮娜译，第 202 页。

[2]　陈慧彬：《法律、公亲与跨国多婚制：中国福建与英属马来亚之间的"家庭事"（1855—1942）》，载黄宗智等：《从诉讼档案出发：中国的法律、社会与文化》，法律出版社 2009 年版，第 351—398 页。

英国法官将清律视为中国习惯法的准则。如此为之的最初目的，乃是试图在殖民地华人的结婚、离婚事项上适用《大清律例》。但是法官们很快就发现，即便是全盘采纳清律，适用中国习惯法也是一件令人却步的苦差事。于是，接受西方法律熏陶的法官们，为了弥补他们对传统中国法律的贫乏认识，便转而求助于清律的译本和向中国专家们征求意见。他们经常依赖于已被译成英文的法律文本，诸如小司汤东的《大清律例》英译本，以及其他相对零散的文本片段，如厄内斯特·阿拉巴斯特的《中国刑律释注》和穆麟德的《中国家庭法》。然而，仅仅依靠这些文本，远不能帮助殖民地法院充分了解那些在中国施行的法律的复杂性"[①]。这就给英国法官造成了逼仄的空间，要么退回去适用英国法，要么得发挥点主动作用来生产和想象大清律例的内容。审理某案的首席大法官巴克尼尔承认了中国法适用过程中的艰辛：

> 本殖民地的法院，应当根据居住于此的亚洲人的习俗，来尽可能妥当地实施法律和审批。华人是在此生活的人群之一，他们对殖民地贡献甚多。法院也在努力履行它们对于华人的责任。但是对于西方人的思维而言，中国人的习俗和看法经常显得陌生（尽管通常是合情合理），因此我担心，由于信息的匮乏，即便是有着最美好意愿的法院也会时常出错。[②]

对于华人涉外的多婚现象，在当时主要是所谓的"两头家"，即在英属马来亚打工的华人在大清帝国有自己的婚姻家庭，同时在马来

---

① 陈慧彬：《法律、公亲与跨国多婚制：中国福建与英属马来亚之间的"家庭事"（1855—1942）》，载黄宗智等：《从诉讼档案出发：中国的法律、社会与文化》，第362页。

② Cheng Thye Phin v Tan Ah Loy & Ors [1921] 14 SSLR 81. 转引自陈慧彬：《法律、公亲与跨国多婚制：中国福建与英属马来亚之间的"家庭事"（1855—1942）》，载黄宗智等：《从诉讼档案出发：中国的法律、社会与文化》，第362页。

亚又新建了婚姻家庭。在大清律例看来，华人只有按照规定所娶之女子方为合法妻子，其余人等皆为"妾"。对于英国法官来说，他们自然无法理解"一夫一妻多妾制"是何种制度，按照他们自己的观念来说，他们只能接受一夫一妻制或者勉强可以接受一夫多妻制，但在大英帝国的法律理念里，"妾"是一个他们无法格式化，因而无法识别的法律术语，"一妻多妾的中国婚姻模式考验殖民地法官的判断力。在接受西方法律训练的殖民地法官看来，'在基督教国家中，婚姻被认为是一男一女终身的自愿结合，而将其他任何人排除在外'。照此推论，既然只能有一位妻子，那么中国的情形是否符合西方人的婚姻类型？或者说，中国的婚姻模式是否属于多婚制的特殊形态？法官们并不试图找到一个法律上的解释"①。理解与解释还只是更进一步的问题，英国法官首先思考的是如何用英语称谓"妾"这一显属华夏色彩的法律概念。艾德本法官提到了"理解中国法律范畴的困难"："最初的困难……在于如何以英语表述中国观念。法院于是不得不使用诸如'marriage'、'wife'、'secondary wife or concubine'、'bigamy'、'legitimacy'之类的名称和词组来避免转弯抹角的说法，但是它们并不经常在基督教观念中使用。"②

这提供了一个极好的考察两大法律体系彼此格式化过程中格格不入的例子。在西方的法律体系之中可能含有通奸者、妓女、情人、伴侣、伙伴、仆人、奴隶、妻子等概念，但所有这些概念都无法对译"妾"所表达的含义，因为它乃是以整个中华帝国特色法制文明为背景的浓缩，西方人如果不了解中国家庭与国家、中国社会、中国男女关系，也就是说如果不了解中国历史传统，就无法破解妾之法律意蕴。

---

① 陈慧彬：《法律、公亲与跨国多婚制：中国福建与英属马来亚之间的"家庭事"（1855—1942）》，载黄宗智等：《从诉讼档案出发：中国的法律、社会与文化》，第 366 页。

② 陈慧彬：《法律、公亲与跨国多婚制：中国福建与英属马来亚之间的"家庭事"（1855—1942）》，载黄宗智等：《从诉讼档案出发：中国的法律、社会与文化》，第 363 页。

英国法官不得不求助于专家证人，并在一案件中邀请了中国驻新加坡代理总领事担任专家证人。该总领事如此解释中国的"妾"："根据中国的法律，男人只能拥有一位合法的妻子。只有当他原先的妻子身故或与其合法离婚后，他才可以再次婚娶另一位妻子。如果丈夫获得任何官衔，他的合法妻子将因其夫而得到官方恩荫，而不能从她儿子的父亲那里获得，因为后者并非她的丈夫，而是她的主人。根据中国的法律，合法的婚姻应该有三书、六礼和媒人，还要带着迎亲乐队将新娘从娘家接至夫家。至于妾，她可能是花钱买的，而不需要举行任何形式的仪式。"①

　　英国法官仍然纠缠于妻妾之身份识别，以作为解决她们继承死者遗产的先决问题。不过，英国法官基于两个方面的原因，将中国的"妾"理解为正式之"妻"，从而完成了英国法对中国法的生产与想象，也就是误解：一是类推，即英国法官们"选择对此予以忽略，而用如下假设轻易地摆脱了上述困境：既然根据中国的法律和习俗，中国人在国内是实行多婚制，那么在马来亚的华人也将同样如此"②。二是基于公共秩序保留的理解，英国法官认为妻妾之别有违英国法上的基本公平观念，因此拒绝采取更接近中国之妾含义的理解。英国法官为此"有意地'侵入'对中国习惯法所做的解释"："遗孀的权利必须由我们的法律而不是清律来决定……对于我们的法律而言，多婚制不仅格格不入，而且令人反感。在我们的法律中，不存在关于地位不等的妻子应当按照何种比例分配寡妇应得到份额的规定，除了平等分配之外，我想象不出还有其他任何有充分理由的分配方法。"③另一名英国法官罗

---

　　①　陈慧彬：《法律、公亲与跨国多婚制：中国福建与英属马来亚之间的"家庭事"（1855—1942）》，载黄宗智等：《从诉讼档案出发：中国的法律、社会与文化》，第368页。

　　②　陈慧彬：《法律、公亲与跨国多婚制：中国福建与英属马来亚之间的"家庭事"（1855—1942）》，载黄宗智等：《从诉讼档案出发：中国的法律、社会与文化》，第366页。

　　③　马克斯韦尔（Benson Maxwell）在1867年审理安老隆（Lao Leong An）遗产案时于该案判决中如此推理。转引自陈慧彬：《法律、公亲与跨国多婚制：中国福建与英属马来亚之间的"家庭事"（1855—1942）》，载黄宗智等：《从诉讼档案出发：中国的法律、社会与文化》，第367页。

尔则在区分妻妾社会地位与法律地位上的不同含义后，硬生生地认定，"尽管这些次妻（或像以前的人们那样称其为'妾'）在社会地位上毫无疑问地低于正妻，但是在法律上，她们的地位却比在其他任何地方都更近于正妻"，据此作出裁判："根据此处的法律，那些仅仅被视为妾的女性，将根本无法享有获得赡养费或给养的法律权利，她们可能沦落为四处漂泊、挨饿受饥的境地，而她们的孩子也可能会被法律认为是私生子。"①

　　英国法官按照本国公平观念审理并裁断了案件，但是毫无疑问，该案的处理并不符合大清律例的精神，对大清律例的印象也充满了想象，它适用的只是英国法观念上的大清律例。法官的上述处理方法提出了一个更加尖锐的问题：外国法的理解如何可能。英国法官对大清律例的想象倒不是因为他们无法查明大清律例，他们咨询了大量的专家证人，也专门对华人的婚姻习俗进行了调查，调查小组也提交了调查报告。可以说，英国法官已经非常知悉大清律例体制中的一夫一妻多妾制了，但他们无法同情理解该制度的合理性，因而导致他们对其中可能含有的"邪恶"成分予以排斥。考察这些案件的作者注意到了问题的关键："华人中实行的多婚制获得殖民地官方的认可，为中国习惯法的实行提出了深层次的问题。英国人能够理解多婚制的概念，但妻妾分别享有不同法律权利的等级制，却与他们的观念格格不入。他们无法理解等级制背后所隐含的原理，尤其是当他们将这与同时展开调查的穆斯林妻子的所处境遇进行对比时，更加如此。"② 这完全落入了荣格的断言："即使法官确实对外国法的真义了然于胸，也仍不可避免地会出现曲解外国法的现象。一旦将一个规则移除于其天然生长环

① 转引自陈慧彬：《法律、公亲与跨国多婚制：中国福建与英属马来亚之间的"家庭事"（1855—1942）》，载黄宗智等：《从诉讼档案出发：中国的法律、社会与文化》，第369—370页。

② 陈慧彬：《法律、公亲与跨国多婚制：中国福建与英属马来亚之间的"家庭事"（1855—1942）》，载黄宗智等：《从诉讼档案出发：中国的法律、社会与文化》，第367页。

境之外，与适应相异实体政策需求的法院地程序规则生拉硬拽在一起，就会损及规则在释义上的完整性。"① 此言简直可以一字不改地直接用作对上述诸多英国法官裁判妻妾遗产继承案件的总结与点评。

据史料记载，在英国法官裁决的一个案件中，遗产被划归给为英国法所肯认，而被中国法所否认的"妾"陈枫，为英国法所否认而被中国法所肯认的"童养媳"冬妹却因此分文未得而最终羞辱地自尽："那位'大胆'的妇女陈枫知道自己作为死者遗孀的法律权利，于是积极地利用殖民地的法律制度，来为自己和她年幼的女儿谋求生活保障。在生活于莆田的那些人眼中，她的这些举动可能显得'泼赖'和'好讼'，但是陈枫在马来亚的确非常需要得到经济保障，而法院则为她提供了获其所需的机会。对她而言，回到自己死去的丈夫在故乡的家庭中生活，并不是一个理想的选择，因为对于那个家庭来说，她不过是一个信奉不同宗教而且还没有子嗣的陌生人。冬妹，那位胆小的妇女，之所以选择了结束自己的生命，或许是因为她觉得以后的生活已无多少指望。尽管根据英属马来亚的中国习惯法，只能算'未婚妻'的她无权从李桂生的遗产中分得一丁点儿东西，但林庆德还是努力为她争取到一些财产。饶是如此，对于失去丈夫而又无子嗣的冬妹来说，她未来的生活也注定会无比凄凉。"②

英国法官对中国法的误读是完全否定性的，他乡是一面负向的镜子。马来亚的中国习惯法"已经做了英国式的解释和改造"，"所谓的中国习惯法，并非《大清律例》原封不动的翻版，而是就《大清律例》和普通法进行了往往令人诧异的修改之后的产物。它承认多婚制，让所有的妻子都有机会主张对于婚姻财产的权利"。③ "但是却并未规定

---

① 荣格：《法律选择与涉外司法》，霍政欣、徐妮娜译，第202页。

② 陈慧彬：《法律、公亲与跨国多婚制：中国福建与英属马来亚之间的"家庭事"（1855—1942）》，载黄宗智等：《从诉讼档案出发：中国的法律、社会与文化》，第392页。

③ 陈慧彬：《法律、公亲与跨国多婚制：中国福建与英属马来亚之间的"家庭事"（1855—1942）》，载黄宗智等：《从诉讼档案出发：中国的法律、社会与文化》，第391—392页。

童养媳的法律地位。只要童养媳在婚内生有子女，即便她没有举行过婚礼仪式，殖民地的法院也承认她是合法妻子。但是，一旦遇到某位童养媳既未举行过婚礼仪式又没有生下子嗣的情况时，问题就变得令人不知所措。在这种情况下，法院只能裁定这位童养媳是未婚妻，或是没有合法地结婚；而无论是哪种情形，她都没有权利分得遗孀可以得到的那部分遗产。"[①] 问题是，中国法律却是以童养媳作为妻子，其外之人只能为妾，"祖先的规矩，新妇仔就是妻"[②]。英国法官几乎完全按照自己的观念对中国法进行测度和格式化理解。

即便在现当代，中外之间仍然存在一些不对等的法律概念，如司法别居、同性伴侣、准正等制度在我国法律制度上就没有对应而只有类似的概念。翻译的创造性所造成的不可发生的误解，是否宣告了正确理解外国法的不可能？如果理解外国法不可能，那么也就连带着宣告了冲突法存在的破产，因为冲突法正是以给予外国法以适用机会，并借此实现对涉外私法关系的合理调整的。理解和适用外国法的不可能，就将冲突法的理念与制度证伪成一个"高贵的谎言"。

事实上，对外国法适用过程中的上述难题是客观存在的，但它是客观主义认识论的见解。传统认识论主张，理解的对象是客观存在之物，理解就是要如其所是地呈现原物，对原物的偏离就是误解与意见产生的原因，正确的理解和认识就是要消除这种误解与意见。按照这一立场，外国法有其客观本意，理解与适用外国法就应当是原汁原味地实现其本意。同时由于理解主体基于语言、历史等方面的局限性只能将其理解的触角抵达外国法的外衣即印象[③]，因此，司法者在涉外案

---

① 陈慧彬：《法律、公亲与跨国多婚制：中国福建与英属马来亚之间的"家庭事"（1855—1942）》，载黄宗智等：《从诉讼档案出发：中国的法律、社会与文化》，第 382 页。

② 转引自陈慧彬：《法律、公亲与跨国多婚制：中国福建与英属马来亚之间的"家庭事"（1855—1942）》，载黄宗智等：《从诉讼档案出发：中国的法律、社会与文化》，第 381 页。

③ 这里有着浓重的康德认知论哲学的味道。正如可以认知的只是物的外在，物自体不能被认知，法律上的客观主义认识论也似乎认为法律有其外在与"法自体"的区别，外在可以被认知，而"法自体"则不可能被认知。参见康德：《纯粹理性批判》，邓晓芒译，人民出版社 2004 年版。

件之中所适用的只能是内外国法之间的混杂物。既然在理解上始终无法逼近外国法的本真面目，无法适用本真意义上的外国法，那么还不如在案件之中适用法院地法。这也是促使司法者操纵冲突法，转向法院地法的另一心理诱因。

需要特别强调的是，理解既不是主观认识与客观对象之间的严格相符，也不是只能抵达对象表层、无法深入其本意或物自体的无果过程，而是在特定处境之中主体与客体之间的相互构成。这三种不同阶段的理解论对应着外国法适用的三种样态：一是认为外国法能够被本真适用；二是认为只能够适用外国法的印象，外国法始终无法实现；三是认为外国法的适用是法院地法与外国法之间相互融合和个案新构的过程。前两种是意见，后一种才是真理。因此，荣格、巴蒂福尔等人所持的悲观见解只不过是对外国法适用的误解，司法者也大可不必为不能适用真正的外国法而自暴自弃地放弃适用外国法的努力。相反，他们所指认的外国法适用过程中所造就的"杂交法"就不再是外国法适用中的意见，而恰是外国法适用中的真理。这个真理双向指出：因应于涉外案件的独特情境，不论是外国法的适用，还是法院地法的适用，它们都不可避免且必须产生一种意义漂移。不理解外国法适用的此一"真理"，就会诱导司法者偏离冲突法的指引。

（三）正义的自然印象

维柯曾经说过，人在无知的情况下总是倾向于以自身作为尺度来理解问题。[①]这正是法院地国司法者在面对涉外案件时时常发生的情形。

---

① 维柯对新科学的第一条公理作了如下界定："人们在认识不到产生事物的自然原因，而且也不能拿同类事物进行类比来说明这些原因时，人们就把自己的本性移加到那些事物上去，例如俗话说：'磁石爱铁'。这条公理已包括在第一条公理里，那就是：人心由于它的不确定性，每逢它堕入无知中，它就会对它所不认识的一切，把自己当作衡量宇宙的标准。"维柯：《新科学》，朱光潜译，商务印书馆1997年版，第114页。

法官知法虽是天理，但由此要求法官知天下万法则是有违天理。事实甚至更让人悲观：随着人类知识的深入与传授、审判的分工与细化，法官知法的天理在法官所属国也不一定能成立，法官精通的往往只限于本专业的法律。有哲言说得好：我们现在培养的是对越来越多的学科知道得越来越少的通才，和对越来越少的学科知道得越来越多的专才。[1]司法者的这种客观状况为他们理解外国法、适用外国法以裁决案件的过程带来了深刻的影响，在他们无法"设身处地"地理解外国法时，他们就倾向于按照本身的正义尺度去裁剪、去测度外国法，其法律适用在精神层面便仍然是法院地法主义，冲突法及其指向的外国准据法只是粉饰正义的外在摆设。

　　冲突法中的这种状况早就为西方哲学阐述所触及，其原理结构可简约为自我与他者的关系。自我如何走出以与他者形成认同，这是西方哲学的主题之一。从认识论的角度看，自我作为认识主体，他者就是认识的客体，他者的客体化造成了深重的灾难：一方面他者与自我丧失了平等性，成为了实现自我目的的手段或工具；另一方面自我所认识的他者是按照自我的观念所重构的他者，在自我的想象下，他者被构造得面目全非。换言之，从自我出发，他者始终摆脱不了自我的束缚，他者始终是自我意义上的他者。自我将意义、情趣、公平正义等观念播撒到作为对象的他者身上，这对于自我而言乃是一种自然的事情。正如希腊先哲所曾言的那般，人是万物的尺度，是事物如何存在、如何不存在的尺度；同理，自我也是他者的尺度，是他者如何存在和如何不存在的尺度。证之于冲突法，可以传统冲突法所追求的判决一致之目标为例予以说明。

　　一个为世人所共识的不言而喻的立场是：同一个案件，不能仅仅因为管辖地的不同而有不一致的处理方案。此一立场虽为真理，但却

---

　　① 杜兰特：《哲学的故事》，梁春译，中国档案出版社2001年版，前言。

需要附加条件，即它仅仅限于存在统一实体规范的环境之下，而作为绝对的、完善的统一实体规范环境就是单质的国内法律处境。一份国内合同不论在该国何地进行诉讼，基于同一规则只能得出同一个结论，如有偏差，即应纠正。这种观念是以国内处境为依据所自然形成的，但它并不适用于涉外案件所处的国家间即国际处境，国际处境不同于国内处境，其间只存在零散的部分统一的规则，大多数规则都是相互有别或冲突的，强求涉外案件也如同国内案件一般不论管辖地如何均应得同一个处理方案，这就是将一种在国内处境之中习得的正义感觉未经反思地推广适用于国际处境的"正义幻相"。展言之，来自于不同规范状态下的行为主体，由于业已习惯了在各自规范状态下的单质正义观念，即案件之处理不因地域之不同而有正义品质的差别，背负着这一正义思维，他们将它投射到自然状态中的冲突法问题之上，要求涉外案件必须得到如同国内案件一致的正义处理。这种一致的正义要求在实践中被转化为一致的判决需要，但在现实中判决的一致性最需要解决的问题便是地域性对管辖权的干扰，于是萨维尼、沃尔夫式的"管辖权不敏感"方案就出现在案件处理的结果追求上。萨维尼如是说："对于存在法律冲突的案件，不管它是在这一国家还是那一国家提起，其判决结果都应该一样。"① 沃尔夫也认为："每个诉讼案件，不论在什么法院提起，都可以适用同一的'国内'法来加以判决了。"② 同样地，有学者还提出：冲突法案件的处理与国内案件之处理一样，无外是为了正义。但是正如梅恩（Arthur T. von Mehren）所言："那些期望在多国案件中获得如同国内案件才能得以实现的正义品质和双方可接受性将注定是让人失望的。"③ 萨特曾经提出过对黑格尔的"斩首"行

---

① 萨维尼：《法律冲突与法律规则的地域和时间范围》，李双元等译，第 14 页。

② 马丁·沃尔夫：《国际私法》上册，李浩培、汤宗舜译，第 18 页。

③ Arthur T. von Mehren, "Choice of Law and the Problem of Justice", *Law and Contemporary Problems*, vol. 41, 1977, p.42.

动：黑格尔首先预设了一个完成的圆环即绝对精神的真实性，反过来将那些未完成的圆环视为是在自我实现中的绝对精神。这就相当于将一个先验幻相视为绝对真实的，反过来却要求经验中的有限者去追求无限性以完成其真实性。萨特认为对这种无限者应进行"斩首"："人们知道，例如，对斯宾诺莎和黑格尔来说，一个合题如果在把各项固定在相对依存同时又相对独立中时止步于完全的综合化面前，那就一定发生错误。例如，对斯宾诺莎来说，一个半圆绕着它的直径旋转，就正是在球形的概念中找到它的理由和意义，但是如果我们想象球体的概念原则上是达不到的，半圆旋转的现象就变成虚假的了；人们把它斩首了；旋转的观念和圆的观念互相对峙而不能统一在超越了它们并给它们理由的合题中：其中一个仍然不能还原为另一个。这就是已发生的一切。因此我们说，上述'大全'像被斩首的概念一样，是在永恒的解体中。它正是作为一个被解体的总体模棱两可地呈现给我们的。这里有一个并未进行的过渡，一种电流短路。"[1]

　　必须指出的是，正义幻相首先是一种幻觉，但它并不等于无稽之谈式的幻想。如果仅将其视为幻觉，它就缺乏能动的反向范导能力，不具有任何改造实践的积极意义。反之，如果为赋予此幻觉以理想意义和批判力量，那么它就会从幻觉提升为一种康德意义上的先验幻相。康德曾经将人的认识能力所具有的从"现有"进向"无限"的理性扩展能力称为先验幻相，并将此种纯粹理性能力用以构造作用于实践、指导实践的绝对律令。[2] 同样地，"同一个世界，同一个案件，同一个法律，同一个梦想"作为世人的先验幻相也有其积极的实践价值，它在实体层面反向牵引了统一实体法的形成，在实体不能的层面反向促进了冲突法的生成，并为其设定了斩获判决一致的历史使命。

---

①　萨特：《存在与虚无》，陈宣良等译，第 752 页。

②　参见康德：《纯粹理性批判》，邓晓芒译。

先验幻相的积极性主要呈现在宏观及其长历史维度，但它却是建立在众多的微观个案中的正义幻觉基础之上的。微观个案中的正义幻觉彰显的不是积极性，而是具有破坏性质的消极性，这种消极性体征为以法院地正义排除外国法之适用，公序保留的不当运用就是其突出例子。如果说冲突法运用上的诸多自由裁量空间为倾斜冲突法提供了一种可能，形成了逻辑诱因，那么司法者在个案之中基于其不自觉然而自然的正义幻觉就会在心理层面影响这种自由裁量的合理运用，为法院地法的适用、冲突法的偏转形成难以彻底排除的唯我主义式的心理诱因。上引妻妾遗产分割案中，英国殖民者走访了很多熟悉大清律的官员和普通百姓，也在认识论上能区分妻妾之间的制度与地位差别，但始终因难以从其正义即伦理角度理解并接受妻妾区分的现实意义，从而以法院地国司法者的正义印象排除了清帝国的妾制度，最终导致法院地法的适用。

三、客观的实践诱因

逻辑诱因与心理诱因虽然不同，但它们都只是为冲突法的选法回归提供了前提和可能，而将这种潜在的可能性转变为现实性的因素则是导致法院地法倾向的现实诱因。在我国现有司法环境下，相比于国内民商事案件的处理，涉外私法关系的调整受到更突出的法院地法的客观诱导。主要的诱因有三：一是当事人主义的诉讼机制；二是外国法查明的客观困因；三是涉外司法监督机制的失灵。

（一）当事人主义的诉讼机制

各国民事诉讼在模式上主要有两大类型：一是职权主义，二是当事人主义。二者的标志性区别是：由法官还是当事人主导诉讼的进行。主导并不等于决定，因此民事诉讼并不存在绝对的法官主义，也不存在绝对的当事人主义，而是在法官与当事人协作这个基本前提下对二者在诉讼中的作用进行区分所产生的结果。我国《民事诉讼法》第13条第二款规定，当事人有权在法律规定的范围内处分自己的民事权利和诉讼权利。这一基本原则同样适用于涉外民事诉讼，因为该法第235条作了概括性援引，即在中国领域内进行涉外民事诉讼，首先适用该法第四编的特别规定，否则，适用该法的其他规定。据此，我国国内和涉外民事诉讼确立了当事人主义的原则。当事人主义的诉讼机制将可能在两方面消极影响冲突法的硬拘束力量：一方面是直接影响，上已述及，我国冲突法的适用是法定的，然而在诉讼过程中这种法定适用在很多方面不得不建立在当事人主义之上，这在根本上为任择冲突法设置了伏笔；另一方面是间接影响，即司法者滥用当事人主义，通过肯定或否定，左右我国冲突法的适用或者不适用。具体而言，诉讼机制上的当事人主义在如下具体方面将对冲突法的正常指向产生回转牵引。

1. 管辖权属的当事人主义

涉外案件的管辖权对冲突法的影响是决定性的，这根源于冲突法的运作在逻辑位序上后置于管辖权之确定。沃尔夫曾经指出："在当事人双方不要在任何法院起诉，而只是要知道他们的法律地位的情形，他们的律师也能够给予一个明白的回答；但是现在律师常常不得不这样说：'我的回答要看诉讼是在甲国的法院还是在乙国的法院提起而定。依照甲国的冲突规则，应该适用譬如说瑞士的国内法，根据瑞士国内法，这个请求是有理由的；而依照乙国的国内法，则应该适用法国的国内法，根据法国国内法，这个请求却是没有理由的。'如果当事人双方都主张不要在任何地方起诉，而只要知道在他们中间哪个'是对的'，那么，即使是最有学问和最有能力的律师也不得不这样说：'您的问题是不可能回答的，虽然法律是明白无疑的。'"① 易言之，冲突法是后管辖权的事情，它受制于但不能决定管辖权问题；反之，管辖权则左右着一国冲突法是否能被适用、何国冲突法能够被适用。在影响我国冲突法是否能被适用这个绝对前提上，当事人对管辖权的国别归属之约定就是决定性的。尤其是，允许协议管辖渐成国际社会之新时尚时，管辖权上的当事人主义就在诉讼层面影响到冲突法的适用。如我国《民事诉讼法》第34条规定：合同或者财产权益纠纷的当事人，可以用书面协议选择被告住所地、合同履行地、合同签订地、原告住所地、标的物所在地等与争议有实际联系的地点的法院管辖，但不得违反本法对级别管辖和专属管辖的规定。2005年通过的海牙国际私法会议《协议选择法院公约》更在全球范围内倡导当事人的约定管辖。

由于管辖权问题影响到冲突法的运用，因此，冲突法的运用也就上升至管辖权的问题之上。需指出的是，冲突法落实到管辖权问题上依然是要求我国法院在行使管辖权时应做到"有法必依"，违背我国管辖权规定的做法，也就间接地违背了冲突法的适用要求。为此，一方面应当在立法规定的前提下允许当事人之间的约定管辖；另一方面在立法不允许当事人约定的情况下则应依法定根据裁定管辖。调研的样本案例显示，我国法院受理的许多案件都涉及当事人协议选择法院管辖，其中一些不乏问题。在"河北圣仑进出口股份有限公司诉津川国际客货航运有限公司、津川国际客货航运（天津）有限公司案"中，双方当事人通过提单条款约定："因提单引起的争议应在韩国解决或根据承运人的选择在卸货港解决并适用英国法。任何其他国家的法院均无权管辖。"但因原告在天津海事法院起诉，两被告在法定期限内未对天津海事法院的管辖提出异议，并进行了应诉答辩。因此，受案法院

---

① 马丁·沃尔夫：《国际私法》上册，李浩培、汤宗舜译，第36页。

裁定其具有管辖权，并按照我国冲突法而非韩国或其他国家的冲突法确定案件准据法。该案从裁决书的字面推理上看是合法的，但实践中当事人是否未提异议，这从字面上是无从求证的。

在"怡诚航运公司诉日本邮船株式会社案"中，双方当事人也在提单背面条款第3条约定："除非本提单中有其他规定，本提单所证明的或包含于本提单中的合同应服从于日本法，因本提单而产生的任何诉讼应向日本地区法院提出。"原告向天津海事法院起诉后，被告提出管辖权异议。受案法院驳回被告管辖权异议之后，被告没有上诉。从该案来看，当事人之间的约定管辖是有效的，天津海事法院究竟是如何"依法驳回被告的管辖权异议申请"的，这值得进一步探讨。该案存在受案法院不当管辖，从而影响冲突法适用的嫌疑。

在"浙江省纺织品进出口集团公司诉立荣海运股份有限公司案"中，双方当事人的提单背面条款有管辖权及法律适用约定："任何因提单而产生的纠纷和索赔适用承运人所选择的法庭和法律，这些法庭和法律可以是承运人主要营业地，或者装货或交付地，或者装船或卸货港所在地的法庭和法律。"依法院所出判决书的述明，作为托运人的原告向内地的海事法院起诉，作为承运人的被告未提管辖权异议，只是在管辖权听证会上陈述，因其主要营业地在中国香港，因此请求该案适用香港特区的法律。被告是否在听证会上提出管辖权异议，判决书语焉不详，如果被告提出异议，则被告的管辖选择将是有效的选择，从而本不应适用内地的冲突法而应适用香港特区的冲突法。我国判决书的撰写应当在管辖权问题上予以明晰。

其他一些案件，因受案法院或者以当事人之间存在明示的管辖选择协议而行使了管辖权，如"香港民安保险有限公司诉永航船务有限公司及营口海运总公司案"中，双方在提单中约定：任何属本提单或与提单有关的争执均由中华人民共和国法庭裁决。有的案件以被告未提管辖异议为由，推定双方当事人默示选择了中国法院，从而直接行使了管辖权，如"江苏省海外企业集团有限公司诉丰泰保险（亚洲）有限公司上海分公司海上货物运输保险合同纠纷案"中，原告向中国法院起诉，受案法院裁定，"视为接受本院管辖，本院有权对本案进行审理"。

可见，约定管辖所体现的当事人诉讼主义使一国冲突法是否能被适用在实质层面上立足于当事人对管辖权的选择之上，如果当事人滥用这种选择，或者受案法院滥用解释行使长臂管辖，就会导致法院地冲突法的不当适用。管辖权上的当事人主义还只是在国别管辖角度影响一国冲突法的适用与否，程序上的当事人主义则是更前置于国别管辖问题的、从程序选择角度影响冲突法是否适用的前提。程序上的当事人主义，是指当事人对争议解决程序的决定权，在司法实践中主要体现为诉讼与仲裁之间的选择。按国际商事仲裁法理及我国仲裁法之规定，一份有效的仲裁协议一方面具有排除法院管辖的效力，另一方面则具有启动仲裁程序的效力。因此，如果当事人签署了有效的仲裁协议，也就排除了我国法院的管辖权；反之，如果没有签署有效的仲裁协议，或者当事人虽然签署了仲裁协议，但双方又事实性地接受我国法院管辖的，则我国法院具有管辖权。在前者情况下，我国冲突法不适用；在后者情况下，我国冲突法将被适用。当事人滥用权利签署仲裁协议以排除法院地国冲突法适用的现象很少见，但我国法院滥用权力将有效的仲裁协议认定为无效，则是不当扩展我国冲突法"长臂适用"的现象，虽然不当扩展我国冲突法的适用并不当然等同于不当扩展为法院地法的我国法的适用，但本研究的统计数据表明，在我国法院管辖的涉外案件的法律适用中，法院地法适用的概率占绝对比重。因此，在很大程度上可以说，中国法院获得了涉外案件管辖权，中国法律就基本上被确定适用。在当事人签署有仲裁条款的情形下，中国法院如何不当地否定其效力，从而扩展自己的管辖权，以下数例可资说明。

在"泛洋航运贸易公司诉深圳蛇口万事达实业有限公司案"中，

双方当事人在提单中有"适用英国法律在广州仲裁"的条款，但受案法院裁定，当事人之间没有提管辖异议，视为双方当事人放弃合同约定的解决纠纷方式，一致同意接受海事法院的管辖。同样地，仅从判决书角度无法确知当事人是否在庭上提出过管辖权异议，受案法院推定当事人默示接受法院管辖的认定有进一步深究之必要。类似的另一个更为典型的判例是"山东省威海船厂诉 Schoeller 控股有限公司案"，该案涉及的船舶买卖合同约定有在英国依照英国法律仲裁的条款，原告向中国法院起诉，被告则向英国仲裁机构提起仲裁。原告向中国法院申明，他并没有在合同上签字盖章，因此该合同中的仲裁条款是不存在的，故主张中国法院有权管辖。中国法院认为，尽管我国仲裁法第 19 条确立了仲裁协议独立性原则，即仲裁协议独立存在，合同的变更、解除、终止或者无效，不影响仲裁协议的效力，但本案涉及的是当事人之间是否存在合同及其中的仲裁条款问题，而仲裁协议的独立性是"以合同成立但无效为条件的"，因此，本案中仲裁条款是否存在的问题，不适用于仲裁协议独立性原则。法院据此进行了管辖。

应指出的是，我国法院对仲裁协议独立性原则进行了不合理的从严解释。我国《仲裁法》第 19 条的规定的确存在两种解释的可能：一种是从严的，即认为独立性原则是以合同存在为前提；一种是从宽的，即不论合同是否存在，仲裁协议均独立存在。第二种解释才是符合国际仲裁法理的，这为一般的国际商事仲裁机构之仲裁规则所确认，如美国《仲裁协会国际仲裁规则》第 15 条第一、二款即规定：仲裁庭有权对自身的管辖权，包括针对仲裁协议存在、范围或效力的抗辩，作出裁定；仲裁庭有权决定仲裁条款存在其中的合同的存在或效力。该仲裁条款应视为独立于该合同的其他条款，仲裁庭就合同无效的裁定不能单独使仲裁条款无效。此即谓仲裁庭的自裁管辖权。因此，本案中该合同及其中的仲裁条款是否存在及其效力问题，既可以由仲裁庭自裁管辖，也可以由我国法院根据从宽解释进行裁定，如此，则可能赋予该仲裁条款以法律效力，从而排除中国法院管辖。

在"和德（集团）有限公司诉樱桃谷航运有限公司案"（以下简称"和德案"）中，我国法院否定仲裁协议效力的不当性就更为明显了。该案中，双方当事人之间的提单中通过条款并入了租约合同中的仲裁条款："租约合同项下的纠纷在伦敦仲裁，适用英国法"。争议发生后，原告不顾仲裁条款而径直向广州海事法院起诉，被告提出管辖权异议。广州海事法院裁定认为：虽然本案所涉提单载明与租约同时使用，但因提单并入的租约仲裁条款的内容只是针对租船人和承运人约定的临时仲裁，该仲裁条款并没有对提单持有人如何指定仲裁员作出规定，故应视为该仲裁条款并未赋予原告指定仲裁员的权利，该仲裁条款对作为提单持有人的原告来讲是一种不能执行的仲裁条款，据此，被告的管辖权异议不成立，应予驳回。

被告不服一审管辖权裁定，向广东高院提起上诉称：本案当事人选择适用英国法，英国法应当成为解决本案所有有关实体问题的纠纷包括提单并入条款的有效性及被并入提单的仲裁条款的效力问题的准据法。故请求撤销原裁定，将本案提交仲裁解决。

广东省高院裁定认为：本案为海上货物运输货损赔偿纠纷，案件所涉仲裁条款的效力属程序性问题，应适用法院地法即中国法；本案所涉仲裁条款属临时仲裁，依照租约，该仲裁条款只是赋予了承租人和出租人指定仲裁员的权利，但并没有约定提单持有人如何指定仲裁员，亦未明示承租人指定仲裁员的权利相应地转移给非承租人的提单持有人。因此可确定该仲裁条款未赋予提单持有人和德集团有限公司指定仲裁员的权利，该仲裁条款无法执行。故驳回上诉，维持一审管辖权裁定。

受案法院的裁定不当之处在于：其一，认定仲裁条款是否有效的法律适用不当。一二审将仲裁条款的效力识别为程序问题，从而适用了法院地法即中国法，逻辑是正确的，但识别是错误的。关于仲裁条款及其效力的性质问题在理论上存在着三种观点，一是程序法上契约，二是实体法上契约，三是混合性契约。就审理案件时的我国立法看，尚未有关于仲裁协议的法律适用规则。但我国缔结的 1958 年《关于承认和执行外国仲裁裁决公约》（即《纽约公约》）中规定了意思自治规则与仲裁地法两种选法模式，值得借鉴。更重要的是，在该案审理之前，最高法曾经对湖北省高院就"香港三菱商事会社有限公司诉三峡投资有限公司等购销合同欠款案"中国际商事仲裁协议的效力问题所作的请示予以答复，答复指出认定仲裁协议的效力应依据仲裁地的法律；最高法主编的《经济审判指导与参考》进一步作了说明，强调先以意思自治规则确定准据法，否则，以仲裁地法认定。因此，本案更合理的裁定应是，首先按照当事人选择的英国法确定，一二审法院的法律适用是值得商榷的。①

其二，撇开准据法不论，就一般仲裁法理而言，一二审否认仲裁条款在本案中的效力也是不当的。如果法院认定仲裁协议没有给予一方当事人指定仲裁员的权利，那只能认定该仲裁协议违背正当程序而无效，但不能认定仲裁条款无法执行。

其三，就该租约中的仲裁条款是否能够拘束提单关系双方当事人，最终决定于准据法即英国法。然而，从一般仲裁法理看，承认该仲裁条款的有效性似更为合理。必须承认，租约关系不同于提单所指示的关系，然而租约中的仲裁条款显然并不只是针对租约关系有效，它同样适用于提单关系，提单关系当事人之间接受仲裁条款的并入，意味着在程序问题上接受了仲裁协议，这种接受也就在形式上包括了从租约关系向提单关系的转变。当然，这个问题最终决定于作为准据法的英国法之解释方式，从严解释，该仲裁条款将被认定为无效；从宽解

---

① 该案审理之后，有实务界人士撰文进行了如此评析。参阅 http://www.ccmt.org.cn/shownews.php?id=3361，2017 年 3 月 8 日最后访问。

释，则存在有效的可能，如杨良宜先生所言：在对仲裁日益宽容的今天，只要合同中载明了"仲裁"两个字眼，就有承认仲裁有效性的足够理由。①

在另一个与此类似的案例，"塞浦路斯共和国梅斯康比航运有限公司诉汕头经济特区南方集团公司案"中，一审海事法院裁定法院具有管辖权，南方公司不服提出上诉认为：原审判决南方公司承担滞期费用所依据的是梅斯康比公司与矿产公司签订的金康租船合同，该合同订有仲裁条款，根据《民事诉讼法》第 257 条的规定，法院不应受理。梅斯康比公司答辩认为：梅斯康比公司起诉南方公司依据的是提单而非租船合同，租船合同的仲裁条款只对梅斯康比公司和矿产公司具有约束力，对南方公司没有约束力。提单中并没有仲裁条款，梅斯康比公司与南方公司之间也没有达成任何仲裁协议，故原审法院依据提单受理此案是完全正确的。

二审法院认为：梅斯康比公司依据有合并条款的提单，起诉作为提单持有人的南方公司，提单的并入条款有效，对南方公司具有约束力。该提单关系的履行地在中国汕头市，根据与合同最密切联系原则，应适用我国法律处理本案纠纷。租船合同的一切条件及条款被有效并入提单，梅斯康比公司有权凭据提单，请求提单持有人支付卸货港发生的滞期费。南方公司作为提单最终的持有人，应承担提单及提单并入条款所规定的权利义务，对船舶在卸货港发生的滞期费承担赔偿责任。租船合同中的仲裁条款不涉及权利义务，且并入条款未特别约定将仲裁条款并入提单，故租船合同的仲裁条款对南方公司不具有约束力。南方公司以租船合同的仲裁条款为理由，认为原审法院对本案无管辖权的主张不能成立。

该案的结构与上述和德案一样，争议纠纷是提单关系当事人，因

---

① 杨良宜：《国际商务仲裁》，中国政法大学出版社 1997 年版，第 26 页。

提单并入了金康租船合同，而金康租船合同之中存在仲裁条款。南方公司认为该仲裁条款并入了提单关系之中对双方有约束力，梅斯康比公司认为该仲裁条款不拘束双方。二审法院的推理是值得推敲的：首先，正确的判案逻辑应当首先决定仲裁条款的存在及其效力问题，然后才谈得上争议问题的法律选择与适用问题，二审法院颠倒这一顺序，事实上是先行否认了仲裁条款的效力，直接进入诉讼中的法律选择与适用，再反过来对仲裁条款的效力予以说明和否定。其次，二审法院否定仲裁条款的理由不充分，它认为提单关系双方当事人未就仲裁条款的并入作出特别约定，据此认为当事人之间不存在仲裁条款。但没有特别约定并不等于没有约定，而且立法并未特别要求仲裁条款的并入需要特别约定，相反，当事人之间的并入约定是非常明确的。因此，二审法院最多只能如同和德案一般，认定仲裁条款针对的是租约关系，而非提单关系，以争议事项不属于仲裁范围为由否认仲裁条款在本案中的效力。

　　"深圳兴鹏海运事业有限公司诉香港福星船务有限公司定期租船合同纠纷案"是另外一类管辖权裁定不当的例子。双方当事人在合同中约定有在伦敦仲裁的条款，原告起诉到法院，被告福星公司提出管辖权抗辩。其后，双方共同要求法院主持调解，调解不成后，法院裁定认为：福星公司提出管辖权异议后，又与兴鹏公司共同要求本院主持调解，调解不成后，又出庭参加诉讼，应认为其已放弃了管辖权异议。需指出的是，如果仅因案件经过调解为由否定其仲裁条款的有效性是不合法的，因此，除非当事人满足我国《民事诉讼法》规定的应诉选择，否则应将案件提交给仲裁解决。

　　综上，管辖权上的当事人主义包括两个层面：一是诉讼与非诉（主要是仲裁）的选择，二是此国与彼国的选择。当事人之间的选择既有合法的，也有使自身利益最大化的挑选现象，加上司法者长臂管辖的倾向，这些因素在管辖权的问题上共同扩展了中国法院的管辖权，管辖权的获得为后续法院地法倾向的形成奠定了基础。

2. 识别上的当事人主义

当事人的控制权还体现在识别问题上。管辖权确定之后，涉外私法关系的性质区分对冲突法的适用有决定作用，上文已经对此予以了充分阐述。从立法原理看，识别当为司法者的职权，但在司法实践的运用中它却常为当事人，更具体地说为原告所主导，原告在向法院起诉的时候就已经初步完成了对案件性质的识别。就当事人拥有案由定性的权利，以及在不同案由之间进行选择的自由，进而决定冲突法中何种冲突规范将被适用的效果看，冲突法有被当事人左右的可能。

当事人对识别的主导主要体现在三个方面：

（1）法律关系竞合情况下，当事人可以择一起诉。如常见的竞合情况是，一个涉外合同法律关系当事人因一方的违约行为而致对方人身或者财产的损害，因损害而提起的诉讼，就存在合同违约与侵权两类诉因。原告的诉讼请求或者以违约为基础，或者以侵权为基础，而不能凭借两种根据提起诉讼。在样本案例中就存在这样的情形，如"寰宇租船公司诉中国钦州外轮代理有限公司一案"中，当事人之间存在合同关系，但原告以侵权为由提起诉讼，北海海事法院按照侵权冲突规范确定适用中国法律。[①] 在"重庆对外贸易进出口公司诉土耳其杰

---

① 有专业人士分析指出：本案系典型海上运输及租船合同纠纷，原告系经营人而非承运人，其所称损失主要是船舶租金损失而非纯粹的运费损失。船舶租金损失所涉及的是租船合同关系，而非合同之外的侵权关系，其租金未及清偿的根本原因是承运人星贸公司对租船合同的违约。被告根据日富及星贸公司的指示签发提单不是对原告的侵权，而是作为船代的通常代理行为。"代表船长"签发，是根据承运人日富及星贸公司的指示，也是航运业界的习惯做法。只要托运人及收货人认可接受，被告在承运人明确授权下也可以星贸公司及承运人或被告外代的名义签发。不管以法律允许的哪一个名义签发，只要签单载明了货物的运载船舶，作为实际承运人船东都负有将其所载明货物从装货港安全运送到目的港的义务。因而"代表船长"签发既不是对造成原告损失的侵权，也非造成迫使船东安全运送货物的罪魁。事实上，作为船舶经营人的原告之租金未及

拉赫奥乌尔拉勒总运输船舶商业有限公司案"中,所涉争议为基于预借提单所致损害的赔偿,关于该请求权的性质问题,存在着四种定性观点:契约关系、侵权关系、合同与侵权之竞合、缔约过失。原告的诉讼请求就显得非常重要,最终受案法院按照侵权冲突法确定了准据法,并裁决了案件。

在海商实践中,另外一种颇有定性争议的典型争点是承运人无单放货所致损害的请求权性质问题。在"源诚青岛国际货运有限公司诉栖霞市恒兴物业有限公司上诉案"中,一审法院按照合同之债进行了法律适用,源诚青岛国际货运有限公司不服上诉,主张无单放货应为侵权之诉,故应按照侵权冲突法确定准据法,以菲律宾法作为准据法。但二审法院驳回其上诉,将无单放货识别为合同之债。在另外一个再审案件即"招商局仓码运输有限公司等诉粤海电子有限公司等案"中,二审法院将无单放货识别为侵权之债,而最高法将案件重新识别为合同之债。然而,在"深圳莫斯科工贸有限公司诉俄罗斯波罗的海航运公司案"中,受案海事法院却将无单放货识别为侵权之债,并依侵权冲突法确定准据法裁决了案件。

对于法律关系竞合情况下的识别问题由此显得非常重要,因为它决定了涉外法律争议的解决方向。当事人的诉讼请求事实上就起到了选择冲突规范的作用,不同的诉讼请求会导致案件得出不同的结论,冲突规范的适用问题因此处于原告的"股掌之间"。不过,对于此种竞合问题,各国一般都通过立法予以合法化,我国最高法于 2011 年颁布的通知中也作了合法处理:在请求权竞合的情形下,人民法院应当按

(接上页)清偿,从原因上说是由于星贸公司的违约,从本质上说则是原告船舶经营的商业风险。如果要将签发提单作为保障租金收取的条件,原告完全有理由从租船合同中加以界定,或者不是通过星贸公司而是直接由自己委托授权指定代理,但是原告并未这样做,因而由此产生的商业风险只能由原告自己承担。有鉴于此,法律不支持原告的诉讼请求析理是深刻的,判决是公正的。该观点参见"中国涉外商事海事审判网"的"典型案例",http://www.ccmt.org.cn/shownews.php?id=4788,2017 年 3 月 8 日最后访问。

照当事人自主选择行使的请求权，根据当事人诉争的法律关系的性质，确定相应的案由。① 据此来看，关于承运人无单放货的法律问题，当事人就具有选择诉由的权利，法院的纠正就显得不合理了。

（2）法律关系相继情况下，当事人可以择题而诉。法律关系相继，是指前后法律关系之间的起落相续，如物权变动的原因关系与物权变动的结果关系，前者既可能是合同关系也可能是继承关系，后者则是物权关系。在司法实践中，当事人常可按照争议主题的性质进行选择起诉。例如，甲方将一物通过买卖合同转让给乙方，在转让过程中，甲乙双方就买卖标的物实际发生的收益归属产生了争议。对此，甲乙双方就可能按照利益最大化原则选择收益归属即物权纠纷为诉由，也可能选择合同纠纷为诉由。从问题结构上看，这种情形可能涉及冲突法中的先决问题，即收益归属问题的解决决定于合同的效力。由于物权冲突法与合同冲突法不同，案由的选择与识别就至关重要了。对于先决问题的法律适用，我国立法并没有规定，如果原告选择物权诉由起诉，则合同是否有效的问题就成为一个先决问题，在司法操作上就可能转变成为一个证据问题；如果原告直接选择合同诉由起诉，则其法律适用结果就很可能截然不同。这种情况特别发生在一国对先决问题采取主要问题准据法所属国冲突法进行调整的时候。

以冲突法上一个典型的案例为据，可资说明：一希腊人未留遗嘱于希腊死亡，在英格兰留有动产。英格兰和希腊冲突规范都规定，法定继承应当适用希腊法，因此在不考虑反致的情况下，英格兰法院将以希腊法作为该案的准据法。根据希腊继承法的规定，死者的"妻子"W 具有继承部分遗产的资格。在英格兰法院看来，W 是否是死者的"妻子"，答案取决于法院是适用它自己的还是希腊的有关婚姻的冲突规范。假设死者与 W 是在英格兰按照民事登记的方式结婚，没有举

---

① 《最高人民法院关于印发修改后的〈民事案件案由规定〉的通知》（法［2011］42 号）第三点之 "4"。

行任何宗教仪式。如果英格兰冲突规范得以适用,其婚姻形式要件将适用婚姻缔结地法,英格兰法将会作为准据法,从而其婚姻是有效的。但是,如果适用希腊的冲突规范,其婚姻形式将适用当事人的本国法即希腊法,该婚姻则是无效的。本案中婚姻效力问题的提出只是作为继承诉讼的先决问题。[①]

从该案例来看,婚姻效力作为相对继承问题而言的独立问题,英格兰法院在受理继承问题时如果从协调判决的传统见解出发,将会考虑适用主要问题准据法所属国即希腊的冲突规范来为婚姻问题确定准据法。根据希腊冲突规范,该婚姻的形式效力问题将受希腊法的调整,并被视为无效。因此,如果 W 在英格兰法院直接起诉继承问题,英格兰法院将会以其非为死者配偶的理由剥夺其继承资格。

但是,W 如果知道英格兰法院会将婚姻效力问题作为先决问题,并且在法律适用上采取主要问题准据法所属国冲突规范处理,那么 W 完全可以撇开继承问题,单独就婚姻效力问题向英格兰法院提起身份确认之诉。于是,W 与死者的身份问题就不再是附属于继承问题的先决问题,而成为一个独立的主要问题。英格兰法院将只能依照本国的冲突规范为 W 与死者的身份问题确定准据法。根据案例设定,此时 W 的身份将由英格兰法确定为死者的合法配偶。W 在拿到这份有效判决之后,即可再次向英格兰法院提起遗产继承之诉,此时先前的先决问题已经成为既决问题,英格兰法院尽管可以不承认其他国家法院对同一个问题的裁决,但不可能不承认本国法院已经做出的、无任何瑕疵的判决。因此,英格兰法院在此种情况下将不会再对 W 的身份问题发生怀疑,而会根据希腊法裁决 W 的遗产继承权。

比较同一个案例的两种处理方式,可以充分地看出,先决问题与主要问题的逻辑关联是非常脆弱的,先决问题既可以因为其相对性而

---

① Martin Wolff, *Private International Law*, Oxford University Press, 1945, p. 207.

依附于主要问题，也可以因为其独立性而被分割开来成为一个独立的主要问题。此时，先决问题的法律适用表现出独立的属性，并不再有服从于协调一致地裁决主要问题之需要。当事人的择题而诉就完全干扰了法院地的处理方式，为自身利益的最大化操纵了识别及其选择。

我国最高法在《涉外民事关系法律适用法》的司法解释（一）中，对先决问题作出了规定，要求分别法律关系性质，均依法院地冲突规范进行调整。这在一定程度上阻止了当事人策略性地分割诉讼，即选择就原因关系还是就结果关系提起诉讼的不确定性效果。

（3）法律关系变换情况下，当事人可以择因而诉。我国冲突法的作用机制是按照法律关系的性质进行分类调整的，因此，只要在逻辑上可以变换法律关系的性质，也就据此可改变调整法律关系的冲突规范类型。从冲突规范的构造角度看，变换法律关系性质就是将法律关系的性质从 A 冲突规范的范围变更至 B 冲突规范的范围。巴蒂福尔等指出过这种例子，并将其视为是另外一种法律规避："最近的一些案件表明通过有意利用冲突规则或者管辖权冲突规则来规避法律的手段：法国最高法院民事庭 1985 年 3 月 20 日在这方面维持了埃克斯法院 1982 年 3 月 9 日的判决：该判决认为一个定居在维尔京群岛的人规避了法律，这个人为了避免规定保留子女的应继份的法国法律适用于他的不动产继承，将其在法国拥有的不动产让与一个他拥有三分之二股票的美国公司，这些股票又被交给一个美国的信托公司，他仍然享有对该不动产的使用收益权，并享有自由处置权。这样，通过由不动产物权向动产物权的转变而导致的继承法的变更就非常巧妙地实现了法律规避。"[①] 因此，行为人将不动产进行信托，将不动产"激活"为动产，从而改变法律关系的性质。相应地，冲突规范也就从调整不动产的规则变更为调整动产的规则，当事人据此对不同类型的冲突规范完

---

① 亨利·巴蒂福尔、保罗·拉加德：《国际私法总论》，陈洪武等译，陈公绰校，第 511 页。

成了挑选。

这种情形在我国立法格局之下也是可以操作的，如我国调整不动产的冲突规范是不动产所在地法，而有关动产的冲突规范则是意思自治法，或当事人没有选择的，则适用法律事实发生时动产所在地法。动产与不动产的冲突规范立法差异为二者的规避性转化提供了可能，其间，有当事人能动操纵的空间。

3. 外国法查明的当事人主义

当事人在诉讼中的主导性体现在冲突法的作用过程中，还尤其表现为外国法查明中的支配力。外国法适用以外国法的查明为前提，尽管我国立法及司法解释对外国法查明的方法和结论作了明确规定，但在外国法查明方法的运用、查明程度的判定和查明结果三方面，都转化为程序性的操作，并可能被双方当事人所控制。通过控制外国法查明，也就控制了冲突法的可实现程度，从而间接控制了法院地法的适用或不适用。

（1）就查明方法而言，尽管我国最高法就《民法通则》的司法解释规定了五种查明方式，分别是当事人查明、中国驻外使领馆查明、外国驻中国使馆查明、中外法律专家查明、由与中国签订司法协助协定的缔约对方的中央机关予以查明。但是在司法实践之中，这些查明方法大多被闲置，被司法者应用最多的是当事人查明，而当事人通常又会通过律师或中外法律专家提供法律意见书，除此之外的其他查明方法沦为了形式化的摆设。这已为我国司法界人士所肯认："人民法院往往过多地依赖当事人提供，对于当事人没有提供的，通常会以不能查明域外法为由，而适用内地的法律。这样就使得司法实践中，在域外法查明这一重要问题上变得随意性很大，严重影响了域外法的适用。"[1]

---

[1] 郑新俭、张磊：《完善我国域外法查明制度之研究》，《人民司法》2005年第6期，第70—75页。

（2）就查明程度而言，司法实践也是采取了当事人接受主义。对如何认定外国法是否已经查明及其程度，我国立法上无直接明确的规定，但在最高法关于《涉外民事关系法律适用法》司法解释（一）第17条有简要说明，它大致建立了两个查明不能的标准：其一，人民法院查明的情形下，如果通过当事人提供、国际条约规定、中外法律专家提供等合理途径仍不能获得外国法的；其二，当事人负责提供的，在合理期限内无正当理由未提供的。在实践中，外国法查明与否通常由双方当事人的合意来决定。换言之，如果双方当事人认为外国法已经查明或者对一方所提供的外国法不再提出异议，即便该外国法在客观上并没有查明，或者没有达到法官满意的程度，或者与法官所理解的外国法存在差异，也仍然会被接受为准据法并据之裁决案件。对此，有实务界人士指出："从国外司法实践来看，在对域外法进行确认时，如果双方当事人对域外法含义达成一致意见，法院一般不再要求当事人进一步证明域外法，而直接按照当事人达成的对域外法理解的一致意见对相关域外法的含义予以确认。即使当事人对域外法理解不正确，法院也不会主动加以纠正。这一点在内地法院的司法实践中也予以采用。如果各方当事人对域外法含义达成一致意见，可视为各方当事人对自己权利的一种处分，应予允许。除非各方当事人错误理解域外法是为了故意规避内地或外法域的强制性或禁止性规定。"① 这样一来，外国法的适用就转变成为双方当事人合意的规则之适用，该规则是否在客观上等同于外国法，已经不再重要。因此，外国法适用的科学性与严格性只是立法上的浪漫主义，它在司法实践上是通过转化为程序性的查证和实体性的当事人合意来操作的，就此结果而论，冲突法的理想与努力被现实所悬空。当然，在查明外国法上要形成当事人的合意，

---

① 郑新俭、张磊：《完善我国域外法查明制度之研究》，《人民司法》2005 年第 6 期，第70—75 页。

基本上是不切实际的，实践中的诉讼双方当事人正是对涉及核心利益的外国法存在不同甚至完全相反的理解的。在合意不能的情形下，外国法如被认定为无法查明，则作为其当然的法律适用后果即是法院地法的适用。

（3）就查明结论而言，当事人的合意不仅是决定外国法是否查"明"的标准，而且更彻底的是，当事人还可以通过合意不查明外国法的方式来功能性地废置冲突法之适用。按照我国冲突法上的制度设计，在外国法无法查明时，以法院地法即中国法替代适用。因此，如果双方当事人合意不提供外国法，且我国司法系统又只依靠当事人提供外国法，那么其法律后果就是中国法的替补适用。就冲突法所指向的外国法在当事人合意之下被中国法所置换而言，冲突法的规范力量被短路了。如果此种短路是外国法查明客观不能情况下不得不如此的救济，还尚可接受；但事实上该外国法并非不能查明，而是当事人不愿去查明，司法者基于主客观方面的考虑也不愿去查明，因此，冲突法功能性地不适用，以及法院地法的不当适用，就可能是当事人与司法者"合谋"的结果。

4. 实体法上的当事人主义

当事人主义不仅体现在诉讼程序上，而且还体现在实体法上。实体法上的当事人主义即是由双方当事人掌控自己实体性的权利义务的处分权。当事人在诉讼之外可以和解，在诉讼之中可通过调解与和解结束彼此在实体权利义务上的争议。调解被称为东方经验，是我国法院审判工作不可或缺的重要特色维度，它同样被要求适用于涉外案件之中。广州海事法院所作的一份调研报告指出，该院在办案中加大调解工作力度，坚持调解优先、全程调解，坚持做深入细致的疏导工作，促使当事人服判息诉、案结事了。为此，该院采取了如下调解原则：（1）坚持调解优先，立足调解解决矛盾纠纷；（2）坚持"全程"调解；

（3）善于把握时机，以保全促调解。①

在笔者所调研的样本案例之中，也有数例通过调解或和解的方式解决了纠纷。如"银桉航运有限公司、中海香港航运有限公司诉福建省厦门轮船总公司案""天津俪江制衣有限公司诉马士基（中国）航运有限公司天津分公司案"等即是如此。调解虽然也要依法进行，但一方面这种被依据的法通常只是法院地法，另一方面调解更突出情理、合作与让步，它以解决问题为导向，对问题解决的方式方面的要求有所放缓。相应地，其中冲突法的适用将可能被忽视。这使冲突法的规范能力表现出任择性，从而被实质消减。

（二）外国法查明的客观困因

外国法查明虽然不是冲突法的全部内容，因为在绝大多数情况下我国涉外民商事案件都适用了法院地法，但外国法查明的现实可操作性却是担保冲突法作为一个法律部门存在的必要前提，因为在逻辑上外国法始终有需要查明的可能。外国法查明的难易程度及其成本将在实务层面制约冲突法效力的发挥，并最终影响整个冲突法调整方案的实现效果，如果成本过高、难度过大，再加上收效不大甚至很差，那么司法者规避外国法的查明与适用就不仅是情感上可以理解的，而且必须被认为是符合实践理性的。在此种情况下，需要解决的不是或主要不是法官的能力建设问题，而应当是外国法查明的制度设计问题。不过，从司法统计的客观数据显示，外国法适用占比似并不对法官构成繁重的负担，为此有必要深究外国法查明的客观困因。

---

① 广州海事法院课题组：《关于海事审判实施精品战略情况的调研报告》，《人民司法》2010年第 9 期，第 84—88 页。

1. 涉外司法负荷的理论分析

为量化涉外案件中外国法适用的比例，及其表征的涉外司法审判的负荷程度，有文献提出一个量化指标，即外国法适用比，以辅助较为精确的司法工作量统计与核算。外国法适用比，是指在特定时期内适用外国法的涉外案件数量占全部涉外案件数量的比例，它揭示了外国法适用的程度。《中国涉外商事海事审判指导与研究》所载资料显示：中国内地法院自 1978 年至 1999 年审理的 62 宗涉外涉港澳台民商事案件中，内地法院适用中国法律（包括根据中国法律之规定参照适用国际惯例）占比为 91.9%，适用域外法律的占比为 6.5%，这些数据说明内地法院在审理涉外案件时基本适用内地的法律，真正适用域外法的情况较少，因此，域外法查明的情况在涉外民商事审判中自然就不是很常见。[①] 我国始终维持在 10% 以下的外国法适用比在一定程度上揭示了外国法查明任务并不繁重。当然，需要指出的是，外国法适用比并不等于外国法查明比，因为一些涉外案件在适用内国法之前曾经采取过查明方法，但因种种原因难以查明而最终不得不适用法院地法。此种经过外国法查明，但未能最终查明的案件占比，也应纳入对涉外司法负荷的考核计算中。因此，为更科学和合理地核算涉外司法负荷，有必要将此类经过查明但查明未果的案件也纳入核算标准中，为此应引入外国法查明比，其计算公式如下：

外国法查明比：

= （适用外国法的案件量 + 未能查明转而适用内国法的案件量）/ 涉外案件量

= 外国法适用比 + 外国法查明不能比

[①]　转引自郑新俭、张磊：《完善我国域外法查明制度之研究》，《人民司法》2005 年第 6 期，第 70—75 页。

但是，如果考虑我国司法实践中大量案件只是通过当事人本人来负担查明外国法的责任，那么司法者的查明负荷就应当显著降低。对上述公式作必要修正，将得如下司法者查明比计算公式：

司法者查明比：

＝外国法查明比－当事人查明比

＝外国法适用比＋外国法查明不能比－当事人查明比

＝（适用外国法的案件量＋未能查明转而适用内国法的案件量－当事人查明案件量）/ 涉外案件量

以此公式可以对我国涉外司法实践中司法者查明比进行一次样本量化分析，从数量角度揭示司法者的司法负荷程度。本统计分析拟按照两类数据进行：一是年度样本统计，即以黄进教授等人对中国国际私法2013—2015 年度司法实践收集整理的调研统计数据为基础，进行分析；二是以典型案例为基础进行长时段的统计分析。对于年度统计数据的分析，可归纳为下表（表 14—表 16）①：

表14   2015 年度涉外民商事案件适用法律情况

类别	案件数量	比例
适用中国法律	45	90%
适用域外法律	4	8%
同时适用中国法律和国际公约	1	2%
总计	50	100%

---

① 分别见黄进等：2014、2015、2016 年中国国际私法司法实践述评。需说明的是，在统计法律适用情况与法律适用方法的案件量及占比上存在量差，据原作者介绍，这是因为有的案件在法律适用上并用了中国法、域外法或国际条约与惯例，因此在法律适用方法的统计上也重复进行了计算。

表 15　2014 年度涉外民商事案件适用法律情况

类别	案件数量	比例
适用中国法律	41	82%
适用域外法律	6	12%
国际公约	1	2%
同时适用中国法律和域外法律	1	2%
同时适用国际公约和中国法律	1	2%
总计	50	100%

表 16　2013 年度涉外民商事案件适用法律情况

类别	案件数量	比例
适用中国法律	41	82%
同时适用国际公约和中国法律	5	10%
同时适用中国法律和域外法律	4	8%
总计	50	100%

　　由于没有统计在适用外国法案件中，由当事人查明外国法的案件数量，因此这里只能对外国法适用比进行统计，以此展示司法者的涉外司法负荷。将上述数据（表14—表16）中单独或者同时适用域外法、国际条约和国际惯例的案件全部计入外国法适用的情形，则通过整理上述数据，中国国际私法司法实践 2013—2015 年度外国法适用比情况如下（表17）：

表 17　2013—2015 年度外国法适用占比

法律适用	2013 年度		2014 年度		2015 年度		年均	
	案件量	占比	案件量	占比	案件量	占比	案件量	占比
法院地法	41	82%	41	82%	45	90%	42	84%
外国法 *	9	18%	9	18%	5	10%	8	16%

　　*　需要说明的是，需要查明的情形，不仅包括适用外域法的情形，而且还包括适用国际惯例和国际公约的部分。因此，此处的外国法适用，包括适用非法院地法的任何类型，如同时适用法院地法与外域法、单独适用外域法，同时适用法院地法与国际公约／国际惯例、单独适用国际公约／国际惯例、同时适用外域法和国际公约／国际惯例等。

由上表（表17）可见，外国法适用的比例在2013—2015年的三年周期内年均只有16%，也即在100宗涉外案件之中需要查明并适用外国法的案件为16宗，无需查明外国法的案件为84宗。因此，纯粹在数量上进行的统计分析可认为，我国司法者的涉外司法负荷在量的层面并不突出。如果考虑到我国司法实践中大量采取当事人查明而非司法者查明的方式，则这个查明比率还应更低，法官的涉外司法负荷也更轻。

进一步以长时段的225个样本案例为基础，统计其法律适用情况，并计算其外国法适用占比，可得下表（表18）：

表18　样本案例法律运用占比

法律适用		案件数量		比例
法院地法	法院地法	196	202	90%
	和解或调解	6		
外国法	法院地法 +	16	23	10%
	非法院地法	7		

由上表（表18）可见，在225个样本案例中，适用法院地法的案件共有202件，其中包括通过调解和和解结案的案件，此类案件无需查明，司法者没有查明外国法的司法负荷。其占比约为90%。其中，有23个案件需要查明并适用法院地法之外的规则，包括外域法、国际条约及国际惯例等，据此，可得外国法适用比约为10%。统计数据表明，在更长时段内看，我国司法系统承担的外国法查明和适用负荷进一步降低，100个案件中只有约10个案子需要查明并适用外国法。

但需要特别强调的是，此类统计分析并不能揭示外国法查明中司法者的现实负荷，因为它忽略了如下几个现实因素：其一，我国涉外司法实践中现实承担案件审理与查明的法官数量，可称作有效查明力量；其二，涉外案件在这些有效查明力量中的分配并不均衡，100宗涉外案件尽管只有10宗或16宗案件需要查明并适用外国法，但这些案件并不是在这些有效力量之间平均分配，很可能是集中在某一或某些有效力量之上；其三，尤其不能忽略的是，这些有效查明力量并不是全职全时地负责查明这些有限的涉外案件，相反，几乎每一个有效查明力量都有繁重的案件负荷，在此情况下还需要额外去查明并适用外国法。考虑到这些外国法查明的司法大环境，也就不难理解司法者为什么总是偏爱法院地法，并力图通过种种方式规避冲突法的向外指引，仅仅将冲突法当作适用法院地法的"回归线"。

2. 涉外司法负荷的现实分析

要贴切反映我国司法实践中涉外司法者的司法负荷，显然不能理想地只看他们所承担的适用外国法的案件数量，还得同时兼顾压在他们肩上的适用内国法的案件。换言之，即便假定所有案件都无需去查明并适用麻烦的外国法，而全部考虑为适用法院地法，如果案件的人均负荷过重，也仍然会影响质量问题，在此基础之上再要求法官去查明外国法，很可能就是一种幻想。对于涉外司法负荷的实证分析，可以涉外海事海商领域为例予以说明。

据统计，截至2012年7月，我国从事海事审判的法官共524人，案件总量从1984年创设海事法院时的百余件，到2005年后超一万件，从2005年至今，年均全国一审海事海商案件收案总数超一万件。特别是2009年至2011年，全国十家海事法院共受理一审海事案件39004件（另旧存3324件），收案标的金额629.79亿元；共审结36110件，结案标的金额518亿元，结案率达85%；同时还执结各类案件8077件，执结金额达66.16亿元。全国十家海事法院的上诉审高级人民法院共受理二审海事案件3838件（另旧存84件），审结3817件，二审结案率达 97%。① 可以说，自 2005 年起中国海事司法案件总量已开始成为"世界之最"②。如果假定这些一二审案件在三年内由 524 名海事法官平均承担，则每个法官年均审案负荷为：（39004＋3324＋3838＋84）/（3×524）≈29.42（件），平均每月案件负荷量为 2—3 件。显然这种案件负荷对于法官而言已经过高，特别是考虑到案件负荷在各级和各地法院、各法官、各月份之间的非均衡性分配③，要求法官在如此重负之下用大学教授或研究机构人员才可能具备的时间、精力去比较、研究、翻译、理解外国法的内容及精神，这的确是不切实际的。

海事海商案件如此，一般的涉外案件也是如此。对于涉外案件在地域之间的非均衡性分配及其对法官查明外国法的客观影响，有实务界人士客观指出："目前，我国涉外案件地域分布相当不平衡，主要集中在东南沿海和经济发展水平较高的省市，内地省市涉外案件数量较少，西部有的省份每年涉外案件仅有数十例或更少。沿海省市的涉外审判力量较强，但由于案件数量多，法官的审判任务较重；内地的涉外案件虽然不多，但审判人员少，审判力量相对薄弱，涉外审判水平还不能完全适应涉外审判的需要。在这种司法现状下，让法官承担过重的域外法查明义务是不现实的。"④

综上可见，尽管我国司法实践真正适用外国法的案件所占比例极低，大多数适用了外国法的案件也几乎都是由当事人负责查明，但由

---

① 这些数据来源于最高人民法院前副院长万鄂湘在 2012 年 7 月 17 日召开的全国海事审判工作会议上的讲话，因此，上述数据的截止期限应为 2012 年 7 月 17 日，http://www.ccmt.org.cn/shownews.php?id=11647，2017 年 3 月 8 日最后访问。

② 《中国海事司法创一项"世界之最"》，http://www.ccmt.org.cn/shownews.php?id=11683，2017 年 3 月 8 日最后访问。不仅如此，据 2016 年最高法的年度工作报告再次载明，2015 年度审结海事海商案件 1.6 万件，我国成为海事审判机构最多、海事案件数量最多的国家。

③ 如 2011 我国涉外海事海商案件受案量为 22000 件，如果在 524 名法官之间进行均分则一年内人均负荷高达 42 件，平均每月为 3.5 件。

④ 詹思敏、侯向磊：《域外法查明的若干基本问题探讨》，《中国海商法年刊》2003 年第 14 卷，第 270—285 页。

于我国涉外司法资源的地域性、年度性非平衡供给，特别是我国涉外司法者人均承担的涉外案件工作量可以说达到了极限状态，立法如果不顾此种现实而强行要求法官承担外国法查明责任，就是不尊重涉外案件审理的客观规律。就此，我国《涉外民事关系法律适用法》关于外国法查明的新规定即第10条要求人民法院、仲裁机构或行政机关查明当事人意思自治所选的外国法之外的法律，这也是属于期望过高。可以合理预见，如果不在公共层面建立合理、科学、及时和充足的外国法查明资源供给制度，那么我国司法者规避冲突法的约束、回归法院地法的现象就会始终是冲突法领域的公开秘密，就会是冲突法真正的实践样态。与之相应，为缓解查明外国法的压力，法官将在两个层面转移查明责任：一是通过各种方式解释认定当事人之间存在意思自治，从而将查明外国法的责任推给当事人；二是传统冲突法上可用作导致法院地法适用的各种制度将被激活，成为法官规避外国法的策略性选择。在这些方式夹击之下，法院地法倾向就无从避免。

（三）涉外司法监督机制失灵

没有监督就没有制约，没有制约的权力会滋生腐败，没有制约的司法也会走向任意。涉外民商事司法监督如果能够做到构造合理、运转有效，就可以在客观上抵消掉冲突法在运作中被偏转的消极影响。而且，鉴于冲突法脆弱的自律性和强大的外在负面诱导，尤其有必要健全和强化监督制约机制。但是，鉴于涉外民商事司法的专业性、复杂性，以及信息的相对封闭性，一般国内诉讼中存在且相对有效的监督体制适用于涉外诉讼时就显得捉襟见肘，难以有效预止法院地法倾向的形成。

1. 我国涉外司法监督的体系构造

我国立法并没有专门针对涉外民事案件建立独特的监督体制，这就意味着，在司法监督体制上我国立法采取的是内外不分的单轨制。按照我国立法规定，司法监督体制如果按照监督主体进行分类的话，可分为如下几类：一是人民法院的内部监督；二是人民检察院的外部监督，主要由民事行政检察机构负责实施；三是当事人及其代理人的相互制约；四是相关外法域的认可性监督，主要体现为司法协助中被请求国的承认与执行，这是涉外司法所独有的监督方式；五是最广泛的社会舆论监督，主要的监督主体是新闻媒体及社会公众。上述"五维监督机制"在监督对象、重点、方式、效果等方面存在差异。以下分述之：

（1）人民法院的内部监督。此种内部监督是一种审判系统内的自律性监督，在广义上可将上诉审也视为一种监督方式；除此之外，人民法院内部更主要的监督方式是审判监督。我国普通民事诉讼采取的是两审终审制，如果当事人不服一审法院的判决或相关裁定可向上一级法院提起上诉，二审法院经审理可按照四类方式予以处理：其一，如果原判决认定事实清楚，适用法律正确的，判决驳回上诉，维持原判决；其二，如果原判决适用法律错误的，依法改判；其三，如果原判决认定事实错误，或者原判决认定事实不清，证据不足，裁定撤销原判决，发回原审人民法院重审，或者查清事实后改判；其四，原判决违反法定程序，可能影响案件正确判决的，裁定撤销原判决，发回原审人民法院重审。

上诉程序是针对未生效的一审判决或裁定，提起主体是当事人，只要在法定期限之内提起即可。人民法院启动的审判监督程序针对的则是已经生效的判决或裁定；提起主体有特殊的资格要求，仅限于各级人民法院院长针对本院的生效判决或裁定提起，或者是由最高法对各级地方法院或上级对下级法院生效的判决裁定提起；提起的法定条件是，生效判决或裁定确有错误。

（2）人民检察院的外部监督。人民检察院是国家法定的法律监督机关，可以依法对人民法院的各类司法工作进行监督。在检察院内部，承担监督职责的具体主体一般是民行处，按照最高检民事行政检察厅的功能设立看，它负责对民事经济审判、行政诉讼监督工作的指导；对各级人民法院已经发生法律效力的、确有错误的民事、经济、行政判决和裁定，按照审判监督程序，向特定级别的人民法院提出抗诉；对人民法院开庭审理的、人民检察院抗诉的民事、经济和行政案件，出庭履行职务；研究分析民事经济审判、行政诉讼监督工作中的重大疑难问题，提出工作对策，等等。人民检察院对民商事审判进行监督的主要方式有二：一类可称作"硬监督"，即最高检对各级法院、上级检察院对下级法院生效的判决裁定提起抗诉程序，由人民法院再审；另一类可称作"软监督"，即除抗诉之外的其他柔性监督方式，限于立法局限，人民检察院对审判工作的监督主要是抗诉方式，但在提起主体、对象、条件等方面存在不足，为此，人民检察院在实践中创设了一些新的监督方式，如提出再审检察建议、发出纠正违法通知书[1]、发送诉讼监督通报[2]等多元化的监督类型。

（3）当事人及其代理人的相互制约。此类监督方式的承担主体是双方当事人，鉴于诉讼审判的专业性和复杂性，具体实施这种制约关

---

[1]　刘利宁、张俊锋：《再审检察建议若干问题的探索》，《检察实践》2005年第6期，第20—21页。

[2]　如北京市检察院一分院向该市第一中院定期发出诉讼监督通报，通过列举典型案例，系统总结法院在民事审判和行政诉讼活动中存在的认定事实、适用法律、违反法定程序等三方面的问题，分析问题的原因并提出具体的建议。该检察分院检察长项明认为："在用抗诉'硬'方式监督法院审判工作的同时，还应以'软'方式加强与法院交流沟通，消除分歧，达成共识，促进双方工作水平的提高，共同维护司法公正和司法权威。"庞涛：《北京一分院：列举典型案例向法院发出诉讼监督通报》，《检察日报》2012年5月10日。

系的又通常是他们的代理律师。整个诉讼活动是围绕当事人之间的对抗所展开的，因此这种对抗关系就是一种天然的监督制约关系。这种制约不仅限于双方当事人对对方在事实认定、法律适用、程序遵守等方面的监督，而且还同时扩展到对司法者在诉讼活动中是否公平、公正的监督。学者形象而深刻地将诉讼关系结构喻指为等腰三角形，这不仅意味着当事人之间的制约关系，法官与双方当事人之间的等距离关系，而且还意味着三角形所具有的稳定关系，三方关系的稳定性就是最佳的监督与制约。

在立法及实践中，当事人及其代理人对审判的监督是一种原始监督，他们不仅可以直接向上级法院提起上诉，不仅可以向特定法院提起申诉请求再审，而且还可以通过人民检察院以抗诉、提请抗诉、提出再审检察建议等方式对人民法院的审判工作进行监督。当事人向人民法院申请再审的，必须满足法定条件，且一般应在判决、裁定生效后两年内提出。人民法院将自行裁定是否启动再审程序。

（4）相关外法域的认可性监督。国内案件通常不会涉及外法域的监督问题，因为其所有因素都位于国内，案件的审理、判决与执行都在一国法律可以控制的范围之内。但涉外案件因与两个或以上的法域相关，从而其审判尽管在内国进行，但诉讼文书的送达、证据的调取，特别是判决的实现有可能需要其他法域的协助，外法域是否协助就取决于内国的审判是否能得到承认与认可。这种承认与认可的域外性和内国法院的不可控制性，就会在功能层面对内国审判形成一种反向的制约关系，内国为提高本国审判及其结论的域外认可度，特别是意欲建构良好的涉外司法形象，就需要自觉地依法进行审判，不能在法律适用方面过于恣意妄为。反之，外法域的承认与认可就如同"上帝之眼"一般"注视着"内国诉讼活动，并在承认和执行环节相当于对内国审判采取了二次审判。广州海事法院在一起案件中作出的海事强制令裁定就被英国王座法院所采纳，并写入 2011 年英国《劳氏法律报告》，这种域外认可应被认为是我国涉外司法的荣耀，更应被认为是一种"进一步努力营造良好涉外法治环境"的鞭策，荣耀和自我鞭策也由此成为一种出离法院地法的狭隘立场、实现自我升华的动力。

（5）最广泛的社会舆论监督，其承担的主体是新闻媒体或社会公众。法律与司法是一种精英知识和工作，并且司法崇尚独立精神，来自社会舆论的监督可能影响司法独立，从而在某种层面上，司法拒绝舆论，涉外司法的专业性、复杂性与政治敏感性更应远离可能是虚幻意见的社会舆论。然而，社会舆论的监督只要以适当的方式表达出来，并且严格限制在法律规定的范围之内，它就是一种有力的监督方式，就如同新闻媒体所起到的"第三只眼"的作用。社会舆论的正当监督不是对司法者独立司法的影响或干扰，而是对司法者程序正义、判决结果的合理评价与讨论。滋生腐败或错误的温床是阴暗，纠正与预防腐败或错误的方略则是透明，除了涉及隐私或商业秘密等依法不予公开的案件信息之外，只要将所审案件的事实认定、法律适用及其推理展示在阳光下，拿出来"晒"给公众评阅，就会对涉外审判工作形成无形但有力的监督。不仅如此，我国加入 WTO 之后必须做到的一项基本承诺即恪守透明度原则，其要求就是对影响贸易的司法判决、行政裁定予以公开。公开的目的无非有二：一是监督，二是获取信息。因此，通过社会舆论实施监督，是我国对司法，尤其是涉外司法的合法监督方式。

2. 我国涉外司法监督的弱化

在五种监督机制中，人民法院的内部监督与当事人及其代理人的天然相互制约在部分地发挥着制约冲突法依法运行的作用，但相比于它们在国内案件中所具有的监督制约力度看，其监督效力有明显的弱化。主要的弱化原因可能在于涉外司法中过高的语言、专业要求和冲突法运作上的独特性。

（1）人民法院内部监督的实施与弱化。在审判能力建设上，人民法院持续不懈地进行自我提升，按照最高法历年颁布的《年度工作报告》中与涉外司法建设有关的主要内容，可将人民法院系统在涉外司法能力建设方面采取的主要措施概括如下：其一，制定并完善涉外司法中的相关司法解释，统一司法标准；其二，建立并完善涉外审判机制，包括但不限于增设海事法院、拟建海事高级法院，等等；其三，积极开展涉外司法协助，签订司法协助协定；其四，发布典型案例，加强审判指导；其五，建立健全信息公开机制，提升涉外司法透明度；等等。这些措施有助于提升人民法院的涉外司法能力，也涉及了人民法院的内部监督，但与涉外司法的内部监督并无直接相关性和针对性。除了 1993 年度的工作报告公开"晒"出了人民法院的再审与人民检察院的抗诉案件及其审结情况之外，其他年度报告对这个问题均未有直接明确的说明。1993 年的工作报告也只笼统地就所有案件的再审情况作了扼要陈述，其中涉及多少涉外民商事案件及其处理情况，仍然不得而知。

从样本案例来看，有一些案件经过上诉和再审程序之后被正确改判，体现了人民法院内部的有效监督。但有个别案件，一审或者二审法律的选法理由错误，二审或再审仍然以其选法结果正确为由维持了原判，驳回上诉或申诉，或者存在各种滥用冲突规范制度而未得纠正的现象。对此，样本案例揭示出了上诉及再审中存在的两类主要问题：

一类是纠正下级法院的选法推理，下级法院或者未依据任何冲突规范直接适用法院地法，或者依据错误的冲突规范或制度适用了法院地法，但上级法院因选法结果一致而维持原判。"广州市仙源房地产股份有限公司诉广东中大中鑫投资策划有限公司、广州远兴房产有限公司、中国投资集团国际理财有限公司股权转让纠纷案"中，案件经过

了广州市中院、广东省高院及最高法的一审、二审和再审程序①，可谓
较为典型地集中了人民法院内部的涉外司法监督运作机理。一审法院
将案件识别为合同纠纷，按照意思自治规则确定了内地的法律为准据
法；二审法院将案件识别为合同纠纷，依照单边冲突规范适用了内地
的法律；最高法再审时也将案件识别为合同纠纷，并以"各方均无异
议，本院予以认可"的方式维持了二审的法律选择与判决。然而，本
案之中值得反思的是，尽管三级法院的法律适用结果都是一致的即适
用了法院地法，但冲突法的运用是一个从选法到用法的完整过程，其
拘束力因此就不仅体现在用法上，还尤其体现在选法过程中。结果正
确，选法依据错误，是冲突法实施中存在的主要问题，这个问题在本
案中体现得非常突出。从选法依据即冲突规范的运用上看，一审运用
的是意思自治规则，二审运用的是单边冲突规范，再审运用的冲突规
范并不明显，似有意思自治的倾向。尽管三级法院在选法依据上有明
显的差别，但这种差别并不为法院所看重，二审法院对一审法院的法
律适用给出的结论是"一审适用法律正确，二审法院予以支持"；再
审法院对二审法院的法律适用给出的结论是"二审判决依法适用内地
的法律解决，各方均无异议，本院予以认可"。这种不管选法过程而径
直以选法结果论正确与错误、论合法与否的判决推理，是完全不遵守
冲突法的突出表现，值得反思和改正。

在"华比富通银行诉广东省水利厅担保合同纠纷案"中，一审广
州市中院以当事人选择的香港地区的法律违背了我国内地对外担保审
批制度为据，认为该法违背我国公共秩序，双方当事人提供的香港地
区的法律不被采用，案件最终适用内地的法律。当事人提起上诉，二
审广东省高院维持了一审对于香港地区的法律违背我国公共秩序的认
定，也维持了本案准据法为内地的法律的认定，但二审法院对一审法

①　参见最高法（2009）民申字第 1068 号。

院的选法依据给出了一个决定性的补充：一审法院以公序保留排除当事人选择的香港地区的法律之后，即适用内地的法律，这种法律适用推理意味着内地的法律是以准据法被公序保留之后替补适用的；但二审法院改用最密切联系原则作为选法依据，由于其选法结果仍然是内地的法律，因此二审法院对一审判决"予以维持"。应当指出，二审法院对选法依据的更正是正确的，但它最终的裁定仍然有唯结果论的倾向，作为规范该结果产生过程的冲突规则被错用的问题则被忽略。在另外一个案件中，即"中国银行（香港）有限公司诉广东省农垦集团公司、广东省农垦总局案"中，一二审法院的判决和裁定与该案几乎完全一致：一审以当事人所选法律违背内地强制性规定为由，以公序保留制度予以排除，并以内地的法律取而代之；二审肯认了公序保留的合法性，但改按最密切联系规则确定内地法为准据法。

　　上述两案的司法推理具有一致性，但针对相同的问题即当事人所选法律与我国有关对外担保的强制性规定相背，在第三个案件即"中成财务有限公司诉鸿润集团有限公司、广东省江门市财政局案"中，二审法院却给出了截然不同的选法理由。该案当事人之间签署的《不可撤销担保书》约定适用香港地区的法律，按照香港地区的法律的规定，内地行政机关即江门市财政局具有担保人资格，但按照内地的法律，行政机关不得作为担保人对外提供担保。双方由此产生争议，诉诸江门市中级人民法院。江门市中院一方面认定当事人的约定"规避了我国法律的强制性、禁止性规定"；另一方面却按照公序保留予以排除，适用内地的法律。中成公司不服原判向广东高院提起上诉，上诉理由之一便是：原审法院以江门财政局作为担保人违反了我国强制性和禁止性的法律，违背我国的社会公共利益，从而判定适用香港地区的法律的条款无效，是错误的。广东省高院二审认定：江门财政局在《不可撤销担保书》中约定"本担保书适用于香港地区的法律"，明显是规避内地禁止性法律法规的规定，根据最高法《关于贯彻执行〈中华人民共和国民法通则〉若干问题的意见（试行）》第 194 条的规定，应确认为无效，对双方当事人不具有法律拘束力，本案担保法律关系应适用内地的法律来处理。在本案中，二审法院适用内地的法律的依据是冲突法上的禁止法律规避制度，即当事人通过制造或者改变连接点事实因素，使本不应适用的于己有利的法律被适用，而使本应适用的于己不利的法律被排除，则该行为不产生法律效力。一审法院适用内地的法律的依据却是冲突法上的公序保留制度。结合前述案例，针对当事人所选法律违背了涉外担保中的强制性规定这个共同的问题，我国司法实践就存在三种做法：一是公序保留，二是最密切联系，三是禁止法律规避。由于所有这些案件都适用了内地的法律，在结果上是一致的，因此，即便在选法过程中的上述三种理由存在实质性差异，上诉或再审法院仍然视而不见，维持了原审判决。这是明显地反冲突法的。

在"万宝集团广州菲达电器厂诉美国总统轮船公司案"中，一审海事法院将无正本提单放货所生争议识别为合同案件，按照当事人在提单中所选法律为准据法；又由于当事人所选法律对争议所涉问题未作规定，遂直接适用法院地法即中国法裁决案件。当事人不服上诉，二审法院将案件纠正识别为侵权关系，明确指出当事人之间的关系应受侵权冲突规范而非合同冲突规范调整，并适用侵权结果发生地中国法律。但由于两审都导致中国法律的适用，因此，二审法院尽管指出了一审选法依据的不当，但仍然裁定：一审法院选择适用中国法律并无不当。

在"日本国三忠株式会社诉中国福建九州集团股份有限公司案"中，上诉法院的监督功能就得到了正确发挥。一审法院未对法律选择给出任何说明，直接适用我国当时有效的涉外经济合同法；二审法院对此予以纠正，首先说明当事人没有选择准据法，其次再按照最密切联系规则确定我国法律作为准据法。有观点认为："这样就使得本案在实体处理上有了明确的法律根据，为本案的最终解决找到法律途径，二审避免了一审法院贸然适用中国法律而没有说明适用的依据的错误。"① 这个错误就是废置冲突法的错误。

　　另一类是上下级法院均错误地依据了相同的冲突规范，适用了相同的法律，从而使上诉或再审程序失去监督纠正错案的意义。如在"五矿东方贸易进出口公司诉罗马尼亚班轮公司案"中，当事人之间的提单约定适用 1924 年海牙规则，尽管一审法院认定其选择有效并适用之，但就争议所涉的违约损失的计算问题在 1924 年海牙规则之中并没有明确的规定，因此法院据冲突法中的外国法查明不能之救济制度，即外国法无规定的应适用法院地法，以中国法调整有关赔偿范围及损失计算的问题。二审法院认为一审法院的法律适用正确。根据冲突法原理及我国冲突法规则，一审法院的法律适用却是存在问题的。

　　该案所涉争议为涉外合同争议，依我国冲突法应首先按照意思自治确定准据法，如无意思自治的，则按照最密切联系规则确定准据法。在由最密切联系代位调整涉外合同关系时包括如下各种情形：无意思自治，无效意思自治，无意思自治法，无效意思自治法。显然在该案中，当事人存在有效的部分意思自治，对于当事人所选法律没有规定的问题应视为无意思自治法的情形，但不论是无意思自治还是无意思自治法，都应由最密切联系代位调整，即改由最密切联系规则确定准据法。本案一二审法院没有考虑到意思自治与最密切联系两规则之间的衔接关系与替代原理，在意思自治法没有规定的情况下，错误地按照外国法查明不能的救济制度以法院地法直接取而代之。这就相当于在我国立法所规定的涉外合同之冲突规则"意思自治＞最密切联系"之间硬生生地插入了法院地法规则，将之改写为"意思自治＞法院地法"，从而以法院地法短路或废置了最密切联系规则的代位功能。

　　在"亚马大益卡埃琳达斯公司诉三善海运株式会社错误申请扣船

---

　　① 黄晖、张春良：《我国涉外民事司法失律及其检讨——冲突法适用的视角》，《福建江夏学院学报》2015 年第 5 期，第 44 页。

损害赔偿案"中①，一审法院将案件识别为侵权，但却在法律选择的推理上认为"由于双方均同意适用中华人民共和国法律"，故以我国法为准据法。本案的选法推理存在一个矛盾：一方面案件被识别为侵权，另一方面却不援引侵权冲突规范而是援引意思自治这个调整合同的冲突规范。但这个错误并未得到上诉纠正，二审法院也首先将案件识别为侵权，但同时认为，原审根据双方当事人的意思表示，适用侵权地法即中国法是正确的。意思自治与侵权行为地作为两种不同的冲突规范，是不能同时并用于适时之涉外侵权案件的。据此，一二审法院均存在选法推理的错误。

（2）当事人及其代理之间相互制约的弱化。早期诉讼制度的设计就是将双方当事人置于一种对峙和竞技状态，通过司法者的主导，当事人的质证与辩论，查明事实，适用法律，裁决案件。晚期诉讼理念调整为当事人主义之后，更将当事人之间的对立与对抗关系置于前台，司法者作为裁判者表现出主导能力的弱化。当事人及其代理人之间由于利益对抗而内在地具有相互制约的紧张关系，这种紧张状态特别有助于彼此在事实认定、法律选择与适用、程序推进等方面进行最投入、最热切的监督，此种以切身利益为基础的监督也是最有效的监督。国内诉讼实践也表明，当事人及其代理人之间的诉讼竞技能最大限度地保证案件的正确处理，特别是专业化的诉讼代理人甚至还能凭借他们对国内法律的精湛理解和诉讼技巧的适当使用，反过来辅助司法者更好地认定事实，合理地理解与适用法律。

但是，涉外诉讼的场景不同于国内诉讼，它的独特性使当事人之间的制约关系在如下方面被弱化甚至失效：第一，来自不同法域的当事人对诉讼程序及技巧的使用不对等。由于大多数涉外案件一般都在一方当事人住所地或国籍国的法院进行审理，而法院对于程序性问题

---

① 参阅（1995）沪海法商字第 481 号民事判决书；（1996）沪高经终字第 515 号民事判决书。

是适用程序进行地法即法院地法的，不论是诉讼程序、诉讼技巧还是诉讼语言，都按照法院地法规定进行[①]，因此，内国当事人显然比外国当事人更熟知、更能有效利用这些地域性优势，从而打破了双方当事人之间的竞技平衡。

第二，双方当事人及其代理人对准据法的理解与解释力量不对等。在法庭辩论中，双方当事人及其代理人需要围绕案件事实、法律选择与适用进行辩论，在国内诉讼中，案件只会适用本国法，双方当事人及其代理人对本国法是具有同等利用能力的。但在涉外诉讼中，冲突规范既可能指向内国法，也可能指向外国法。当外国法被裁定为准据法时，内国当事人在外国法的理解与解释能力上劣于外方当事人；当内国法被裁定为准据法时，情况就相反。

第三，涉外诉讼构造上易于失衡，也会促使双方当事人，甚至司法者转向法院地法。涉外诉讼很容易在实质层面被转变成为"国内"的诉讼：一种情况是，双方当事人都是内国当事人，仅仅是法律关系的客体或者法律事实具有涉外因素。典型的例子就是，国际海上货物运输中，托运人与承运人均为中国法人，货物被委托运往国外。此类案件中，法官甚至并不去分析案件的涉外因素，径直按照国内案件的方式进行法律适用。另一种情况是，即便双方当事人来自不同法域，外方当事人通常也会委托诉讼代理人代为处理他本人几乎不可能完成的域外诉讼事宜，但因各国普遍存在的对于诉讼代理人的当地资格限制[②]，外方当事人所委托的代理人又只能是法院地国律师[③]，由此形成本

---

① 我国《民事诉讼法》第 262 条规定：人民法院审理涉外民事案件，应当使用中华人民共和国通用的语言、文字。当事人要求提供翻译的，可以提供，费用由当事人承担。

② 我国《民事诉讼法》第 263 条规定：外国人、无国籍人、外国企业和组织在人民法院起诉、应诉，需要委托律师代理诉讼的，必须委托中华人民共和国的律师。

③ 当事人也可以不委托律师代理，但一方面非律师的代理人并不是专业性的法律人士，对法律的理解与运用能力较差，另一方面如果所托之人不以律师名义参与代理，则需要满足更为严格的条件，特别是在诉讼中其代理权限将会受到很多制约。职是之故，外方当事人在实践中基本上都委托律师代理，因而主要是由我国律师担任代理人。

国当事人与外方委托的本国代理人进行诉讼对抗。诉讼的实际参与者的共同本国化通常会在法律选择与适用方面产生内化效应，这种内化效应在司法者的推动乃至推定下更会向法院地法倾斜，而参与者由于提供、释明外国法能力上的欠缺，也会被迫或者默示接受这种准据法安排，因而在冲突法的运用上不自觉地卸下彼此之间的天然制约，不谋而合地达成悬搁或放弃冲突法规范的默契。

一些样本案例在一定程度上揭示出司法实践中当事人之间制约关系的弱化。如在"东方海外集装箱公司（Orient Overseas Container Line Inc）诉中化山东烟台进出口公司、烟台土畜产进出口集团有限公司海上货物运输合同纠纷案"中，受案法院适用了中国法作为准据法，但其选法理由折射出双方当事人之间在冲突法适用上的默契。该案的选法理由有二：一是外方当事人向中国法院起诉，在审理中使用了中国法律进行诉辩；二是案件两被告均为国内单位。法院据此推定双方当事人选择了中国法。这一选法推理显然是不合我国冲突法规定的，但双方当事人不仅没有就法律选择及其适用提出异议，而且正如司法者所说，他们甚至还在诉讼之中共同表现出规避冲突法指引、转向法院地法的倾向。

在"上海远洋运输公司诉星星控股有限公司案"中，原告主张该案全部适用中国法律，被告主张在关于涉案船舶"皇冠"轮的光船租赁登记和公告上适用船旗国法即巴哈马法，但被告又不提供巴哈马法。法院据此直接适用中国法裁决案件所有问题，但被告并未提出异议和上诉。

在"河北圣仑进出口股份有限公司诉津川国际客货航运有限公司、津川国际客货航运天津有限公司案"中，尽管双方当事人通过提单选择了韩国法，但如法院所述：实际诉讼中，原被告双方当事人均未曾向天津海事法院提出过适用法院地外法律的主张，也未向天津海事法院提交过相应的法律规定。当事人的这种态度不仅被法院解读为放弃了所选法律，而且还被解读为放弃了在案件中通过冲突法进行处理，从而使整个案件的冲突法运用建立在了当事人的合意任择之上。

在"怡诚航运公司诉日本邮船株式会社案"中，双方当事人在提单中存在管辖权与法律选择条款，约定提单下争议应由日本法院依照日本法裁决。后原告直接向天津海事法院起诉，尽管被告提出管辖权异议，但在受案法院驳回后，被告未予上诉。在庭审中双方再次就法律适用进行辩论。原告认为被告签发提单时未提醒其背面的选法条款，因此认为双方当事人之间的选法协议不存在，应按照最密切联系规则确定中国法为准据法。被告主张选法条款有效，要求适用日本法。但据受案法院所述，被告虽然主张适用日本法，但在法院指定的举证期限内不提供日本法文本，且在庭审过程中被告为支持其抗辩主张又引用中国法。受案法院据此认定：被告的这种意思表示等于被告认可本案适用中国法，这与原告主张适用中国法的主张是一致的。本案再次表明，由于当事人对查明外国法的能力上的欠缺，所以即便他们对适用中国法存在异议，这种能力上的限制也迫使他们无法贯彻自己的异议主张，事实性丧失监督制约的能力。

在"纳瓦嘎勒克西航运有限公司诉中国冶金进出口山东公司案"中，原告坚持按被告方出具的保函中确定的准据法即英国法处理本案，被告则主张适用中国法。后原告因对英国法相关规定"经过多方努力仍未查明"而不得不转而同意适用中国法。这种选法上的被迫合意在形式上表现为庭审中的意思自治，但对原告而言显然是无奈的，尤其考虑到英国法无法被查明的原因并不是当事人的唯一责任，甚至不能算作是主要责任，反之，原告尽到了积极查明责任，而司法者在查明外国法上完全消极无为，这就在查明结果层面迫使当事人违背先前的合意选择，瓦解了原告在选法问题上与被告、与司法者之间的监督制约关系。

"香港镜威公司诉香港居民梁金福案"更为典型，该案双方当事人约定渔船抵押债权转让合同适用香港地区的法律。但原告向海口海事法院起诉后，双边当事人在法院审理期间均未提供香港地区相关法律，法院将之"视为当事人没有选择处理争议所应适用的法律"，遂按照最密切联系规则确定以内地的法律为准据法。对于准据法的选择，被告不服向海南省高院提起上诉：本案适用法律错误，应适用香港地区的法律处理。二审程序启动后，据法院陈述，被告梁金福又在二审庭审中变更诉讼主张，要求适用中国法。海南省高院认为：梁金福在上诉时虽曾要求适用香港地区的法律，但未提供香港相关法律，且又在庭审中变更了主张，要求适用中国实体法；镜威公司对一审法院适用中国法作出判决未提出上诉，应视为同意适用中国法，故处理本案纠纷的实体法应为中国有关民事法律。从当事人之间的彼此监督制约关系看，被告就一审的法律选择提出异议，认为其选择有效，不能仅仅因为当事人无法提供就认定为无意思自治法，并提起上诉。这是对立足于原被告及其与司法者之间的监督制约权利的有效行使。但二审中，被告因其利益又单方放弃了所选香港地区的法律，要求适用内地的法律。从冲突法理上讲，除非当事人合意变更所选法律，否则单方放弃是无效的。但在二审中，原被告之间并不因为被告放弃香港地区的法律、单方主张适用内地的法律就达成了变更选法的合意，海南省高院的选法裁定存在着两个值得商榷之处：一是即便依照2007年我国最高法关于审理涉外民商事合同纠纷案件法律适用的司法解释，当事人之间变更选法也必须在一审法庭辩论终结之前，本案属于二审，显然当事人不能再次变更选法；二是即便假定允许当事人二审变更选法，本案也不存在选法的合意证据，不能仅仅因为一审原告不上诉就认定是自然地选择了中国法，并将其与二审被告的单方主张合并在一起推定为达成了选法协议。因此，本案较为典型地揭示了当事人之间在法律适用上的制约关系的脆弱性：当事人基于其利益既可能积极发挥制约性，就一审选法问题提起上诉，又可能因其利益而放弃冲突法，就二审中司法者的错误选法不提异议。

　　总结而言，人民法院内部监督与当事人之间的制衡是涉外司法中相对有效的监督方式，司法场景的涉外性虽然弱化了但并没有完全丧失这两种常规监督方式的有效性。导致监督弱化的消极因素主要还在于外国法的查明问题上，在外国法无法查明的情况下，法院或者认定为当事人没有选择，或者认定为外国法无法查明，或者结合其他表面证据默示认定或推定当事人之间变更选择了法院地法。因此，要还原甚至强化当事人与人民法院内部监督的有效性还得在外国法查明制度设计与现实投入上发力。只有在根本上解决了外国法无法查明这个后顾之忧，当事人、人民法院的监督才能得到充分发挥。此外，在两种被弱化的监督方式上，人民法院内部监督还体现出更大的消极性，它的动力因还主要源于当事人的制约，由人民法院内部即本级法院院长对本院、上级法院对下级法院、最高人民法院对各级人民法院所审涉外案件自发地提起的再审程序还极为少见，在所调研的样本案例之中全部皆为当事人发动和提起的上诉和申诉。这种将外国法查明、外国法适用、外国法查明与适用中的监督全部归于当事人或当事人一方的做法，是应予调整的。

3. 我国涉外司法监督的缺失

　　人民法院的内部监督与当事人之间的制衡结构尽管在涉外司法实践中被弱化，但它毕竟还在发挥着作用，特别是当事人在利益激励之下较为活跃。比较而言，人民检察院的外部监督、外法域的认可性监督和社会舆论监督在涉外司法之中基本处于缺席状态。

　　（1）人民检察院监督的缺席。人民检察院是对人民法院涉外司法工作实施最直接、最强硬监督的机构，但基于监督重心、立法授权的内在制度缺陷及涉外司法监督的外在客观局限，人民检察院在涉外司法监督之中几近于无为。首先，人民检察院的抗诉工作重心放在了公法方面，着重对刑事错案的监督和纠正，对民事案件相对放松，至于涉外民事案件相比于国内民事案件而言占比较少，因此更不是人民检察院抗诉的主体。这一小部分独特的案件在抗诉对象之中有明显的被边缘化倾向。不过，从最高检近年来的年度工作报告看，它们都明确提到了要重视和强化对涉外案件的监督。[①] 尽管如此，对涉外民商事司法审判工作的监督实效还有待观察，至少从迄今所收集、检察院所公布的典型案例看，检察院在涉外民商事审判监督方面的无为而治现象是较为明显的。

其次，在立法授权的制度设计之上，人民检察院的抗诉权也存在重大的缺陷。这些制度瑕疵主要包括：一是监督范围不合理，仅限于生效的判决、裁定，是一种后置性监督，且人民法院的调解不在检察院监督的对象之列；二是抗诉级别所设定的"上对下"原则，即本级人民检察院不得对本级法院（除了最高检对最高法之外）提请抗诉，从而使位于检察基层的监督资源被闲置，而省市两级检察机关则不堪重负，不利于监督效力高效高质地实现；三是抗诉效率低，周期长，法律没有规定抗诉案件的再审期限，这使本来就对抗诉心存抵触的法院在受理之后常拖延办理，久拖不审，久审不决；四是抗诉监督方式在类型上过于单一，无助于不同类型错案的有效监督与纠正[②]。

最后，涉外司法监督不同于国内司法监督，它的许多特性使人民

---

① 如 2010 年最高检就制定实施了《关于进一步加强对诉讼活动法律监督工作的意见》，制定实施《关于加强和改进民事行政检察工作的决定》，坚持依法监督、居中监督等原则，对认为确有错误的民事行政裁判提出抗诉 12139 件；高度重视涉港澳、涉台、涉侨案件，依法维护港澳同胞、台湾同胞和归侨侨眷的合法权益。在 2011 年度工作报告中，最高检指出：高度重视涉港、涉澳、涉台、涉侨案件，依法平等保护香港同胞、澳门同胞、台湾同胞、归侨侨眷合法权益；加强民事行政检察工作，坚持依法监督、居中监督等原则，对认为确有错误的民事行政裁判提出抗诉 10332 件；坚持抗诉与息诉并重，对认为裁判正确的 30592 件申诉，耐心做好申诉人的服判息诉工作；与最高人民法院共同出台文件，完善对民事审判活动与行政诉讼的法律监督工作机制，开展民事执行活动法律监督试点工作。2015 年度工作报告中也再次强调了"认真办理涉港、涉澳、涉台、涉侨案件，依法保护香港同胞、澳门同胞、台湾同胞和归侨侨眷合法权益"。

② 刘利宁、张俊锋：《再审检察建议若干问题的探索》，《检察实践》2005 年第 6 期，第 20 页。

检察院难以胜任抗诉职责。主要表现有二：一是冲突法运作上的内化，它的很多滥用或被短路是以自由裁量权为作用基础的，大量案件依赖乃至决定于法官的司法解释，因此，法院地法的适用在大多数情况下是以形式合法的面目出现，表现为"合法不合理"。从上文所引若干案例就可看出，法院地法被适用这个结果，可以为很多种理由所支持，或者是当事人默示选择，或者是当事人选择无效或所选法律不存在之后的替补适用，或者以牵强的最密切联系作为根据，等等。这些理由都可以赋予法院地法以合法性，但其不合理性却是明显的。由于冲突法运作中合理性与合法性之间的模糊与接近，使主要针对硬性违法行为而设计的检察院抗诉制度显得无能为力。二是外国法查明与理解上的专业性、困难性、难确定性，也使人民检察院对它的监督显得心有余而力不足。

（2）外法域认可性监督的不在场。一个人、一个法院、一个国家都有被承认、被尊重的需要，甚至在某种程度上可以认为，被承认或被尊重的需要是行为者实现自我价值的需要，是自我实现的外在印证。从判决的承认与执行这一环节来看，内国法院的所作所为暴露于外国法院的"注视"之中，这种"注视"就是外法域的一种监督。然而，外法域的认可性监督对于内国司法者而言是不必然、不现实、不关己的，这些因素使内国司法者可能无视外法域认可性监督，使其有等于无。首先，并非所有涉外司法判决或裁定都需要在域外被承认、被执行，尤其是我国法院审决的涉外案件大部分都可以在我国予以直接执行，因此这在现实层面直接勾销了外法域认可性监督的"威胁"，此即为"不必然"。其次，外法域的认可不像内国人民检察院的抗诉、上级人民法院的二审或再审那样直接，对于正在现实进行的司法而言，它们只是一种或然性，此即为"不现实"。最后，外法域的认可与否首要的不是针对案件判决，而是国家之间的司法协助关系，外法域对内国法院判决的不认可通常不会对裁判者形成切身的负面影响，而是体现为当事人利益的实现障碍和国家间协作的危机，此即为"不关己"。因此，外法域的认可性是一种监督，但它在性质上是一种无具体责任的软监督；由于没有法定责任，对内国司法者也就没有多少制约力量。简言之，无责任即无监督。

（3）社会舆论监督的缺位。社会舆论监督既是最抽象的监督，因为它的监督主体是不定的大众；又是最具体的监督，因为每一个个体都可能是现实的监督主体。由此产生了辩证的监督效果：监督主体和形式无所在，也就无所不在。事实上，社会舆论监督不只是国内法律规则的应然要求，而且也是国际组织如 WTO 的基本原则即透明度原则的题中应有之意。按照透明度原则，一国应将影响贸易国际流动的法律、法规、政策、措施、司法判决、裁定等予以公开。我国司法系统自加入 WTO 之后就开始进行信息公开的持续建设，如中国涉外商事海事审判网就是由最高人民法院主办的，官方指定的司法信息公布网站，负责"提供最新审判动态，权威裁判文书，精彩案例评析"。不仅如此，最高法还着手建立并完善裁判文书的信息公开网，让审判接受公众检验，经受历史检验，促进法官自觉规范司法行为。正如阳光可以驱逐一切阴霾，涉外司法过程及其判决的公之于众，也必将以社会舆论的力量反向促进涉外司法质量的提升。

然而，就中国涉外商事海事审判网的建设及其所支持的社会舆论监督看，其监督效果似并未得到如期实现。其主因可能有：一是网站所公开的典型案例信息并不全面，只有少数案件将整个判决书展出，而大部分案件展示的只是经过裁剪的信息拼凑，信息只要有裁剪，就可能出现失真，从而失去监督的意义。

二是网站所公开的很多案例存在着自相矛盾的选法推理，显得很不统一、不规范，自证其伪，如关于上文提及的无单放货的法律适用问题，相同案情的判例却有不同的识别，并适用不同的冲突规范，在

"江苏省纺织品进出口集团股份有限公司诉北京华夏企业货运有限公司上海分公司、华夏货运有限公司案"中，法院将其识别为合同之债；在"招商局仓码运输有限公司等诉粤海电子有限公司等案"中，二审法院则将其识别为侵权之债，不过，最高法在再审中将其纠正识别为合同案；但在"深圳莫斯科工贸有限公司诉俄罗斯波罗的海航运公司案"中，受案法院将其识别为侵权案件。鉴于实践的混乱，最高法不得不通过司法解释的方式将其规定为两类法律关系的竞合，从而在事后统一解决了该问题。关于涉外担保的法律适用问题也是如此，有的案例公布的裁决以公共秩序保留作为排除依据，有的则以法律规避禁止为依据，彼此之间缺乏一致性。

三是有很多判例甚至根本没有给出法律选择依据和推理过程，直接适用法院地法，这样的判例在225个样本案例之中竟然占了一半多（有125件）。隐去选法过程，意味着两种情况：或者原判决即是如此未予说明；或者是有选法推理过程，但未予公布。两种做法都应纠正：前者是直接废弃冲突法，后者是回避将冲突法的运用公之于众，从而逃开社会舆论的监督。

四是所公布的判决书只能展示冲突法运用过程的静态概况和结果，而且体现的是司法者的独白，但双方当事人与司法者之间就冲突法是否适用、如何运用、争议何在，司法者支持或反对的理由等信息，在判决书的静态陈述之下并未被公示，而冲突法硬约束的监督重心恰好是这个充满争议的运用过程。社会舆论对冲突法的监督再次被滑移偏转开。突出的例子是在一些涉外合同关系中，当事人之间存在明确的意思自治，且在庭审中予以坚持，但判决书往往轻描淡写地以"当事人在庭审中一致选择适用中国法"为由，避开充满争议甚至火药味的选法之争，直接适用法院地法。如在"香港镜威公司诉香港居民梁金福案"中，双方当事人明确约定适用香港地区的法律作为合同准据法，但一审海事法院认为原被告双方在庭审中一致选择适用内地的法律作为准据法。这种庭审中一致选择内地的法律作为准据法的案例是值得进一步深究的，因为有很多样本案例显示，当事人之间的一致有时候是"被迫"的，有时候是"被推定的"，有时候是"被默示"的，所有这些"被一致选择"现象由于在判决书的说明之中无法展示，因而得不到社会舆论的监督，相反，展示在社会公众面前的是被隐去了"被"的"一致选择"之合法现象。

五是由于涉外司法的私法性、专业性和边缘性，超出了很多社会主体的法律认知与知识结构，因此社会舆论普遍缺乏关注的兴趣。公众监督本质上是一种兴趣监督，兴之所在，即为监督的焦点；兴之不在，则监督缺位。因此，当代社会包括中国，关注的重心是有关人权、刑法、刑诉、行政法、宪法等公问题，对民商事法的关注明显偏低。就公私法所引起的社会关注看，公法问题是显学，是热点；私法问题则是隐修，是冷门。特别是对于涉外私法案件而言，大部分社会舆论缺乏参与的兴趣。涉外司法还具有极高的专业性，并且其运作方式与原理都非常独特，即便是一般的法学人士也常难以驾驭，有人就指出："冲突法是一个布满沼泽的泥潭，里面居住的是一些性格古怪但有学问的老头，他们用一些奇怪难懂的行话阐述关于神秘问题的理论。"[1] 职是之故，社会舆论即便有心监督，也无力实施。这些因素共同促使涉外民商事司法从社会舆论监督对象中被边缘化。

---

[1]　转引自刘想树：《国际私法基本问题研究》，法律出版社2001年版，第41页。

第五章　法院地法倾向的具体应对

涉外民商事司法的独特性决定了冲突法在作用时存在着来源于逻辑的、心理的与实践的消极诱因，要纠正冲突法选法指向的偏离，遏制不当的法院地法倾向，就必须针对并挫抑这些诱因。由于诱因的形成原理、基本特征和性质不同，对它们的挫抑方式与效果也就相应地存在差别。为有效地控制乃至消除这些诱因，为冲突法应有作用的发挥奠定基础，应首先对影响冲突法正常运作的诱因进行可控性及其程度的分析，据此科学建构挫抑这些诱因的合理机制。

一、诱因可控度评估

冲突法消极诱因性质上的差别决定了它们的可控程度不同。可控度按照两种递进标准可以划分为如下类型：一类标准是是否可控，由此可将可控度划分为不可控与可控两类；一类标准是可控程度的大小，由此可将可控度划分为低可控度和高可控度。需要指出的是，此处所谓的可控度是按照客观可控而言的，即通过外在的客观制度予以控制，不涉主观控制问题。对于不可控和低可控度的消极诱因，通过外在的制约予以遏制的可能性较小，且成本较高；对于高可控度的消极诱因，则应作为重点遏制对象，以期在合理投入的前提下获得最大限度的抑制效果。按照各诱因的具体类型及体现，逐一分析其客观可控度，可得结论如下（表19）：

表19　诱因类型及可控度分析

诱因类型	具体诱因	作用环节	客观可控度	可控域性
逻辑诱因	自律		不可控	低可控域
	内化	识别	低可控	
		法律规避禁止	低可控	
		外国法查明	高可控	
		公序保留	低可控	
		一般规避条款	低可控	
心理诱因	私法自治的本因		高可控	中可控域
	外国法理解困境		不可控	
	正义的自然印象		低可控	
实践诱因	当事人主义	管辖权	高可控	高可控域
		识别	高可控	
		外国法适用	高可控	
		实体法性	高可控	
	外国法查明的困因		高可控	
	涉外司法监督的失灵	人民法院内部监督	高可控	
		当事人的天然制约	高可控	
		人民检察院的外部监督	高可控	
		域外的认可监督	低可控	
		社会舆论的抽象监督	高可控	

（1）从宏观上看，可控度降序排列依次为"实践诱因＞心理诱因＞逻辑诱因"。这与三种诱因类型的本性直接相关，实践诱因是因为涉外司法环境与制度方面所生的问题，相对于冲突法的作用而言是最外在和客观的因素，因之，通过同样外在和客观的制度设计与供给，就能相对

而言最有效地化解这些诱因。

与之相对，逻辑诱因根植于冲突法独特的作用原理与路径，是冲突法与生俱来的内在结构性因素，除非改变涉外私法关系的调整方式，否则这些因素是不可能绝对地被禁绝的。

介于二者之间的是心理诱因，心理诱因源于涉外司法者的司法心理，它有复杂的构成，既有关于法律适用的基本信条，如对正义的自然印象；又有关于法律运作的基本认识，如对私法自治本因的认同；还有关于法律适用困境的条件反射，如因外国法理解困境而产生的本能规避。因此，心理诱因是司法者基于冲突法运作中内在、外在、主观与客观条件所形成的心理观感，这种心理观感是一种高度被动的，因此也就是可以通过主客观方式予以塑造和改变的主观印象。就其可以被反向诱导而言，它是可控的；就其可控程度而言，它是介于实践诱因与逻辑诱因之间的中性可控因素。

（2）从微观上看，在诱使冲突法规范力量走软的诸多因素中，只有逻辑诱因中的自律原理与心理诱因中的理解困境才是真正不可控的，其他诱因都有高低不等的可控方面，这为遏制法院地法倾向提供了用力方向的指示。展言之，冲突法的自律性是它不可摆脱的命运，它作为涉外私法关系的调整方案是经过历史实践反复证明的不二方案，尽管它存在诸多不足，也非解决涉外私法冲突的最佳方案，但在最佳方案不存在或者对实践无效的情况下，它作为最不差的方案也就反过来成为实践中的最佳方案。它的自律本性使它在逻辑上不可控，这种不可控不是失控，而是说它始终存在着外在制度力所不逮、不可控制的方面与可能，但通过司法者的健全的司法理性和良善之心，也是可以进行控制的。不可控与失控，二者应予严格区分。

外国法的理解困境也是如此，它是必然存在的。但如果不是将外国法的适用当成客观主义的理解与适用，客观主义推定外国法存在着一个客观固定的本意或原意，要求在涉外案件之中实现该本意，那么外国法的理解困境就是个案之中的意义互构。意义互构是理解的本性，也是作为人的类本性所注定的必然发生机理，就此而言，它是不可控的变量因素。它也不同于失控，意义互构既然是人的类本质，就必然受这种本质的规律支配。因此，这种不可控也仅是言其逻辑可能方面。

其外的可控因素当是恢复冲突法力量的主要作用点，以适当的方式有效地投入对可控因素的制度调整，就能发挥对软化冲突法的诸多消极诱因之客观挫抑。如公序保留作为一种软化冲突法的逻辑诱因，它的运用取决于对公序保留的理解和界定，但公序保留作为一国法律之基本精神、善良风俗或社会公共利益，是拒绝界定的。这种缺乏统一尺度的界定状态就使它的运用难以有效地进行具体控制，通过对公序保留效果的评价进行限制的做法①，就是一种虽有一定成效但可控度较低的限制制度，这使公序保留呈现为一种低可控因素。相比而言，人民检察院的外部监督就是一种高可控因素，调整检察院民行检察的理念，发挥民行检察的能动性，就能对冲突法的依法运作产生快速且显著的激励效应。检察院理念的调整，检察监督能动性的发挥，这些是可以通过制度调整实现的。

（3）从共性角度看，某些因素属于软化冲突法的共性问题，抓住这些问题予以调控就可以起到事半功倍的硬化效果。最突出的共性问题是外国法查明，它不仅是软化冲突法的逻辑诱因，也是逃避冲突法域外指向的心理诱因，还是司法者短路冲突法的实践诱因。外国法查明的困难是软化冲突法的首要"罪因"，这是因为在冲突法的作用过程中只存在两种可能：或者适用内国法，或者适用外国法。在适用内国法的情况下，冲突法不存在软化的问题；只有在需要适用外国法的情况下，才会出现为适用内国法而规避冲突法规范的情形。因此，在

---

① 如公序保留运用制度从主观说到客观说，从字面意义转向实践效果。

需要适用外国法而其查明却又存在重重困难的情况下，它就成为软化冲突法的第一诱因。另外有一些诱因如识别，虽然不是体现在三大领域中的因素，但它的影响范围也较大，既可以通过逻辑方面的，也可以通过实践方面的途径冲击冲突法的应有作用轨迹，促使其被偏离或被短路。

由于这些具有共性的因素对冲突法的偏转、法院地法的命中起着重要的影响，反过来，它们也就成为遏制法院地法倾向，还原冲突法约束力的重要杠杆。有效的遏制策略，应当对这些因素进行普适度分析，并按照普适度的大小配置或供给由高到低的反制措施，最大限度抑制冲突法的消极诱因。

（4）从作用方式上看，对实践诱因的控制是核心，对逻辑诱因的控制是关键，对心理诱因的控制则是难点。逻辑诱因是冲突法的内在结构，它为司法者提供了自由裁量的可能；心理诱因引导着司法者滥用自由裁量以规避冲突法的拘束，它是司法者的内在心理活动，因此它在逻辑上是可控的，但它的内在性提高了可控的难度；实践诱因是外在的、可客观把握的，因此也是最具客观可控性的方面。这也为回力冲突法提供了一种行动方向的参考。简单地说，三大诱因中，心理诱因是依赖于逻辑诱因而存在的，没有逻辑上的可能性就没有心理层面的可操作性；实践诱因则加重了心理诱因，强化了它规避冲突法的意愿。因此，遏制法院地法倾向、健康化冲突法的运行，重在限制逻辑诱因的可能度，并提升实践诱因的遏制力，以此来逼心理诱因的作用空间，降低其作用动机。

由上可见，由于各种诱因的生成原理、作用方式与效果、可控程度不同，平均用力、面面俱到的遏制方略是不可取的，而应采取"点穴式"的巧方案，方收事半功倍之效。为此，按照这些诱因的影响面、可控度及其效果，可将法院地法倾向的具体应对重点放在三方面：一是对具有牵一发而动全身效应的外国法查明机制的改进，二是对逻辑诱因所造就的自由裁量权予以客观规范，三是补充完善有助于冲突法依法运行的监督机制。以下围绕此三"穴位"进行论述。

二、外国法的统一供给

尽管冲突法调整涉外私法关系的方式独特，制度众多，但它无外乎导致两种结果：或者以内国法或者以外国法裁决案件。在适用内国法时，无需考虑内国法的查明问题；只有在需要适用外国法时，才存在外国法的查明难题。由于外国法查明的主、客观难度，致使指向外国法的冲突法易为司法者所逃避。司法者逃避外国法的适用有种种理由，如确信外国法在质量上劣质于内国法、外国法在查明上的困难、司法负荷过重等等。就我国司法实践来看，司法者不愿意查明外国法的主要原因已经从早期的对外国法的敌视，转变为客观的负荷过重而无力查明。这种现状意味着，只要在客观方面能有效降低外国法查明的难度，或者缓解司法者的负荷，为其供给所要查明的外国法内容，那么我国法官并不在心理层面抵制外国法的适用。现实方面而非主观层面的考虑成为制约冲突法有效实施的关键因素。我国《涉外民事关系法律适用法》进一步将查明外国法的责任重心调整到了法官的肩上，这可能合乎逻辑和理想主义，但没有充分考虑到中国司法负荷的繁重、中国司法官员查明外国法的素质及能力，这就很容易导致冲突法被司法短路，加重法院地法倾向。

客观而言，各国立法所提供的查明外国法的方法很多，概括起来主要有如下几类：

（1）专家意见，即由法学专家，尤其是比较法专家对外国法提供专家意见。广义的专家意见可分为两种：一是专家证言，为英国所创设，法律对专家证人的资格及查明程序有严格的规定，一经采用即具证据效力；二是一般的专家意见，如我国最高法《关于民事诉讼证据的若干规定》第 61 条所采用的专家辅助人制度，专家辅助人出具的鉴定结果对法官仅起参考作用，不具证据效力。

此种查明方式在司法实践中最为普遍，查明外国法在本质上并不只是一个单纯的"如何查"的问题，还涉及"查什么"的问题。要确定合理而正确的查找范围，往往需要对外国法的理解，并且在查找过程之中还可能根据逐渐深入的认识不断地调整查明范围。因此，如实务界人士指出："域外法的证明不可避免地包含了对域外法进行正确解释、理解的过程。我们在证明域外法的时候，不仅要查明相关的域外法规定，更重要的是，还要理解它们的法律功能。因为决定案件是非曲直的是法律的功能而非法律的表面规定。因此，我们在分析域外法的法律功能时，应将它们置于整个域外法体系的背景中，而不能孤立地看待它们。这些工作都是建立在比较法的基础之上的，具有很强的专业性，……必须寻求通晓域外法和比较法的专家的帮助。"[①] 简言之，查找外国法的文本或判例与对外国法的理解是交织在一起的，没有对外国法的一个整体性理解，就难以有效地确定查找范围；随着查找内容的深入与扩展，查明的范围也在不断地进行调整。专家意见在这些方面更具比较优势。当然，考虑到出具意见的专家与当事人之间的经济关系，专家意见在美国最近一些案件之中被认为是"糟糕的实践"。[②]

（2）司法协助。司法协助是最权威、最专业和最正式的查明方式，它是在国家或区域层面通过司法系统之间的合作完成外国法的查明。由于外国法的内容、解释及含义是由对方司法机关直接给出的，因此

---

　　① 郑新俭、张磊：《完善我国域外法查明制度之研究》，《人民司法》2005 年第 6 期，第 70—75 页。

　　② Charles Kotuby, "Proving Foreign Law in U. S. Federal Court: Is the Use of Foreign Legal Experts 'Bad Practice'?", http://conflictoflaws.net/2010/proving-foreign-law-in-u-s-federal-court-is-the-use-of-foreign-legal-experts-%e2%80%9cbad-practice%e2%80%9d/，2016 年 8 月 9 日访问。

此种查明方式及其效果在权威和专业性方面是最强的。但它有严格的程式要求，需要以司法协助条约为根据，并且通常只限于满足国家机关如法院等的请求，当事人私人是无法启动和利用此种查明方式的。

（3）外交途径。国家之间通过互设使馆和领事馆实现其外交交往，作为外交职能之一即是实现派驻国与接受国之间包括法律信息在内的收集和交流。为此，可通过本国驻外使领馆或外国驻本国使领馆人士查明。[①]

（4）网络查明。网络改变了人类的存在方式、生活方式和信息获取方式，也必然影响外国法的存在和查明方式。一方面，世界上大部分国家及其立法、司法和行政系统都建立有自己的官网，其主要的立法资料、司法解释、司法判决、行政规章、行政裁定等也会上传网络，法官和当事人通过网络即可便利地查找到这些资料。另一方面，披露并保持其相关法律、司法信息的透明性是某些国际组织为其成员方施加的义务，如 WTO 就设立了透明度原则，要求其成员方以包括但不限于网络等适当方式公布可能影响国际贸易的法律、司法等信息，以此促使国家提高其法律方面的可接近性，相应地便利了外国法的查明。

但此种查明方式有这样一些局限：一是语言障碍，即各国官方语言不同，其上网的法律资料和信息所使用的是其官方语言，因此需要进行翻译。二是理解障碍，即网络查找所能发现的是外国法的文本，但法律的适用是一个活的过程，在文本及其现实实行之间存在较大的差距。更不用说，对于判例法国家，还并不存在确定的法律文本。三是信息障碍，网上的法律信息有可能并没有得到及时更新，在信息的全面性方面也有所欠缺，尤其是对于法院判决或行政裁定而言，很可

---

① 其实践价值也是存疑的。笔者曾经在执教国际私法期间，为本科学生布置查明外国法的平时作业。有的学生直接去信相关国家驻华使领馆，多数并未得到回复。少数有回复的，也仅仅是客套地拒绝，理由是很少关注法律信息方面，建议直接寻求专家帮助，或登录相关官网。此查明效果不佳，也可能是基于请求主体的特殊性，使领馆人员不愿提供过多的帮助。

能只是给出结论，但对案件事实、推理、裁决理由等采取了技术性屏蔽。四是信息的真实性也需要审查，不可否认官网及其上载信息的真实性，但网络的虚拟性质意味着它可能被"虚拟"，从而导致信息失真。网络在司法中的介入和存在越来越强，在一些国家之中网络还被直接作为司法措施实现诸如文书送达等功能，如澳大利亚和新西兰就常态地通过脸书（Facebook）送达司法文书；英格兰在 2009 年由勒维森（Lewison）法官开创了通过推特（Twitter）送达法院禁令的先例，高等法院法官特尔瑞（Teare）在 2012 年通过社交网站脸书送达诉讼文书，此举被一位代理律师称作"开创了一个先例，并可能使脸书送达方式成为惯常做法"①。但对网络的此种应用前景应持审慎的乐观，毕竟这些国家在允许采取网络方式实施具有法律效果的严肃法律行为时，都毫不例外地附加非常严格的条件，上述英国高等法院就是在"难以确定当事人地址"的情况下采取的网络方法。网络（法律）信息的真实性和权威性的问题不能得到彻底解决，网络的官方（司法）利用就始终是有限度的。

（5）商业途径。国际上存在一些法律专业经营机构，它们通过有偿服务提供外国法律、判例、期刊、专著等方面的信息，万律数据库（Westlaw）和律商数据库（Lexis）就是在全球范围内较为突出的两家专业机构。保加利亚是立法允许采用此种查明方式的典型例子，其 2005 年《关于国际私法的法典》第 43.1 条规定："法院或其他法律适用机关依职权查明外国法的内容，并可借助于国际条约中规定的方式，请求司法部或其他机构以及专家、专业机构提供答复。"此种查明方式的优势在于：其一，查明便利，不仅对公也可对私，当事人和裁判机构均可在付酬的情况下享用其专业信息服务。其二，覆盖面广，

---

① Marta Requejo, "Service of Process Through Facebook or Twitter?", http://conflictoflaws. net/2012/service-of-process-through-facebook-or-twitter/, 2016 年 5 月 16 日访问。

基本覆盖世界上大多数主要的国家。其三，信息量大，两家经营机构拥有的法律信息量不仅包括法规、判例、国际条约等原始法律资源（primary legal sources），而且还包括上千种法律期刊、专业书籍、法律重述、案例汇编、会议资料、法律词典等延伸法律资料（secondary legal sources）；大信息量不仅体现在广度上，而且还体现在纵向历史维度上。其四，信息可靠性高，如万律数据库有1500多名律师作为专业编辑队伍，而且每一信息要经过24步编辑加工，编辑的专业性和稳定性提高了法律信息的可靠性。

但此查明方式的不足之处也是明显的：其一，商业运营模式追求的是效率，外国法查明追求的是公正，价值目标的差距决定了商业查明外国法并不足以最终确保信息的可靠性。其二，信息提供有地域片面性，这些商业经营机构出于效益之考虑，所提供的信息主要集中在欧美等发达国家和地区，对于其他如非洲、南美洲等发展中或欠发达国家或地区的信息采集投入不够；而就我国一带一路战略所涉大部分国家的法律、案例，也不能满足查明的需要。其三，所提供信息难以满足质证程序，通过该途径获取的只是现成的静态信息结论，双方当事人和司法者无法对该法律信息的真实性、意义和功能进行有效辩论，专家辅助势在必行。

（6）司法认可。严格地讲，司法认可不同于司法认知，后者针对的是显著事实，司法者对显著事实无需查明或证明[①]，直接采用即可。司法认可一词所要表达的是，它不同于司法认知的地方在于它针对的是外国法律，它是指司法者由于特定原因在业已知悉外国法的情况下，可根据该外国法内容直接适用，无需另行查明外国法。不论是将外国法当作事实还是法律，司法者有可能在自己的研究领域或曾经审理的案件之中对所要查明的外国法内容已经熟识，在此情况下如果继续采

[①]　刘善春、毕玉谦、郑旭：《诉讼证据规则研究》，中国法制出版社2000年版，第592页。

取冗长的程序查明、证实外国法无疑是低效率的，而且就外国法查明制度之功能看，它也只是在法官不知法的情况下作为辅助措施发展出来的，如果这一预设前提不再存在，司法者知法而查法就是一种程序上的自欺和诉讼上的不经济。当然，需要严格界定的是，法官是否知悉外国法及其知悉程度。不过，这只是对司法认可实施条件的设定问题，并不否定司法认可作为查明外国法的一种有效路径。

尽管存在上述诸多查明方式，然而，除了官方所提供的外国法资料外，其他外国法文本的真实性和权威性仍然需要司法者予以确认。如果不承认当事人的共同接受作为查明外国法的依据和标准，那么司法者就必须承担此种责任，这是他们不能承受之重。为此，我们建议一种官方主导的全国统一的外国法供给机制，这种机制的具体做法可以是：由最高人民法院牵头，会同中国外交部的条法司、各驻外使领馆官员、国内外法律专家，建立全国统一的外国法资料库和全球的外国法专家资源库，负责对个案中需要适用的外国法进行查明、作出解释，或者给出专家意见书，除非当事人能够提供反证或者反证线索，否则该种查明方式所得结果可直接作为案件准据法。此种查明方式的特征及其优势主要有：

（1）权威性。它由我国最高司法机关即最高人民法院牵头实施外国法查明任务，通过严格的专家选择及外国法文本的查明、翻译，所得外国法具有直接可适用性，远比当事人或法官所能得者更为权威。

（2）划一性。按照我国涉外司法实践，查明与适用外国法的过程被转化为程序上的证明过程，这种查明方式决定了外国法的内容有赖于当事人的证明能力与证明资料，其后果将可能出现同一个外国法在不同案件中存在不同的内容，无法保证涉外案件司法依据的统一性。如果能够由最高人民法院牵头承担外国法查明责任，并提供外国法文本及其意义，就能在司法系统内实现全国划一的外国法供给，避免司法实践中存在的法出多门而多有抵触的现象。

对于统一的法律供给机制，早有实务观点指出，应在内地、香港、澳门之间建立起高效、便捷的"相互交换区际法律资料"司法协助协定，对此，可借鉴《1968年关于外国法资料的欧洲公约》（以下简称《欧洲公约》）的做法。《欧洲公约》是一个多边公约，欧洲委员会的大多数成员国像英国、德国、法国、奥地利、西班牙、瑞士等国家都被批准加入，《欧洲公约》很好地解决了成员国之间外国法查明的问题。《欧洲公约》允许任何缔约国的司法机关，在诉讼开始之后依照公约请求另一缔约国提供有关民事和商事领域或刑事方面的实体法或程序法或有关司法组织的资料，通过设立在国内的专门转递机构将请求转递给在请求国设立的接收转递的机构，以获得答复。这种模式无疑可扩展为适用于全球范围内的外国法查明。

（3）全面性。个案中的外国法查明，只是针对案件所涉的特定外国法，且具有一次性，在案件涉及不同国家或不同案件时，此种查明所得结果就会失效。这一方面显示了现有查明方式的范围局限性，另一方面也意味着现有查明方式在查明资源上的低效与浪费。为此，建立全国统一的外国法资料库，可有效解决这两方面的问题。

（4）前置性。涉外司法中的外国法查明具有后置性，即只是发生在涉外案件业已产生，且需要适用外国法的情况。统一的外国法查明机制可以在案件发生之前就先行查明外国法，以满足特定个案中查明外国法的需要，且这种外国法供给方式具有高效性，不会因此导致涉外司法过程的延长。

（5）多功能性。外国法资料库的建设除了可以被动地服务于涉外司法之所需外，还可以进行功能的多元开发，提高外国法的利用效果。最突出的就是可以便利各国法律研究的比较、深化与趋同，促进各国统一实体法的形成。国际私法调整涉外私法关系有统一实体法和冲突法两种方式，前者是最完美的路径，后者则是在前者缺位或不能的情况下，才替补发挥作用。但冲突法就其功效而言具有催生统一实体规范的能力，其作用路径就是通过冲突超越冲突，实现统一；而其作用原理依靠的则是冲突之中的比较、反思、借鉴、移植，以实现法律文化、法律体系、法律制度之间的兼容、会通与统一。外国法资料库的建设可视为这个过程与原理的实现路径之一，因为它的建立既可以认为是消极迫于，也可以认为是积极回应涉外司法实践的呼求，对这种呼求的满足，就会在实体层面通过比较实现各法律制度的接近。这是统一的外国法资料库建设应用于司法之外领域的多元功能之体现。

（6）内国化。由最高法牵头的外国法统一供给机制还使外国法产生了一种类内国法的效应：一方面，这种供给机制当然不会改变外国法的性质，只是外国法的查明方式的转变；另一方面，这种供给方式又使外国法的翻译与理解经过了最高法确认的事前"消化"后再公之于众，从而使该外国法在形式上产生了类似最高法"司法解释"的效应。这种类内国法的转变会对涉外司法产生积极的效果：一是确保划一用法；二是内化效应消除了内国司法系统适用外国法的心理抵制；三是使涉外司法过程与内国司法过程之间的双轨差距变得模糊，司法者在涉外司法中可因重归内国司法的熟悉程序而提升涉外司法品质。

妨碍外国法适用的消极因素在实践中主要呈现为两方面：一是司法者"不愿"，二是司法现实"不能"。前者是主观的，无法通过外国法查明机制的改善予以根除，因而是导致法院地法倾向得以产生的根源；后者是客观的，当妨碍我国涉外司法者不适用外国法的消极因素从主观不愿转变到客观不能时，统一的外国法供给机制就能最有效地解决冲突法的失效和法院地法倾向的问题。一旦解决外国法查明此一后顾之忧，司法者就不会逆向思维地以查明外国法的难度来弱化冲突法的规范效力。

三、自由裁量权的规范

对自由裁量权的规范是一种矛盾：裁量权既然被赋予自由性，就意味着它是不受约束的，但对自由裁量权的规范就是对它的约束。这种矛盾是不可完全解决的，但却是可以弱化的，即只保留裁量权必要的自由空间，而对风险较大的自由幅度予以削减。冲突法适用的过程是一个存在广泛自由裁量空间的过程，没有自由裁量空间的存在，就如同为冲突法建立了一个没有润滑的窒息空间。矛盾因此而生：为确保冲突法的正常运行，必须得为其预留自由度；自由度的存在反过来又决定了其被滥用的可能。自由裁量在逻辑上的不可消除性意味着其自由度只能被控制，控制自由裁量权的运行也就是对它的有效规范。规范自由裁量权没有划一的方法，也不存在统一的尺度，较好的做法是根据自由裁量权的不同运作环节，分别设定控制方案。还需指出的是，自由裁量权按其形态可分为规则的自由裁量与规则适用的自由裁量，此处要规范的是规则适用的自由裁量。对于规则本身所允许的自由裁量，无需规范。如我国《民法通则》及其司法解释对侵权行为地法的适用，就明确其既可以是行为实施地法，也可以是结果发生地法，这个选择的自由度由司法者来确定。如在"中国广澳开发总公司诉新加坡联发船务私人有限公司、印尼茂林合板厂有限公司案"中，受案法院即直接以损害结果发生在中国，适用了中国法。因此，以下主要论述对冲突法适用制度中存在的自由裁量权进行的规范。

（一）规范涉外性的判断

私法关系是否具有涉外性，这是冲突法是否应予适用的前提。《民法通则》施行下的判定规则是由司法解释予以确立的。根据 1988 年最高人民法院对《民法通则》提出的司法解释第 178 条之规定：凡民事关系的一方或者双方当事人是外国人、无国籍人、外国法人的，民事关系的标的物在外国领域内的，产生、变更或者消灭民事权利义务关系的法律事实发生在外国的，均为涉外民事关系。从这一判定准则来看，它事实上采取的是"要素分析法"，即民事关系三要素中任一要素具有涉外性 ①，该民事关系即为涉外民事关系。

　　此种要素分析法的优越性在于简单明了，易于司法操作。一个民事关系是否涉外，只要看其要素构造之中是否含有涉外因素即可，例如主体国籍、住所、经常居所、登记注册地是否涉及外国，主体所享有的权利义务共同指向的对象是否位于外国，引起法律关系产生、变更或者消失的事件或者行为是否位于外国。这些要素绝大多数都是可客观判断的，因此较少涉及法官自由裁量权的运用，相应地也就可以避免因自由裁量权的运用而产生的主观不确定因素的干扰。但是，要素分析法的最大缺陷也在于它的客观化判定方法，判定准则的客观化必然借助于客观性因素进行识别，而客观性因素就如同客观连接点一般，常常是一些可以进行变动、操纵或"创造"的因素，这就容易为当事人所利用而杠杆性地改变私法关系的内外属性，产生一种隐秘的法律规避。

　　在国际私法上一个经典的案例便是鲍富莱蒙案②，该案虽然作为冲突法上法律规避的典型，但它有一个为学者所普遍忽略的隐蔽结构，这便是它包含了三重规避结构：第一重结构是鲍富莱蒙王妃改变了婚姻关系的内外属性，将一个纯内国婚姻关系改变为涉外婚姻关系，其

---

① 有观点敏锐地指出，此种判定方式并不是完全的"要素分析法"，因为法律关系三要素是主体、客体和内容，但在司法解释中却以法律事实直接替代了法律关系的内容要素，这二者存在联系但并不等同。此种偷梁换柱的做法可能渊源于对隆茨界定方法的借鉴。参见江保国、龚柳青：《论民商事案件涉外性之判断》，《天津市政法管理干部学院学报》2009 年第 2 期，第 24—28 页。

② 该案案情可参见赵生祥主编：《国际私法》，法律出版社 2005 年版，第 84—85 页。

方法是改变自己的国籍和住所，从原来的法国国籍改变为德国国籍，并依照德国法规定的条件取得德国住所。第二重结构是挑选法院，当事人不在适格管辖法院即法国法院起诉，而是到不方便法院即德国法院起诉。[①] 第三重结构是制造了冲突规范连接点的事实因素，即将德国调整离婚关系的冲突法中的连接点"国籍国"之事实因素从法国改变成为德国，从而最终导致德国法被适用。学界常关注第三重法律规避结构，而没有看到前两重规避结构，事实上第三重法律规避之所以能够完成，还依赖于第一重法律规避结构，即该离婚关系从内国离婚关系被转变为涉外离婚关系，从而才最终依照冲突规范适用了德国法。

第一重规避所针对的问题正好就是涉外性之判定，并且以此方式展示了要素分析法在判断涉外私法关系时的困境。该案从法律关系要素分析来看，主体双方的国籍、住所分别位于法国和德国，因此在该判断准则下该案的关系即为涉外私法关系。但事实上，鲍富莱蒙王妃所改变的国籍，以及所取得的住所都只是一种"虚构"，她在德国既没有居住的意思，也没有加入德国国籍的虔诚，其所实施的一切行为都指向实现离婚之目的。在此目的引导下，鲍富莱蒙王妃通过自己的努力改变了法律关系要素的纯内国属性，为其人为嵌入涉外性，最终扭转了法律适用的整个进路。由此可见，要素分析法的判定方式在转念之间便可能被当事人利用，以此得出不同的结论，这是该判定准则的一大弊端。

另外一个揭示了要素分析法在识别私法关系之内外属性时的悖谬和无能的国际私法经典案例是巴贝柯克诉杰克逊案（Babcock vs.

---

① 在该案中，德国法院为不方便法院，因为根据学者专题研究指出，任何理性的国际诉讼体制都应当为当事人提供出具有足够可预见性的结果，以便当事人规划其关系，并在争议产生后预计可能得到的结果；与此同时，该体制应在确保对案件所涉当事人公平和平等的方式下促进争议的解决。Ronald A. Brand, *Forum Non Conveniens: History, Global Practice, and Future under the Hague Convention on Choice of Court Agreements*, Oxford University, 2007, p. 209.

Jacksons，下文简称"巴氏案"）。在该案中，双方当事人的户籍、住所、肇事车辆保险地、登记地、泊车地，当事人出发及目的地均位于美国纽约州，唯一例外的是事故发生地在加拿大安大略省。根据要素分析法来看，引起侵权法律关系产生、变更、消灭的法律事件发生在外国，因此该案构成为一涉外侵权案件，再根据法院地侵权关系冲突规范之指向应适用侵权行为地即事故发生地的法律裁决案件，由于法院地法与侵权行为地法对案件当事人可否起诉以获得赔偿的问题存在截然相反的立场，因此适用行为地法显得与法院地法极不协调。学界一般认为，该案深刻揭示了萨维尼法律关系本座说的荒谬之处，但事实上如果从涉外私法关系的识别上把好关，优化涉外私法关系的识别准则，将该案不识别为涉外侵权关系，而是识别为国内侵权关系，那么该案也会得到合理处理。[①]换言之，该案揭示的不是萨维尼体系的荒谬，而是揭示了私法关系内外属性的判定准则存在危机，应予改进，只要将此种极端例外的"表面涉外"关系通过实质重于形式的原则予以更稳健地修正识别为内国私法关系，就能避免法律适用的不合理性。

以上两例充分说明了，单一地采取要素分析法来判定涉外私法关系存在的问题，将把要素分析法本身存在的问题积累并传递到后续环节，并最终集中到萨维尼法律关系本座说的本座设定上予以终端爆发，由此导致荒谬的法律选择指向。学界长期以来一直将关注焦点和重心放在了对萨维尼体系的批判和调整上，而没有注意到，单纯地解决"本座"的优化问题并非是标本兼治的做法，而应当将法律选择与适用的优化工程向前一直扩展到涉外性之判断，通过改善私法关系涉外性的判断准则，以求立体、综合和系统地解决法律选择过程中所产生的

---

① 事实上，巴氏案之前就已经有这样的先例，即通过法官的能动识别来避免法律适用走向非理性。突出的典型案例包括：Levy v. Daniels' U-Drive Auto Renting Co.，Haumschild v. Continental Cas. Co.，以及 Grant v. McAuliffe，Kilberg v. Northeast Airlines, Inc. 等。参见 Symeon C. Symeonides, *The American Choice-of-Law Revolution: Past, Present and Future*, pp. 37-38。

种种乖戾之症。

或许是觉察到要素分析法的上述弊端，2002 年我国《中华人民共和国民法（草案）》（以下简称《民法草案》）第九编第一章第 1 条充分采纳了学者的改进建议，它对民事关系"涉外性"之判断进行了两个方面的改造：第一是量变改造，即进一步扩大了涉外因素的范围。该条规定，如下情况均为涉外民事关系：民事关系的一方是外国人、无国籍人、外国法人、国际组织、外国国家；民事关系一方的住所、经常居所地或者营业所位于中国领域外；民事关系的标的在中国领域外，或者争议标的物转移越出一国国界；产生、变更或消灭民事关系的法律事实发生在中国领域外。对比 1988 年《民法通则》司法解释之规定，草案提出的判断标准在这样几方面扩大了涉外因素的范围：一是增加了两类涉外民事关系的主体，即将国际组织和外国国家作为主体涉外的判断标准；二是在国籍因素之外增加了住所、经常居所和营业所三个涉外因素；三是增加了标的物越界转移的涉外情形。这些方面只是在原来的要素分析法上进行了扩容增量，不但没有对要素分析法的弊端进行任何修正，而且还因为扩大了涉外因素的数量而提高了其固有风险。真正的修正在于该条第二款的质变改造。

第二是质变改造，增加了选法限制。根据《民法草案》第九编第 1 条第二款之规定：中国的自然人之间、法人之间、自然人与法人之间的民事关系，其标的物以及履行地不在中国领域外的，不得选择适用外国法律。该规定显然是对涉外规避的一种有效限制，避免当事人之间人为制造涉外因素而将一个本为内国私法关系的案件转变成涉外私法关系，从而正当化其意思自治选择外国法的做法。《民法草案》的修订可以在一定程度上限制当事人的上述规避，因为根据其规定，此种合同当事人不得选择适用外国法，那就意味着他们只能有两种选择：一是选择内国法作为准据法；二是不作选择或者选择无效，由我国法院根据替补规则即最密切联系规则确定内国法作为准据法。但需要指出的是，此种质变改造的效果是非常有限的，这主要是因为：首先，它直接针对的是意思自治，而在我国《民法通则》的立法之中，只有涉外合同一类私法关系才规定了意思自治，因此，该款并不是一般地限制所有私法关系之不合理识别，而只是限制涉外合同的不合理识别问题。其次，该款事实上仍然可以进行规避，即只要当事人合谋将标的物转移出一国境内，就同时规避了该条第一、二款的内容。因为该条第一款中规定，标的物转移出境外的也是涉外关系；而第二款紧跟着规定，标的物以及履行地不在中国领域外的，方适用该条款。再次，该款还要求当事人之间必须都具有中国国籍，方可限制其选择外国法，因此从理论上讲，当事人还可以通过改变国籍来实现其涉外规避。最后，对于某些反向规避案例，如将一个本质上的涉外私法关系转变成为纯内国私法关系的案例①，或者某些本质上为涉外私法关系但形式上却只属于国内私法关系的案例②，该条款的规定就捉襟见肘了。最后，该规定最终也只是一纸草案，并未真正成为正式立法。

　　或许正是由于对涉外性判定准则进行任何形式的改进都难免挂一漏万，与其出现这种情形，不如在正式立法之中不作任何规定，而通过司法的能动性来灵活把握，以动制动。这很可能就是现行立法的对策，即诉诸方法而不是诉诸规则。但诉诸方法也是有局限性的，因为它高度依赖法官的法学修养与自由心证，为法官预留了太大的裁量空

---

　　① 如 X 国 A 公司长期与 Y 国 B 公司从事交易，A 公司为规避 Y 国的某些立法规定，在 Y 国设立一全资子公司 C，由 C 在 A 的指示下与 B 进行交易。如此一来，A、B 之间的涉外关系就被转变成为 C、B 之间的纯内国私法关系，改变了法律关系的内外属性，从而改变了法律关系的治理方法及其结论。

　　② 有学者提到了这样一个案例：中国政府申请世界银行贷款用于修建一条高速公路，中国方面成立了一个独立法人"高速公路指挥部"，由其负责整个工程的推进。工程通过招投标确定了几家中国公司中标承包。后因履行合同发生争议。如果从要素分析法的角度看，该合同纠纷为典型的国内合同纠纷。但合同文本以《世界银行贷款项目招标采购文件范本》为基础，承包人资格、合同履行进度、工程设计及其变更转让及验收等都需要世界银行审查或确认。该合同纠纷因此又具有实质意义上的涉外性。参见林欣、李琼英：《国际私法》，中国人民大学出版社 1998 年版，第 4—5 页。

间。当案情复杂、案件涉及面广时，法官很可能为免担责任而谨慎司法，从而又丧失了能动司法的优越性。这是一个两难的问题。

由上可见，判定私法关系是否具有涉外性，是我国《涉外民事关系法律适用法》发挥作用的根本前提，但遗憾的是，无论是此前的《民法通则》第八章，还是现行《涉外民事关系法律适用法》均未对这一前提作出正面直接回应。只是在《民法通则》1988 年司法解释第178 条中对民事关系的"涉外"标准进行了首次界定。至此，涉外私法关系之判断有了一个较为明确的定位，但是，由于《涉外民事关系法律适用法》的通过及其生效使《民法通则》第八章的规定相应失效，而对该章作出的司法解释也将在逻辑上连同失效。这就使《涉外民事关系法律适用法》在生效施行的时刻顿失其立足基础，出现无法可依、无章可循的状态。

在立法审议过程中，一些全国人大常委委员就对《涉外民事关系法律适用法》草案提出过建议，要求在立法中对"涉外民事关系"予以明确界定。沈春耀等委员指出：草案有一个非常重要的概念——"涉外民事关系"，该概念如果界定清楚的话，相应的法律适用也就清楚了。法律适用就是在这种关系下适用什么法律、如何适用法律的问题。对于很专门的概念"涉外民事关系"，现在草案中还不够清晰，应该有一个界定。为此，沈春耀委员还对如何判定涉外民事关系提出了五个类型化标准：一是民事主体的一方是外国人，包括外国的公民、法人和其他组织；二是民事关系的财产，或者说是标的位于国外或者境外，或者是与境外发生某种联系；三是法律行为或者后果发生在境外，或者与境外有某种联系；四是法律事实发生在境外或者与境外有某种联系；五是法律文书涉外，比如继承关系中，假如立了一个遗嘱，遗嘱是在中国立就没有问题，如果在外国立的，可能就有涉外民事法律问题。所以，"涉外民事关系"应该是在法律主体、标的、行为等方面，至少有一个涉外因素，同国外或者境外发生一定联系的。[①] 从此种建议方案来看，它依然不脱离要素分析法的范畴，也无法解决要素分析法所存在的上述难题。

事实上，通过以上分析可以看出，《民法草案》第九编第一章第1条有关如何判断民事关系的"涉外性"之标准是相对完善的判定规则[②]，但《涉外民事关系法律适用法》的审议稿及最终获得通过的正式立法中均未涉及涉外性的判定规则。此种立法空白很可能是立法者的一种策略，即沿袭《民法通则》及其司法解释的分工做法，在正式立法之中不规定涉外民事关系的判定规则，而分解到对正式立法的司法解释之中。事实正是如此，最高法关于《涉外民事关系法律适用法》司法解释（一）第1条[③]即对涉外民事关系作了具体界定。新规定仍然沿袭了要素分析法，但做了重大的扩展，遗憾的是，新规定仍然无法合理地对那些偶然涉外的案件（如巴氏案）、人为涉外的案件（如与鲍富莱蒙案类似的案件）、表面涉内而实质涉外的案件[④] 作出有效识别。

识别私法关系的涉外性是一项艰难的判断，因为它并不是单纯通过规则就可以简单得出判断结论的问题；识别私法关系的涉外性同时

---

① 陈丽平：《一些常委委员分组审议时提出 对"涉外民事关系"应界定》，全国人大网：http://www.npc.gov.cn/huiyi/cwh/1116/2010-08/25/content_1590953.htm，2015 年 11 月 9 日访问。此外，金硕仁等委员也指出，涉外民事关系是这部法律草案的基本概念，在草案中应当予以界定。陈丽平：《应明确界定涉外民事关系》，全国人大网：http://www.npc.gov.cn/huiyi/cwh/1117/2010-10/27/content_1601125.htm，2015 年 11 月 9 日访问。

② 包括我国所有关于民事关系法律适用法的正式立法（1986 年的《民法通则》、2010 年的《涉外民事关系法律适用法》）、司法解释（1988 年最高人民法院关于《民法通则》的解释）和国际私法学会的学术方案（2000 年的《国际私法示范法》第六稿、2002 年的《民法草案》第九编；2010 年的《涉外民事关系法律适用法》学术建议稿），都没有在涉外性的判断方面超出过该草案的规定。

③ 民事关系具有下列情形之一的，人民法院可以认定为涉外民事关系：（一）当事人一方或双方是外国公民、外国法人或者其他组织、无国籍人；（二）当事人一方或双方的经常居所地在中华人民共和国领域外；（三）标的物在中华人民共和国领域外；（四）产生、变更或者消灭民事关系的法律事实发生在中华人民共和国领域外；（五）可以认定为涉外民事关系的其他情形。

④ 参见林欣、李琼英：《国际私法》，第 4—5 页。

也是一项必须的判断，因为我国采取的是内外分治的法定模式；识别私法关系的涉外性还是一项重要的判断，因为它直接关涉争议处理的结果和当事人切身之利益。为此，在重构涉外私法关系的判断准则时应当坚持刚柔兼济的进路：一方面必须便于司法操作，降低识别难度，简化识别过程；另一方面又必须尊重实质重于形式的精神，在简单化涉外私法关系判定方法的同时，平衡考虑对私法关系的影响幅度。换言之，要便利司法操作就必须走规则之途，通过确定明晰的判断准则给予司法者以明朗的、可客观化的操作指南；要尊重实质而不拘泥于形式就必须走方法之途，为司法者预留必要的斟酌取舍之回旋空间。由是观之，对现行涉外民事关系的判定规则进行完善的方案乃是在规则与方法之间实现二者的合理融贯。

对此，可采取"三级测试"的方式：第一级是"要素测试"，即首先设定便于操作的涉外性之识别准则，对此，可援用旧法即要素分析法，从法律关系的主体、客体和内容三方面进行判定，只要任一要素具有涉外性，即通过第一级测试，进入第二级测试。

第二级是"效果测试"，即看该私法关系的法律调整效果，其影响范围是否超出该国而至他国。凡是法律调整效果影响他国的，即可视为涉外私法关系；否则即为形式涉外、本质涉内的私法关系。需要指出的是，"效果"一词具有开放性意义，它甚至可以兼容柯里的政府利益分析说。例如，在巴氏案中，从柯里的政府利益分析来看，该案就是一个虚假冲突，因为纽约州和安大略省的立法所包含的政府利益都指向了同一个地方即纽约州而与安大略省的利益无关。[①] 该政府利益实可纳入"效果测试"之中，视为案件处理效果仅及于纽约州而无关于安大略省，因此该案更应当平衡地被考虑为是纯属纽约州的"家事"

---

① 　William M. Richman, "Diagramming Conflicts: A Graphic Understanding of Interest Analysis", *Ohio State Law Journal*, vol. 43, 1982, pp. 317-326.

而不含涉外的侵权关系。以此方式，效果测试就实现了与柯里政府利益分析说的沟通，从不同的进路得出了相同的结论：效果测试是通过优化涉外性的识别准则而将案件识别为纽约州纯内州案件，从而排他地适用纽约州法；柯里政府利益分析说是通过革命萨维尼体系而从利益冲突的角度来看待该案，将该案识别为虚假冲突，从而适用了纽约州法。在政府利益分析与效果测试之间，前者甚至为后者所包含，因为从政府利益思考案件也只是效果测试的某一向度，但并没有穷尽效果测试的所有向度。

同样地，如果以效果测试的方式来重审鲍富莱蒙案，那么将揭示出案件效果仅及于法国，并与德国无关，因为鲍富莱蒙王妃事实上只与德国表面相关，她并未在德国居住，也没有对德国效忠的意思，相反，其主观意图是与罗马尼亚王子比贝斯科结婚，并且在婚后即移居法国。[①] 就离婚这一诉讼案件而言，它的实质效果并没有超出法国。所以，通过效果测试的过滤，鲍富莱蒙案应被归入法国内国私法关系之列，而不属涉外私法关系之范畴。

第三级是"功能测试"。不能奢望要素测试与效果测试能够彻底解决私法关系识别上的合理性问题，为此，尚需要在法律适用环节进行一般性修正。从功能的角度来看，之所以要努力重构并优化私法关系涉外性的判定准则，不外乎为了更加合理地调整涉外私法关系，使其法律适用趋于优化。而在国际私法中，最能代表法律适用优化的一种法律适用规则，也是一种法律适用原则的便是最密切联系地法。事实上，如果冲突规范都以最密切联系地法作为系属构造，那么适当放松涉外性之判定精确度，乃至完全取消私法关系内外属性的识别，其法律适用也将是不违常理的。例如，对于鲍富莱蒙案即便将之识别为涉外法律关系，如果按照最密切联系的精神来确定其准据法，也将获得

---

① 赵生祥主编：《国际私法》，第 84 页。

它事实上通过法官的制度创新、殚精竭虑地最终确定理想法律相一致的结果。[①] 所以，在逻辑上言，只要冲突规范广泛采用最密切联系地法作为系属构造，那么就可以救济在私法关系内外属性识别不当情形下的悖谬，确保案件的法律适用不会走向极端。

但事实上，任何一国都没有，也不可能将最密切联系地法作为其全部冲突规范的系属，原因主要有二：一是最密切联系地法虽然合理，但也过于抽象、飘忽，易陷入法官的自由心证，从而瓦解法律适用的可期性和一致性；二是各国往往根据不同类型的私法关系通过具体连接点的设定来表现最密切联系的精神，而不只是简单地以"最密切联系地"一笔带过。职是之故，许多国家的冲突法立法在对待最密切联系规则时均采取了"阴阳手法"：一方面就个别具体私法关系规定了具体连接点，而该连接点被一般地推定为最密切联系之实现。这是践行最密切联系规则的"阴文"。另一方面则在其总论部分将最密切联系规则提升到原则地位，明确申言，该法是按照最密切联系的精神制定的，其下之规则应根据最密切联系之精神予以适用、解释和修正，这是践行最密切联系规则的"阳文"。有此手法，也就在法律适用环节为私法关系涉外性之不当识别提供了终局救济。

我国《涉外民事关系法律适用法》并没有将最密切联系规则提升为法律适用的总原则，尽管在总则第2条提及了最密切联系规则，但仅将其列为"无法可依"时的兜底救济规则，即"本法和其他法律对涉外民事关系法律适用没有规定的，适用与该涉外民事关系有最密切联系的法律"。但对于"有法可依"的选法规则，最密切联系规则并不具有一般的指导意义，因此也就丧失了在法律适用环节终端救济私法关系的内外属性识别不当的机会。

---

① 在鲍富莱蒙案中，法国最高法院通过创设"禁止法律规避制度"来排除德国法之适用，并最终适用了本应适用而被鲍富莱蒙王妃所规避的法国法。

综合上述三级测试，规范涉外性的自由裁量权，也就是合理收紧或明确涉外性的界定问题，可建立如下规则：首先，确立要素分析法；其次，进行效果评估修正；最后，将最密切联系规则提升为法律适用的基本原则。必须指出的是，这种识别准则也只是尽可能地限制，无法也没有必要完全排除自由裁量权。

（二）规范反法律规避的运用

1. 规范原理

禁止法律规避是司法者对当事人规避行为的否定，但司法者运用法律规避禁止制度对当事人行为效力进行否定时，完全决定于对"本应适用的法"是否存在及其性质的判定。在这个判定过程中，司法者掌握着自由裁量权。规范司法者在此方面的自由裁量权，也就是要缩限其自由裁量的幅度。一个有效的解决方法便是限制这种自由裁量的作用点，这个作用点就是冲突规范的连接点。国际私法中当事人实施法律规避，是对连接点事实因素的操纵，连接点既是实施法律规避的枢纽，也是反制法律规避的支点，同时还是对司法者反制法律规避的行为进行规范的发力点。因此，连接点可谓是"三点合一"。当事人对连接点的直接操纵是通过两种方式进行的：对动态连接点进行事实性改变，对静态连接点进行事实性制造或者选择。相应地，司法者对之进行反制就是通过解释重新确定连接点的"本然指向"。为此，降低连接点的弹性空间，控制司法者对连接点的解释自由度，就可以规范司法者的裁量权。连接点的客观化调整与唯一化设定就是两种有效的控制模式。

2. 连接点的客观化

由于连接点与准据法之间的二而一的关系，准据法将会因连接点事实指向的变化发生偏转。连接点作为"本座",本来是最能反映特定法律关系性质的"地标",但其被滥加变动或者解释时,便会牺牲其本质关联功能,出现配对谬误。为限制司法者对主观连接点的不当解释,立法者可在构造冲突规范时尽可能地采取客观连接点。但是,由于私法本质及国际私法的普遍发展动向是增加法律选择的主观性,以提升法律适用的弹性,并且我国《涉外民事关系法律适用法》也体现了此种趋势,意思自治虽然在"一般规定"部分中没有被有效地确定为选法基本原则,但就其在具体关系的适用领域来看,它已经扩展到物权、知识产权,乃至部分人身关系之中。因此,对连接点的客观化控制就需要在方式上进行调整,在允许主观弹性的同时限制其幅度。

3. 连接点的唯一化

连接点的唯一化有两种方法:一是对静态连接点而言,即是增加连接因素的维度,设定重叠性连接点,一般地说,重叠性根据越多,连接点的事实指向越唯一,司法者可自由裁量的余地就越小。二是对动态连接点进行时态限制。当动态连接点不可避免地需要被设定时,立法上还可以对动态连接点进行瞬时限制,例如附加上"民事关系成立时""诉讼时"等时间限定词,从而对动态连接点进行"定格"。典型例子如我国涉外动产物权的法律适用,在当事人没有选择法律时,将适用法律事实发生时的物之所在地法。据此就在时态上锁定了连接点的事实指向,避免物之所在地的事后变动。以此方式,也相应减少了司法者的解释与裁量。

(三)规范公序保留

公序保留是一个国家法律体系的安全保障,即需要适用的外国法有损内国法律基本原则,此时应排除该法的适用。由于内国法律基本原则的判断是抽象模糊的，特别是外国法适用效果是否事实性地损害内国法，决定于司法者的解释，这就使公序保留的运用在很大程度上受制于司法者的裁量。对比《民法通则》第 150 条与《涉外民事关系法律适用法》第 5 条之规定，可看出新法对旧法中的公共秩序保留作了如下方面的改进：

（1）立法方式从直接限制转变为间接限制，旧法明确规定外国法或国际惯例"不得违背"我国公共秩序，而新法则直接规定此时应"适用"我国法律。

（2）保留对象有了变革性发展，旧法将外国法律和国际惯例列为保留对象，学界对国际惯例的保留颇有微词，并普遍对司法实践中曾经出现过的利用公共秩序保留国际惯例的做法持否定态度。就国际惯例的参考适用性质，及其主要适用的商业性领域进行考虑，运用公共秩序进行保留既无必要，也不合理。为此，新法将公共秩序保留的对象仅限定为外国法律，不再将国际惯例列为保留对象。

（3）应用标准更倾向于客观说，但无程度要求。[①] 旧法措辞较为模糊，判断不出是按照外国法适用之客观效果还是以文字表述作为"违背"我国公共秩序的标准，因此在理论上讲，司法者可自由裁量采取主观说还是客观说应用公共秩序保留制度。新法的规定则相对明确，它的标准是外国法的适用"将损害"我国公共秩序，这就带有明显的客观论倾向，因为如果只是外国法的文本表述冲犯而非适用上将会损害我国公共秩序的，新法的规定并不限制该外国法的适用。

（4）救济安排首次有了明确规定。旧法只是消极性地禁止外国法或国际惯例违背我国公共秩序，但对此如何解决，则没有规定。新法明确了在出现此种情形时，应适用我国法律。这就补全了保留之后无

---

① 有的国家立法如德国《民法施行法》第 6 条规定：其他国家的法律规范，如其适用将会导致与德国法律的根本原则明显不相容的结果，则不予适用。此立法即带"明显不相容"的程度标准。

法可依的情形。

其中的第三点是对公序保留自由裁量权的限制，但其限制效果是有限的，因为它最终还是决定于司法者如何评价公序被侵犯的客观效果。分析公序保留导致冲突法事实上被废弃的根由，在于公序保留之后的法律适用救济。从规则设定的宗旨看，公序保留之后的救济是不得不如此的办法，但因其直接导向法院地法的适用，因此在实践中司法者通常不是为了捍卫公序而运用公序保留，相反，有时是为了适用法院地法而滥用公序保留。因此，最有效的控制公序保留自由裁量权的方法在理论上便是结果控制，即改革公序保留的救济方法，不适用或者不轻易适用法院地法。

综上所述，对公序保留自由裁量权的规范可采取如下三项具体措施：

（1）对公序保留进行列示性界定，从规则层面限制其自由度。要完全界定公序保留是不可能的，也是不必要的，因为公序保留作为最后一道安全阀要发挥其功效就必须保持一种开放的不定性，据此才能防止"意外"发生。意外之所以为意外，就不是意料之中；如果是意料之中，就可以提前在规则上予以限定。然而，完全让公共秩序处于一种绝对的不定状态，就为司法者提供绝对的裁量权，因此，一种兼济二者的变通方案是列示性界定：列示出一些范例，一定程度地为公序保留的运用提供了示范；同时又保持这种列示的开放性，从而无损公序保留作为安全措施的制度设计。我国最高法关于直接适用的强制性规范，就是采取此种"原则规定＋范例列示"的做法，司法效果较好。

（2）明确公序保留运用的条件，限制其适用上的自由度。条件可设定为如下几个：一是从主观说转变为客观效果说。二是限制公序保留的否定效果，从全面否定转变到部分否定，即只排除适用外国法中真正与内国公序相违背之部分，其余部分应予适用。三是考虑变革公序保留之后的救济方法，延缓内国法的替补适用，对此，可考虑采取外国法查明不能的一种救济方法，即替代国法，或者考虑适用次密切联系的法律，等等。

（3）建立类似的公序保留上报审批制度。为控制下级法院的自由裁量权，确保法律适用的开放性和合理性，我国最高人民法院建立过上报审批制度，如涉外商事仲裁中对涉外仲裁协议效力审查，及对涉外仲裁裁决的司法监督。此种内部控制制度也有被借鉴适用于公序保留的可能和必要。要言之，下级法院在运用公序保留排除外国法的适用之前，可要求其先向上级法院申报审批，层层上报至本辖区高级人民法院或最高人民法院。高院或最高院批准同意后，方可认定外国法的适用违背公序，予以保留适用。以公序保留排除外国法的，应在上呈报告中详细述明其理由。这种做法会增加法院的司法负担，存在实践方面的困难，但它在理论上是一种有效的控制方式。

（四）规范外国法查明

外国法查明虽然在逻辑上不是一个大问题，但在实践中却是足以导致冲突法名存实亡的核心问题。规范外国法查明的最佳方式就是解放单个法院、单个法官查明外国法的职责，建立如上文所述的全国统一的外国法查明供给机制。在我国现行立法规定下，这种最佳模式在短期内是难以实现的，为此，建立其他的控制措施是必要的。这些必要的措施主要包括以下几方面。

1. 规范查明标准

这里的查明标准并不是对证据的采证标准，而是指在何种程度上可认定外国法业已查明，或者相反，在何种程度上认定外国法无法查明。外国法一旦被认定为查明，即进入适用程序；反之，外国法一旦被认定为无法查明，则进入救济程序。查明标准的设定因此成为关键问题。

（1）如何认定"业已查明"。各国立法通常没有对能够查明外国法的认定及标准作出规定。认定外国法是否"业已查明"受制于外国法适用目标的考虑，它究竟是以法律适用正确为准，还是以当事人可接受为准。为正确适用外国法，外国法的查明就必须不止限于当事人提供的或通过质证程序所共同认可的"外国法"，"正确的外国法"与"可接受的外国法"二者不是等同关系，当事人可接受的外国法很可能只是对外国法的虚构或摹本。因此，为正确适用外国法，裁判者对当事人提供的外国法内容只能作为参考，还必须结合其他更权威的查明方式综合判定。我国存在着立法和司法上的分离：在立法上，如《民事诉讼法》第 170 条明确要求，正确的判决应"认定事实清楚，适用法律准确"，但《涉外民事关系法律适用法》第 10 条却对于当事人选择适用外国法的情形，只要求"当事人提供"，且根据该法司法解释（一）第 18 条的规定，在"当事人对该外国法律的内容及其理解与适用均无异议"时，"人民法院可以予以确认"，这就确立了当事人接受主义。在立法与司法之间也存在分离，立法上要求正确查明外国法，司法上则倾向于将外国法作为事实以质证程序予以查明。[①] 这显然是两种不同的查明标准，司法标准具有高度可操作性，立法标准则需要司法者付出更多更大的查明努力。

在立法标准下外国法是否"业已查明"，可如此判定：一方面，如能获得对方国家的官方协助如司法或外交协助，即可认定为业已查明外国法[②]；另一方面，在缺少此种官方协助的情况下，司法者不应局限于当事人之间的质证结论，而应综合其他路径如专家意见予以查实。

（2）如何认定"无法查明"。只要外国法客观存在，从逻辑上讲就

---

① 如广东省高级人民法院一位人士建议，外国法的查明，"先由当事人举证、另一方当事人质证；双方当事人对该外国法无异议时，法院地法院在不违反本国公共秩序的情况下适用该外国法"。张磊：《外国法的查明之立法及司法问题探析》，《法律适用》2003 年 Z1 期，第 96—99 页。

② 摩尔多瓦国的立法规定体现了完美主义的查明标准：法院对外国法内容的查明，应经该外国的立法机关确认，并考虑该外国对这些法律规范的官方解释和适用实践。参见《摩尔多瓦共和国民法典》第 1578.1 条。

始终有查明的可能；但查明外国法必须附加时限和成本考虑，不惜一切代价查明外国法显然不是当事人提起诉讼的原旨。因此，为法律适用之目的而认定的"外国法无法查明"并不是绝对意义上而是在法定标准上的"无法查明"，问题因此转换成为：立法在何种程度上可放弃对本可查明的外国法之查明。这些程度上的立法考虑即是无法查明的法定条件。

归纳起来，判定外国法无法查明的标准主要有：第一种立法例是限定路径与期限，如2001年《俄罗斯联邦民法典》第1191条规定了外国法查明的若干方式，同时规定："即使依本条规定采取了措施，如果在合理期限内仍不能查明外国法内容的，则适用俄罗斯法。"采取类似规定的还包括白俄罗斯、吉尔吉斯斯坦、亚美尼亚、哈萨克斯坦等的立法。第二种立法例是限定程度与期限，如奥地利《关于国际私法的联邦法》第4条规定："如经充分努力，在适当期限内仍无法查明外国法时，适用奥地利法律。"尽管查明的"充分"程度和"适当"期限是不确定的，但它一方面表达了立法的态度，另一方面也为实践的运作和判定提供了必要的回旋空间。土耳其则规定，"尽了所有努力仍不能查明"外国法的，则可适用土耳其法。第三种立法例是限定路径或成本，如阿塞拜疆《关于国际私法的立法》第2条规定，法院应"采取一切措施"查明外国法，如果采取这些措施无法查明或者"需要异常高额的费用"，且双方当事人均不能提供外国法内容的，可适用阿塞拜疆法。马其顿国只限定了查明外国法的路径，穷尽这些路径无法查明的即可认定为无法查明。此类法例，对规范我国外国法的查明不能具有借鉴意义，一方面避免法院匆匆作出无法查明的结论，不当地适用法院地法；另一方面也可在外国法查明上适可而止，避免无限制地投入诉讼金钱成本和时间成本。

（3）如何认定"无规定"。无规定与无法查明二者之间有质的差别：前者是在清楚地查明了外国法的情况下，对外国法内容缺失状态的认定；后者则既可能发生在外国法查明之前，也可能发生在外国法查明之后，因主客观原因对客观存在的外国法不能认知。前者与外国法是否客观存在有关，与查明主体的认知能力无关；后者与外国法存在与否无关，与查明主体的认知能力有关。但二者也可能被误为因果：外国法客观上无规定，因此导致无法查明；在无法查明的情形下，可能错误地理解为外国法无规定。在外国法查明制度之中，从理论上应当明确区分无规定与无法查明的情形，并将无规定的结论或标准建立在外国法业已查明，但没有规定的条件上。

判定外国法有无规定，可能受下列因素的不当影响：其一，对外国法范围的过窄限定，如果从法院地法角度理解外国"法"的含义，有可能将被外国当作为"法"的规则如一般法理、学说，乃至判例等认定为"非法"，从而在有限的规则范围内发现外国"法"无规定。其二，对外国法的特定理解，对某些法律关系的立法分类在准据法国与法院地国之间存在错位，在法院地国被分类为继承关系的，可能在准据法国被分类为夫妻财产关系，法院地国如果只是在准据法国中的继承法中去查找，就可能出现外国法无规定的情形。其三，对外国法作字面解释，对于法院地国所"入法"的法律关系或问题，在准据法"出法"的情况下，如果不从功能而从字面角度去查明外国法，可能出现外国法无规定的情况，如法院地国存在的婚约、同性婚姻、司法别居等法律问题，但准据法对这些问题没有匹配的类似规定。其四，未尽到查明外国法的合理努力，如查明路径单一、查明方法失当、查明投入不够，甚至是为了达到适用法院地法之目的而故意不去查明等，致外国法查找范围被不当缩限，外国法因此被认定为"无规定"。受此类因素影响所得出的"无规定"结论是一种应予纠正的查明错误，只有在排除这些因素的不利影响，全面把握外国法内容的基础之上仍未能发现外国法之规定的，才能认定为外国法"无规定"。

2. 规范查明结论及其救济

从理论上讲，查明结论及其相应的救济措施应包括两种情形：

（1）外国法已经被查明的，即应进一步对外国法展开深入理解，为适用做准备。特别需要指出的是，此种业已查明的状况也分为三大类型：一是裁判者负有查明责任的，裁判者已经按照法定标准查明了外国法；二是当事人负有查明责任的，双方当事人就外国法的内容合意达成一致；三是当事人负有查明责任，但不能达成一致意见，主张方提出优势证据证明了外国法的内容，为裁判者所采信。

（2）外国法无法查明或者查无规定的，并不一定或者并不必然适用法院地法。考察域外法例或实践，有的以替代国法补充之，有的以一般法律原则或国际惯例补充之。如此就避免了在外国法无法查明与法院地得以适用之间建立等同关系，导致为适用法院地法而无法查明的现象。此类法例对我国立法似有参考价值。

必须指出的是，上述结论对应的法律适用及其救济必须考虑多元系属的特殊情形，在采取救济措施或者适用法院地法之前，理应先行用竭多元系属所指向的法。例如，对于涉外合同的法律适用而言，大多数国家均采取附条件的选择性系属即"意思自治＞最密切联系"，在当事人意思自治所指向的法律不存在、无法查明或无规定时，不应直接用法院地法取而代之，而应先考虑最密切联系指向的法律，再根据查明情况决定如何处理。对于无条件选择性冲突规范而言，情况可能要复杂一些，如关于涉外信托关系的法律适用，其系属可能是一个无条件选择性系属，即"信托财产所在地法或信托关系所在地法"，在裁判者择定财产所在地法时，如果该法不存在、无法查明或无规定的，应如何适用法律？从简化司法任务的角度看，似可代之以法院地法；但从立法设计的宗旨上看，两个系属所指向的外国法具有同等被选择的机会，当其一不能有效选法的时候，在决定适用法院地法之前，优先考虑另一系属确定法律，似更合立法原意。

四、涉外监督机制的补善

在当事人、人民法院、人民检察院、域外认可机构及社会舆论五个监督维度所构成的涉外司法监督体系中，当事人之间基于利益对抗会天然地形成制约关系，域外认可则只有在判决需要或可能需要在国外得到承认和执行的情况下才有其监督功效。因此，在国内可予以有效补善的涉外司法监督机制主要就在于如下三方面：强化人民法院内部监督，完善人民检察院法律监督，促进涉外司法的透明化。

（一）强化人民法院内部监督

人民法院是承担涉外民商事司法重任的绝对主体，处于涉外司法的第一战线和第一道质量建设防线，因此强化人民法院内部监督，对于冲突法适用上的有法必依具有首要的战略意义。强调提升涉外司法的品质，不能只是狭隘地突出对审判的监督，而必须以人民法院体制的力量实现广义的监督。对此，一些法院进行了积极的尝试，并取得了良好的成效，如广州海事法院积极响应第三次全国涉外商事海事审判工作会议所提出的精品战略，建立了下列机制：（1）以审判流程管理为中心的案件督办机制；（2）以质量评查为中心的案件督办机制；（3）案件信息公开机制；（4）上下级法院沟通联系机制；（5）队伍建设机制；（6）司法廉政机制；（7）专题调研机制。[①]这些机制的建构都在广义层面有利于冲突法的依法实施，并且可将这些机制划分为两个层面：一是直接措施，包括前四个机制，它们的建立与实施都具有

---

① 根据广州海事法院的《关于海事审判实施精品战略情况的调研报告》进行整理。广州海事法院课题组：《关于海事审判实施精品战略情况的调研报告》，《人民司法》2010年第9期，第84—88页。

很强的可操作性、针对性和务实性；二是间接措施，包括后三个机制，它们的实施虽然并不直接体现为促使包括冲突法在内的全部司法工作的有法必依，但通过这些机制可以辅助实现此目的。

广州海事法院的精品战略实施机制是地方法院内部控制与自律的一个典范，它是立足审判实践探索出来的有效模式，值得在法院系统内部予以推广。地方法院有其实施战略，对于最高法而言也有其部署安排，如最高法在全国海事审判工作会议上提出了未来发展的五个目标和任务^①：（1）理顺法院管理体制与运行机制；（2）建立健全机制，推进精品战略；（3）创新和加强审判管理；（4）规范与统一裁判尺度；（5）全面加强队伍建设。这些控制司法质量的措施大多数具有务实性，其有效落实将有助于明显地改善包括冲突法在内的法律实施过程的规范性。不过，这些措施都是法院系统内部采取的统一措施，适用于所有案件的内部监督，因此在针对性上有所欠缺。

综合斟酌上述举措，特别是虑及冲突法实现过程的独特性，笔者认为，以下几点当是法院系统内部实施冲突法适用管控的关键环节：（1）建立并实施涉外案件的管理督办机制，尤其是要对法律选择的过程与结果进行控制；（2）建立上下级法院沟通联系机制，围绕涉外案件中的法律适用及其救济形成有效制约；（3）统一司法裁判尺度，通过公布涉外案件的指导案例、典型案例、司法解释等多种措施，实现涉外司法标准的划一；（4）规范涉外司法文书格式，就法律选择的过程、理由予以明晰^②；（5）实现涉外司法的透明化，通过庭审视频、直

---

① 该内容载 http://www.ccmt.org.cn/shownews.php?id=11647，2016 年 8 月 4 日访问。
② 对此，中国涉外商事海事审判网进行了积极的探索，在其主页上展示了涉外商事纠纷案件一、二审判决书的参考样式。对于一审判决书中冲突法运用的撰写，该参考文书列示为："本院认为：……（首先应明确解决本案争议的准据法，即明确法律适用问题；其次围绕当事人诉讼请求和争议焦点以及质证情况，从事实与法律上进行逐一阐述）。本院依照……（写明判决所依据的法律条款项，如经过本院审委会讨论的，还应写明'并经本院审判委员会讨论决定'），判决如下"。对于二审判决书中冲突法审查的撰写，该参考文书列示为："本院认为：……（首先应明确解决本案争议的准据法，即明确法律适用问题；其次围绕当事人上诉请求和争议焦点以及质证情

播、网络等方式，展示涉外司法的法律适用过程；（6）审判监督机构应当针对涉外案件积极发挥内部监督职能，也可以借鉴人民检察院的通报机制，就涉外司法中存在的典型或共性问题事先提请本级或下级人民法院予以关注。

（二）完善人民检察法律监督

人民检察院的法律监督是对法院涉外司法最正式的监督，但在迄今为止的民事检察实践中此种正式监督并未发挥其预设效果。被监督意味着被制约，因此被监督者通常都对监督持保守态度，在涉外司法监督中同样如此。最高法涉外庭法官在一个调研报告中就反对人民检察院的抗诉，认为"应当将检察机关的抗诉排除在涉外民事诉讼程序之外"，其理由是："如果在采取当事人主义诉讼模式下的涉外民事诉讼中赋予检察机关抗诉的权力，无疑是在法院之外又设一个审判机关。传统的理论和法律认为，检察机关的民事抗诉权是一种对民事审判的监督权，……依此可以得出结论，检察机关的判断较之法院的判断正确，为什么不将民事审判权直接交给检察机关。同时，由谁来监督检察机关、检察机关抗诉错误应承担什么样的责任等一系列问题无法得到合理的解释。"① 由最高法负责涉外案件审判监督的民四庭提出这样的

［接上页］况，从事实与法律上进行逐一阐述）。本院依照……（写明判决所依据法律的条款项；如经过本院审委会讨论的，还应写明'并经本院审判委员会讨论决定'），判决如下"。这种示范方式无疑将有效地促进法院系统在涉外判决书撰写上的规范化和统一化，但它的不足之处也很明显：涉外案件应当首先述明案件的涉外因素，进而是管辖权的国别归属，然后是案件所涉法律关系的性质，次之是所援引的冲突规范，再次之是对冲突规范选法过程的述明；如果有公序保留、法律规避禁止等排除外国法适用情形的，还应详细说明其理由。在调研的样本案例中，有很多案例的判决书并不规范，或者没有管辖权说明，或者没有识别，或者没有描述任何选法过程。这是需要改进的，因为判决书的宣示过程既是一种公示，同时也是一种自我监督。http://www.lawinnovation.com/html/xjdt/6898.shtml，2017 年 3 月 8 日最后访问。

① 最高人民法院民四庭民事诉讼法修改研究小组：《关于涉外民事诉讼程序有关问题的调研报告》，载万鄂湘主编：《涉外商事海事审判指导》2008 年第 2 辑，人民法院出版社 2009 年版，第161—172 页。

观点无疑是耐人寻味的，它首先折射了法院系统对人民检察院监督权限的抵制；其次该立场似缺乏针对性，它不是从涉外民事诉讼与国内民事诉讼之间的性质差异出发来探讨拒绝人民检察监督的理由，因此，这一推论普遍地适用于一切检察监督；最后，此种推理只是形式逻辑的，看似严谨，实则不谙人民检察监督的辩证机理，它将检察院对法院的监督视为单向的，因此就出现一种无穷倒退，谁又来监督检察院的监督？谁又来监督对检察院进行监督的监督？这样就陷入一种恶性循环。事实上，人民检察院对法院司法的监督是一种双向的制约，人民检察院可以依法据理地实施监督，反过来，法院也并非消极被动地接受检察院的监督结论，法院只是通过检察院的监督来启动一种自查，其判决结论仍然建立在法院的自主裁定上。而且，人民检察院与人民法院最后都受制于共同的监督主体，这就是全国人大。

因此，人民检察院在涉外司法中的存在不仅不应被反对，相反，应予以强化。强化检察院对涉外司法的监督可考虑从如下几方面着手：

（1）转变涉外司法监督理念，变消极为积极。人民检察院对民事案件的监督持有一种消极态度，基本是"不提不理，提了少理"，即在当事人不向人民检察院提出申诉的情况下，一般不会主动进行民事司法的监督；即便在当事人提出申诉的情况下，真正启动抗诉程序的案件也只是其中的极少数。其中的合理因由可能是人民法院审判质量提高，致使需要提起抗诉程序的案件比例下降，但民行检察监督的"疲软现象"[①]却是客观存在的，这种现象在涉外民商事司法领域更为显著。

---

① 有检察界实务人士指出："虽然民行检察业务较前些年有了较大发展，但仍然不能满足群众对公平正义的诉求。以民事抗诉案件数量最多的 1999 年为例，全国法院审理的民事案件有 506 万件之多，检察院提出抗诉的民事案件仅有 13910 件，检察院抗诉案件数量占法院审理案件数量的 0.27%（2005 年"两高"的工作报告表明，2004 年全国法院审结的民事、行政案件 7873745 件，而同期检察院提出民行抗诉 13218 件，仅占 0.17%）。由此可见，民行检察监督在案件数量上出现了疲软现象。究其原因，主要是在立法上的不完善、理论上的模糊、实践上的困惑所引起的。"刘利宁：《强化民行监督　促进社会和谐》，最高检官网 http://www.spp.gov.cn/site 2006/2006-04-04/001506809.html，2017 年 3 月 8 日最后访问。

因此，改变涉外司法的检察监督现状，应当首先从理念的转变开始。

（2）调整民行监督重心。人民检察院检察监督的客观现状是，在公私案件的监督中，重公轻私；在私法案件的监督中，重内轻外。造成此种现象的原因一方面与检察监督的理念相关；另一方面也与案件性质相关，公法案件涉及公共利益，相比于仅仅涉及当事人利益的私法案件而言更有被优先监督的必要和基础；再一方面与涉外案件的复杂性、专业性相关，涉外司法流程及外国法查明、理解的独特性在一定程度上超越了大部分人民检察院的检察监督能力。因此，要调整民行监督重心除了需要进行观念变革外，尤其需要加快人民检察院的涉外司法监督能力建设，为此应考虑在机构、人员、投入等方面建立专业化、独立化、常规化和精英化的涉外司法监督机制，使涉外司法监督常态化。

（3）探索多元化的监督方式。人民检察院虽然被立法授予法律监督的权力，但对于民行案件的监督方式规定得较为单一，只有抗诉这一种监督方式，这种监督方式容易引起法院的排斥。如有检察实务人士指出："而现行法律只规定了抗诉这一监督方式，以至于法院不能正确对待抗诉，认为检察院刻意责难他们，挑毛病，搞对抗，在心理上无法接受，甚至从观念和体制上排斥检察监督。司法实践中，有不少法院在检察院抗诉后，明知原判决错误，就是不予改判。其原因在于不愿在对抗中承认错误，逞强斗气，更有甚者认为只要改判就意味着原审法官品质出了问题。在这种心态下，法院不到万不得已的情况下是不愿改判的。这种只抗不改，有错不纠的问题，影响了法律监督的地位和权威，淡化了民事行政检察职能。"[①] 因此，人民检察监督应当在监督方式上进行完善，一是在抗诉这种对抗性强的硬监督之外，探索更多的柔性监督，如检察建议、诉情通报、检察长列席会议等；二是

---

① 刘利宁、张俊锋：《再审检察建议若干问题的探索》，《检察实践》2005 年第 6 期，第 20 页。

实现监督重心的前置，由在法院作出生效判决之后进行消极否定，调整为生效判决作出前的监督，从结果转向过程。

（4）补善现有检察机制。我国立法对民事案件的检察监督虽有法律明文规定，但这种规定既是抽象的，也是不足的。可考虑补全的方面主要包括监督的主体、对象、标准、权限等。具体而言：其一，在监督主体的调整上，可考虑改变现在的"上对下"模式，逐步推行"同级抗诉"模式，激活广大的基层检察资源，更有效地实施涉外司法监督。

其二，在监督对象的调整上，现有的抗诉监督仅限于生效的判决、裁定，不包括其他具有法律效力的文书或令状，因此应将与生效判决、裁定具有同等法律效力的调解、支付令、诉讼保全等纳入监督范围。在我国人民法院普遍推崇调解的现行背景下，通过调解结案已渐成涉外司法之时尚。如广州海事法院就将调解工作列为推行海事审判精品战略的主要努力方向之一[①]。广州海事法院对调解工作的强调不是个案，而是整个中国涉外海事海商审判的一个主导动向，最高法前主管副院长在 2012 年全国海事审判工作会议上就指出："在近三年将海事案件一审调解率进一步提高至 57%。"[②] 在笔者所调研的样本判例中，也有多起案件是通过调解结案的。

这也就意味着，在现行人民检察监督的立法格局下，有超过一半以上的海事海商案件将脱离检察监督的范围，实质性地削弱人民检察院的监督职能。这也正是人民检察院被质疑诟病的地方，有的检察人士颇为典型地指出："调解作为人民法院解决民事纠纷的重要方式，与判决、裁定具有同等拘束力和执行力，直接关系到当事人的实体权利。

---

① 广州海事法院课题组：《关于海事审判实施精品战略情况的调研报告》，《人民司法》2010 年第 9 期，第 84—88 页。

② 参见《万鄂湘在全国海事审判工作会议上的讲话（一）》，http://www.ccmt.org.cn/shownews. php?id=11647，2017 年 3 月 8 日最后访问。

目前，有些法院在审判中片面追求调解率，滥用调解权，强制调解的情形比较严重，特别是对一些以合法形式掩盖非法目的，损害国家利益、社会公共利益的调解，不审查是否遵循自愿、合法原则，就予以确认，严重损害了国家和社会公共利益。为促进审判机制的完善，充分保障当事人的合法权益，使民行抗诉的整体效果得到全面的发挥，应将调解列入检察机关的抗诉范围。"① 按照我国调解法的规定，调解应当依法进行，因此，也就存在人民检察院行使法律监督权的理据。

其三，在监督标准的设定上，首先应明确的是，人民检察院不是"第二"人民法院或人民法院的"法院"，因此，检察监督不是二审或再审，其对象也就不是案件事实认定、法律适用本身，而是人民法院在认定事实、适用法律过程中的方式合法与否。还需指出的是，涉外司法监督的标准也不完全同于国内司法监督，因为涉外司法的法律适用过程包括外国法的适用，外国法的适用过程是否合法应当有其独特标准。外国法的适用可分为两个相对独立的环节：一是外国法的选择即找法，二是外国法的适用即用法。找法的标准是"正确与否"，用法的标准只能是"合理与否"。以侵权冲突规范为例可予说明，对于侵权行为地法究竟是 A 国法还是 B 国法，这是法院可以客观评价的，因此人民检察院也就可以对之进行正确与否的监督；对于侵权行为地法在案件中的适用就无所谓正确与否了，因为作为准据法的外国法的意义并不是一个绝对的客观的意义，它适用于多国案件之中会存在意义的漂移与新构，因此外国法的适用就只能是合理与否。合理与否意味着人民法院有必要的自由裁量权，因此，人民检察院在对其进行监督时就不应等同于对法律选择的监督，其监督的标准不再是正确与错误，而是合理与不合理。

---

① 刘利宁：《论民行检察监督制度的立法缺陷及完善》，最高检官网，http://www.spp.gov.cn/site 2006/2006-04-11/001507066.html，2017 年 3 月 8 日最后访问。

其四，在监督权限的调整上，现有立法过于抽象与狭隘，缺乏可操作性，因此在调整监督权限时应着力于将这些抽象规定落实为具体举措。这些举措包括但不限于：明确检察院的调阅案卷权，但司法实践中，"由于法律未明确赋予检察机关调阅卷宗的权力，导致检法认识不一，许多地方的检察机关调卷困难。因此以立法形式明确检察机关调阅卷宗的权力和程序，已经成为当务之急"；明确调查取证权，但"长期以来两高对检察机关在民事抗诉程序中有无调查取证权，意见分歧较大。因此，以立法形式赋予检察机关民行监督程序中的调查取证权已成为必然选择"；明确并扩大抗诉参与权，包括要求人民法院限定再审期限的权力。①

除此之外，为提高涉外司法监督的针对性和有效性，人民检察院可考虑设立专门的涉外司法监督机制，进行涉外司法监督的专题调研，以满足涉外司法监督的应然需求。

（三）促进涉外司法的透明化

人民法院内部监督与人民检察院外部监督在监督效果上具有如下不足之处：一是局限性，二是内部性，三是收敛性。所谓局限性，是指人民检察院与人民法院作为法定监督机关和审判机关，都有较为繁重的法定职务，尤其是人民法院的司法负荷更大，在做好这些本职工作的同时要求强化对涉外司法的监督，这会使它们多有"力所不逮"之处。所谓内部性，人民法院的自我监督自不待言，人民检察院的监督的"外部性"也只具有相对性，在更广义的范围内，人民检察院与人民法院均属司法机关，因此他们之间不管是自我监督，还是相互监

---

① 刘利宁：《论民行检察监督制度的立法缺陷及完善》，最高检官网，http://www.spp.gov.cn/site 2006/2006-04-11/001507066.html，2017 年 3 月 8 日最后访问。

督都只是司法机关内部监督，这种结构上的同源使其监督内化，从而使其监督效果也有弱化倾向。所谓收敛性，是指由于监督过程及其效果不能客观彰显，只在司法系统内部体现；这种收敛性一方面会削弱监督成就的巩固与深化，另一方面也无法建立有效的监督示范辐射效应。因此，这些监督局限需要进一步通过司法透明的方式予以解决。

在涉外司法与涉外司法监督两个方面，涉外司法的透明化进程较为明显，最高法及各级法院都在积极探索司法透明的途径和方式，中国涉外商事海事案件审判在这个方面取得了系列成就。但涉外司法监督则相对沉寂，人民检察院主要通过公报等书面刊物公开其监督案例，在监督形式上过于单一，在监督效果上也有很大的提升空间。就人民法院系统所采用的司法透明措施看，已经取得的既有成就和经验主要包括两方面：一是书面公开，涉外民商事案件方面主要的公开刊物包括《最高人民法院公报》《人民法院案例选》《涉外商事海事审判指导》三类，由于这些书面资料的获得时间相对滞后、获得成本相对较高，因此它们一般主要为业内人士所订阅和事后研究，缺乏公开的广度与效应；二是网络公开，主要的网络公开资源包括最高人民法院及各级法院建立的判决公开途径，以及专门针对涉外商事海事案件进行公开的"中国涉外商事海事审判网"等。应予肯定的是，人民法院涉外司法的透明度在逐步提升，在进一步巩固此种透明举措的基础上，如何提高司法透明的时效性、降低司法透明的获取成本、多元化透明举措，当是以后工作的重心。

具有积极意义的是，为促使裁判过程的透明化，发挥其示范效应，一些法院开始与研究机构、相关高校合作研究司法透明评价方案，一个典型例子是浙江高院与浙江大学共同实施并召开了"司法透明指数研究会"。据介绍，司法透明指数研究是对司法公开的立案、庭审、执行、听证、裁判文书和审务公开等六个方面的工作进行全面自查和充分调研，确定行政管理和司法过程两个维度100项指标进行量化，同时借鉴全国各地法院在司法公开工作中的先进做法，通过深入翔实的个案实证研究，测定司法透明指数，将法院司法透明程度以科学的量化方式展现给社会公众。[①] 此种探讨的意义在于，司法透明的评价不再是一个模糊的定性研究，而转变成为科学的定量评价。当然，在推行量化研究和评价的同时，必须考虑考核指标设定的合理性与科学性，最终还得转化为社会效果的提升，才是司法透明的旨归所在。

以上是就影响冲突法正确适用的关键环节的"点穴式回应"，且重心主要是通过外在的规范和约束，解决干扰冲突法正常指向的实践诱因。针对这些关键环节有的放矢地建构相应的制约和监督措施，有助于事半功倍地消解诱导冲突法回归法院地法的消极因素，从而部分地解决法院地法倾向的问题。然而，此类举措基本上是外在的应景式回应，属于"战术"范畴，要根本地恢复冲突法的刚性，实现对法院地法倾向的长久之治，还应转向一种更高的"战略"安排，这就是本书要进一步探讨的"体系选法"，通过恢复冲突法居于其中、实现于其中的体系力量，集体纠正冲突法正常运行中的干扰素，实现正确合理选法，解决不当的法院地法倾向。

---

① 《浙江高院与浙江大学共同召开司法透明指数研讨会》，人民网，http://legal.people.com.cn/GB/188502/18044750.html，2017 年 3 月 8 日最后访问。

第六章　法院地法倾向的体系应对

　　所有涉外民商事关系的准据法选择均可化约为一个极简表达式，即"冲突规范＋准据法"。但冲突规范在锁定准据法的过程中需要一系列复杂的制度予以支撑，由此形成以锁定准据法为目的，以支持冲突规范运行为中心的制度要素，这些制度要素环绕在冲突规范内、外，前、后，及上、下，以协力实现冲突规范之"矢"精准聚焦并击中合理的准据法。所有制度要素与冲突规范一起共同构成选法体系。理想的选法体系本应具有自约束的能力，即通过该体系内部各制度要素彼此之间的制约、协调和补位，在某一或某些制度要素失灵的情形下仍然能达到排除干扰，精准选法之目的。然而，因选法体系在实践运作中的离散瓦解了其自约束的能力，继而产生包括法院地法倾向在内的种种弊端。最有效的矫正方略乃是逆向复活选法体系各制度要素的自约束能力，释放体系内各制度要素间的联锁功效，以体系的力量对法院地法这个影响选法的重心"去重心化"，此即为体系选法。当然，体系选法所欲排除者并非一切法院地法的适用，而是其中不合理法院地法的倾向。因此，作为体系选法的作用前提，即是对法院地法倾向采取类型化的反制方略。

一、应对方略的类型化

广义而言，法院地法倾向在本质上是一个中性现象，将其视为法律选择的"原罪"抑或"原则"均为偏颇之见，更精当的定位应是包含二者而又介于二者之间的"原欲"。"原"者，即根本，意指法院地法倾向根植于冲突法的先天选法机制之中。冲突法的选法机制天然地具有一个对法院地法"偏心"的结构，因为法律选择的主体即法官属于法院地国，熟知且很可能唯一地知悉法院地法，且可能对法院地法抱有忠诚的信仰；相对而言，对与法院地法并列的外国法则很可能一无所知。故，冲突法的选法机制实际上预设了一个悖论：要求法官立足法院地的身位对法院地法和非法院地法进行中立选择。作为选法主体的法官在选法的已经处于非中立的偏心状态，显然极难中立选法。法院地法因此是法官在法律选择过程中的原欲。

原欲并非原罪，即便原欲上升为法律选择的原则，只要其具有理性的依据或基础，并为立法所肯认，则表现为选法原则的法院地法也是合理合法之欲。因此，不能因法院地法作为选法的原欲就不加批判地将一切法院地法倾向定性为原罪，此种批判一切却拒绝自我批判的态度，才是真正的原罪。本节以理、法二维度所形成的四种组合方案概括法院地法倾向的四种类型，应对各类型的法院地法倾向区别对待，采取类型化的对治方略，方能起到有针对性的反制功效。具体而言，四类法院地法倾向可概括为：（1）合理合法型；（2）合理出法型；（3）出理合法型；（4）出理出法型。针对此四类法院地法倾向，通过选法体系的体系选法，应当采取三种应对措施：第一，针对合理合法型法院地法倾向，理应豁免于体系选法所矫正的"负面清单"之列。第二，针对合理出法型法院地法倾向，应通过选法体系的内在深度和弹性，努力协调，使其在案件处理中转向合理合法型。第三，针对出理合法型、出理出法型法院地法倾向，则应通过作为一种综合弹性的冲突法运用之道的体系选法，整合各适用制度与规则的作用方式，矫正不当的法院地法倾向，指向合理的外国法。总之，体系选法作为一种选法原理和技术，从结果层面看，它能过滤掉不合理的法院地法倾向，导致或者是合理合法的法院地法的适用，或者是合理合法的外国法的适用。

需要强调的是，在理论上决定法院地法倾向应否维持的因素只有一个，即合理与否。如果法院地法倾向是合理的，则问题不在于矫正此种合理倾向，而在于通过体系选法对其正当化和合法化；反之，体系选法则应矫正之，并指向合理的外国法。系统的也是最佳的调整乃是体系内的自制约，即通过体系内部的结构性力量，预止错误，并且在错误不可避免地发生的情况下纠正错误，或者将错误的消极效应降至最低。体系的自制约力量源自体系内部的结构，因此，在论及通过体系进行法律适用的矫正之前，尚需对选法体系的内部结构进行解析。

二、选法体系及其危机

冲突法在适用中存在诸多干扰其正常作用的消极诱因。然而，许多诱因的存在根源于现有选法体系长期以来作为一个体系被无视的弊端，这就是选法体系徒有体系之表，而无体系之实，从而导致选法体系的离散，本应由整个选法体系所共担的精准选法的重任被完全归集在冲突规范这个单一的点上。由于缺乏选法体系中其他点的支持和制约，仅仅依照冲突规范进行单点选法就成为一种缺乏制约的"裸选"。因为只有存在两点及以上，方可彼此制约构成方向，并由此存在明确的目标。仅有冲突规范的存在，致使选法失去制约和方向，孤点无向，但却辩证地无所不向。因此，缺乏制约的选法，赋予了法官几乎无所不能的选法裁量权①，法院地法对司法者的天然"引力"从而能更顺畅地发挥作用，法院适用的向内倾向也就不可避免。为恢复及重构体系的力量，首先必须对选法体系的失灵及其因由和导致的裸选过程进行解析。

（一）选法的三阶次

自冲突法产生以来，选法的体系化就始终是以冲突规范为中心的。为发挥冲突规范的选法功能，合理调整涉外民事关系，选法步骤被建构出来。选法步骤通常包括三个阶段，并有广、中、狭义之分。选法体系即是为推动和实现选法步骤而建构出来的立体结构。

1. 狭义三阶选法及其体系

狭义的选法步骤包括一个"小三阶"，即"定性—冲突规范—定位"。冲突规范是一种特殊的规范，有其独特的构造，即"范围＋系属"。二者在本质上发挥的是关联或连接作用，"范围"是对特定性质的法律关系或其问题与特定冲突规范进行关联或连接的部分。由于冲突规范的范围呈现为按照性质而区分的法律关系类型或问题，因此，为特定案件确定应予适用的冲突规范就必须通过一个关键环节进行支撑，这个环节即为定性，是选法的第一阶段。

定性的功能旨在为特定案件锁定应予适用的冲突规范，定性完成后即进入选法的第二阶段"找法"，寻找对应的冲突规范。确定冲突规范是一个相对定性而言较为容易的过程，一国的冲突规范是围绕涉外民商事关系这个总括概念设计并构造出来的，不同性质的法律关系

---

① 荣格教授对此妙喻为"长袖善舞"。参见 Friedrich K. Juenger, *Choice of Law and Multistate Justice*, Boston Nijhoff, 1993, p. 165。

被区分开来，每一类性质的法律关系均作为冲突规范的范围概念。因此，只要把握住法律关系的性质，利用特定性质的法律关系的概念范畴，就能同时完成两个可逆的动作：一方面，根据特定概念范畴对案件事实进行定性；另一方面，将定性后的案件事实纳入各类法律关系的"衣橱"[①]。后一动作即为对冲突规范的查找与锁定。伴随冲突法对涉外案件选法调整的健全和成熟，冲突规范的体系已经不再局限于粗线条的法律关系范畴，而逐渐进行广度上的分割和深度上的分解。所谓广度上的分割，是指将特定性质的法律关系进一步横向分割为若干并列的小类法律关系，如《合同法》第126条、《涉外民事关系法律适用法》第41条将所有类型的涉外合同关系总括为一类，而在《涉外民事关系法律适用法》第42、43条则进一步将劳动合同和消费者合同等小类合同关系单列出来。所谓深度上的分解，则是指将不能再行分割的小类法律关系进行构成方面的分解，如将涉外结婚关系分解为涉外结婚的形式要件、实质要件[②]，将涉外收养关系分解为收养的条件、效力、手续及解除等[③]。由于此类广度分割和深度分解，导致冲突规范在量上的倍增，从而出现冲突规范在调整范围上的精准厘定之需要，继而提高了特定案件中锁定特定冲突规范的难度。特别是考虑到法律关系竞合问题，如涉外侵权关系与涉外合同关系，涉外合同关系与涉外不当得利的关系的竞合，如何锁定冲突规范也就更具挑战性了。典型如海商关系中，无单放货的法律问题，究竟应将其定性为侵权关系还是合同关系，究竟应当援引合同冲突规范还是侵权冲突规范，在司法实践中经常出现矛盾和冲突。最终最高法出台相关司法解释予以明晰后才得以有统一的解决方案。

第三阶段则是"定位"，即对冲突规范的指向予以地域化

---

① 巴蒂福尔、拉加德：《国际私法总论》，陈洪武等译，第405页。
② 参见《涉外民事关系法律适用法》第21、22条。
③ 参见《涉外民事关系法律适用法》第28条。

（localisation），这个过程是对冲突规范的系属部分，特别是系属部分中的连接点进行的解释和空间化。大部分连接点是以空间概念表达的，其前身即为法律关系本座说中的"本座"（seat）。要对此类连接点进行空间定位相对较易，但也有一些连接点并非空间概念，这就需要通过法律解释的方式进行空间化后再行定位之举。此类连接点如属人、意思自治、最密切联系、特征履行等。当然，即便是空间概念形态的连接点，也因社会变迁，特别是科学技术的发展而出现不定的多位指向，如侵权行为地在行为实施和行为结果上的分化与时空分离，这就需要进行定位上的选择或取舍。此外，尚有一些特殊形态或处于特殊状态中的连接点，如物之所在地在通常情形下，特别是在不动产的情形下较易确定，但对于无体动产，以及运输途中的财产，要定位其所在地就并非易事。为此，就需要一系列相关的制度予以支持。

由上可见，即便是狭义的三阶选法，它的定性、找法（冲突规范）和定位找法（实体规范）在司法操作中很可能是"闪念"或"转念"之间的事情，甚至自其发生到完成司法者对其并无明确的意识，但为完成这些动作，必须有一个围绕冲突规范的体系进行背景支持：（1）必须要有相应的概念范畴的设定与把握；（2）必须要有对各类法律关系彼此区分与相互竞合时的解决规则；（3）需要对冲突规范的一般与特殊关系进行理解和准确取舍；（4）需要对冲突规范的连接点进行解释与定位；（5）如果考虑到时际冲突、人际冲突与区际冲突的情形，还需要有针对此类特殊情形的解决规则；（6）所有选法都不可避免的是，还可能涉及冲突规范的其他适用制度，如反致、法律规避禁止等；（7）最重要的参与要素可能是司法者，以及围绕司法者形成的各种选任、考核、晋升、监督、激励等制度。

2. 中义三阶选法及其体系

中义的选法步骤则包括："识别—选法—用法"。在中义的选法体系中，狭义的三阶选法只浓缩在"选法"这一环节中，但事实上对于作为一个环节或片段的"选法"目的及其功效的实现，既受制于作为选法"前因"的"识别"，也有赖于作为选法"后果"的"用法"。换言之，识别作为前因制约着，乃至决定着选法的有无及其方式；而用法则决定着选法效果的实现，并反过来逆向作用于选法。

识别在国际私法中常被等同于定性，然而，就冲突规则选法功能的实现而言，识别的内涵和外延远大于定性。简言之，定性作为对特定案件所隶属的法律关系或法律问题进行提炼并归属于冲突规范之活动，其必须依赖于更为基础的准备工作，此类准备工作的完成超出定性，而归入更为广泛的识别范畴。概括而言，识别除了包括定性之外，还主要包括以下前定性工作：

（1）程序与实体问题的区分。区分程序与实体的法效在于：一问题若为程序问题，则不发生选法的问题，直接适用法院地法；一问题若为实体问题，才有法律选择的可能。此类观念由来已久，被认为源起于 13 世纪"注释法学派"（the School of Glossators）的巴尔杜纳斯（Balduinus），他把法律规范分为两类：一类是法官执行程序的规则；一类是法官解决争议的规则。[①] 此后，沃尔夫即认为："我们已经看到，正义时常要求适用外国法，借以保护根据外国法已经取得的某些权利或者其他应该受到保护的法律地位。但是正义并不要求完全按照外国法院给予保护的方式来给予这种保护。相反，不论诉讼标的适用外国法还是适用法院地法，一个国家的一些法院都遵循它们自己的一般程序规则，倒是正义的一个要件。"[②] 这种正义的内涵，在沃尔夫那里事实上就是指给予法院、案件诉讼当事人的方便及平等对待。不论此类理据是否充分妥当，但实体与程序区分，在程序领域排除选法，只适用

---

① Richard Garnett, *Substance and Procedure in Private International Law*, UK: Oxford University Press, 2012, p. 6.

② 马丁·沃尔夫：《国际私法》上册，李浩培、汤宗舜译，第 256—257 页。

法院地法，此类做法已成国际私法领域不言而喻的规则。为此，在选法之前必须先行对案件所涉争议的程序性和实体性进行识别，以判定是否有选法的可能。

（2）实体问题的分割。将争议问题进行实体和程序的识别之后，并不意味着所有实体问题都应当进行选法，因为实体问题中还可能隐含着程序性的子问题。例如，在英国上议院的一个涉外案件审理中，关于损害赔偿这个实体问题就被上议院进一步分解为损害赔偿的项目（items）及其下的赔偿额度（amounts）。英国上议院在区分损害赔偿项目及其额度之后，将赔偿项目识别为程序性问题，将各项目下的赔偿额度识别为实体性问题。如此，侵权人该赔偿哪些项目就是一个由法院地法决定，而无需选法的问题；至于各个项目的赔偿额度才是需要考虑选法的实体性问题。由此可见，实体问题与程序问题的区分是相对且困难的，二者纠结在一起。甚至有观点还认为，二者之间的区分是动态变化的，在此案件中被定性为实体问题的，在彼案件中则可能被识别为程序问题。①

（3）实体问题的选法排除。在对争议问题作二次实体与程序的识别之后，事实上还没有直接进入定性的门槛，因为即便是应当定性、选法的实体问题，也仍然可能需要作两个方面的排除筛查：一方面是国际条约适用的筛查，即在一国将国际条约优先适用的情况下，特定案件的问题又隶属于该国际条约的适用的，此时也就不存在依据法院地法进行定性，再选法的问题。我国现行法律体制即是如此，《民法通则》第 142 条第二、三款建立了国际条约优先，国内立法次之，国际惯例参考适用的三级体制。在此体制下，国际条约所覆盖的法律关系或问题将直接适用条约本身，无需定性和选法。而在认定某一案件是否属于国际条约的适用范畴时，就是不同于将该案件纳入特定冲突规

---

① Richard Garnett, *Substance and Procedure in Private International Law*, 2012.

范范围的定性活动的、更为广义的识别。例如，营业地分别位于中国和美国俄亥俄州的两个公司，就中国境内生产的芯片签订的买卖合同，该合同应否直接进行定性，然后根据意思自治、最密切联系确定准据法？这个问题就首先涉及对其进行识别，以判断其是否为 1980 年 CISG 公约（联合国国际货物销售合同公约，the United Nations Convention on Contracts for the International Sale of Goods）调整的国际货物买卖合同，根据不同的识别结论作出不同的法律处理，或者选法，或者直接适用 CISG 公约。

另一方面，在经过国际条约的适用筛查后，还需进一步完成国内法中某些需要直接适用、排除选法的问题筛查，这主要是确定特定案件是否属于法院地法中直接适用法的调整对象。直接适用法尽管在我国实践中有所应用[①]，但明确为立法却是迟至制定《涉外民事关系法律适用法》时，之后迅速成为国内法学界的显学。[②] 依我国最高司法机关对直接适用法的界定，其本质是作为与国内法上强制性规范不同的另一类特殊的强制性规范，是指"涉及中华人民共和国公共利益、当事人不能通过约定排除适用、无需通过冲突规范指引而直接适用于涉外民事关系的法律、行政法规的规定"[③]。据此可见，当某些实体性法律关系或问题，例如涉及食品安全或金融安全的，就应由我国国内实体法进行调整，而非通过选法调整。相应地，此类实体法律关系或问题需要识别，但无需再做选法定性。

为了选法而进行的识别，显然并不限于上述三种情形。倘若某一

---

① 参见广东省广州市中级人民法院（2004）穗中法民三初字第 103 号民事判决书（2005 年 7 月 21 日）；广东省高级人民法院（2005）粤高法民四终字第 255 号民事判决书（2005 年 12 月 15 日）。

② 近段时间以来，以直接适用法为主体的典型论文包括但不限于：李元元、杨华：《论国际私法上直接适用法的重新界定》，《河北法学》2016 年第 5 期，第 33—46 页；肖永平、龙威狄：《论中国国际私法中的强制性规范》，《中国社会科学》2012 年第 10 期，第 107—122 页。

③ 参见最高法《关于适用〈涉外民事关系法律适用法〉若干问题的解释（一）》第 10 条。该条进一步进行了列示：涉及劳动者权益保护的；涉及食品或公共卫生安全的；涉及环境安全的；涉及外汇管制等金融安全的；涉及反垄断、反倾销的；应当认定为强制性规定的其他情形。

问题因为错误识别，本属于程序问题但却被识别为实体问题时，选法环节本身并不会再去反思、甄别和筛查该问题是否属于应予选法的问题，而是视之为当然从而选法。当一个不该选法的问题被选法调整后所输出的结果，很可能不能令人满意，甚至根本违背常识。此时，世人往往不去批判选法前的识别过错，而是将所有过错归咎于选法环节本身，甚至独独归于选法环节中的选法规则，诚可谓"昧于前因"。

不仅如此，影响选法质量的不只可溯及前因，还可能及于后果，因为正确的选法将会为后果的实现确定方向。错误的选法将使在选法后果阶段的努力和付出成为徒劳，从而逆向作用于选法环节，并引发调整选法整体思路和方案的危机。这个选法后果即是用法。

国际私法意义上的"法律适用"或"用法"至少超出了国内法意义上的"用法"一个内涵层次。如果说国内法意义上的"用法"包括两个内涵层次，即找法和用法，那么国际私法意义上的"用法"就至少还包含此两层次之上、之前的"查法"。因为在国内司法过程中"法官知法"的论断尚可勉强成立，但在涉外司法过程中，通过选法之后的可能结果将是指向外国法，在查找和适用外国法法律之前，必须对该外国法的内容有所知悉和理解，此即为外国法的查明。外国法的查明意义重大，因为外国法不能查明，或者查明错误，都会让艰难的选法过程失去意义；如果外国法频繁地查明不能或者查明错误，则还将让人对冲突法本身普遍失去信心并致其危机四伏。更为尖锐的问题是，作为一种不可逃脱的本体论上的问题，用法由于有跨语言文化的要求，从而将更为复杂和艰难的、上文业已述及的翻译与理解的问题带入其中。有观点较为深刻地描述了不同语言文化系统进行转换时的"改变"或"创造"："当概念从客方语言走向主方语言时，意义与其说是发生了'改变'，不如说是在主方语言的本土环境中发明创造出来的。在这个意义上，翻译不再是远离政治和意识形态斗争或与利益冲突无关的中立事件。实际上，它恰恰成为这种斗争的场所，客方语言在那里被迫遭遇主方语言，二者之间无法化约的差异将一决雌雄，权威被吁求或是遭到挑战，歧义得以解决或是被创造出来，直到新的词语和意义在主方语言内部浮出地表。"① 法律无疑也是文化、历史和政治的构成部分，对外国法的翻译、理解也就同样不可避免地遭遇类似情形，如国际私法学者荣格所言："众所周知，法官在适用外国法时会缩手缩脚，感觉如芒刺在身，与其说他们是在发挥建筑师的作用，还不如说他们是在发挥摄影师的作用，他们习惯忠于外国法的字面含义而非外国法的精神行事。即使法官确实对外国法的真义了然于心，也仍不可避免地会出现曲解外国法的现象"，很可能创造出"法院地法和外国法都没有的法律概念"，一种拼凑出来的"人造杂交怪物"。② 当然，上文也指出过，理解不仅有时态，而且本质上是在特定环境中的意义互构，因此，这种现象不应仅仅视为冲突法的存在危机，同时也是冲突法存在的生机。

此外，用法环节还应包含对选法的调整，这就是对不当选法的排除和救济。不当选法有两种主要表现：一是所选之法为恶法，从而触犯法院地公共秩序，需要进行排除；二是所选之法为不应适用之法，当事人涉嫌操纵选法，需要进行调整。对不当选法的救济，法院内部的上诉救济是常用模式，针对三种情形：一是错选法，指对选法规则的援引错误；二是选错法，指选法规则援引正确，但在定位准据法时出现错误；三是用错法，指选法规则援引正确，准据法定位准确，但在查明外国法及适用外国法时出现了错误。针对此三类错误，也发展出了相应的救济机制。

综上，对于"选法—用法"的关系或许需要一种新的视角，即它们之间并非一种单向的因果关系，似乎选法制约着用法，用法作为逻

---

① 刘禾：《跨语际实践：文学，民族文化与被译介的现代性（中国：1900—1937）》，宋伟杰等译，生活·读书·新知三联书店 2008 年版，第 36 页。

② 荣格：《法律选择与涉外司法》，霍政欣、徐妮娜译，第 202—203 页。

辑滞后于选法的环节不会将其本身存在的问题、引发的责难和触发的危机回传给选法。然而，事实正好相反，用法中查法的困难、适用法律产生的效果被作为废除冲突法方案即选法调整方案的直接证据，巴氏案及其促致的美国冲突法革命即为明证。该案法律适用的效果没有被限定在用法环节进行理解和处理，而是被提前和提升到选法环节进行批判，继而爆发了革陈出新的要求。尤其明显的是，用法中的调整就是对选法环节的某些错误进行修正，这就体现了用法环节反过来支撑选法环节更健全地发挥作用。可见，选法与用法之间是一种双向的制约关系，二者互为因果：从结果的产出角度看，选法为因，用法是果；但从结果的调整角度看，用法是因，选法为果。相互制约，彼此关联，正体现了二者的体系性作用关系。

3. 广义三阶选法及其体系

广义的选法步骤包括一个"大三阶"，即"管辖权—法律适用—判决承认与执行"。类似地，管辖权是影响法律适用环节的前因，对法律适用环节可能发生的错误进行制约，同时，法律适用环节也逆向地影响管辖权的取舍。判决承认与执行环节作为法律适用的后果，由法律适用环节的品质提供保障，同时也逆向对法律适用环节产生制约。管辖权与法律适用之间的体系性作用关系可分解为两个方面：

（1）管辖权对法律适用的影响。包括中国在内的大多数国家对案件管辖权的设置都采取双轨制，即针对纯国内案件设置一套管辖权体制，针对涉外案件设置另一套管辖权体制，或者在国内管辖权体制之上，规定一系列特别管辖权规则规范涉外案件的管辖权问题。在涉外案件的管辖权对法律适用的影响方面，管辖权的确定对于法律选择意义深远，沃尔夫的洞察值得回味："在当事人双方不要在任何法院起诉，而只是要知道他们的法律地位的情形，他们的律师也能够给予一个明白的回答；但是现在律师常常不得不这样说：'我的回答要看诉讼是在甲国的法院还是在乙国的法院提起而定。依照甲国的冲突规则，应该适用譬如说瑞士的国内法，根据瑞士国内法，这个请求是有理由的；而依照乙国的国内法，则应该适用法国的国内法，根据法国国内法，这个请求却是没有理由的。'如果当事人双方都主张不要在任何地方起诉，而只要知道在他们中间哪个'是对的'，那么，即使是最有学问和最有能力的律师也不得不这样说：'您的问题是不可能回答的，虽然法律是明白无疑的'。"[1] 此例最好地说明了管辖权的归属对当事人权利义务的影响，简言之，在国际私法上在管辖权归属确定之前，应当沉默是金，即"无管辖，不言法"。芬迪曼说得更为确切，在国际商事诉讼中围绕管辖权的确定应考虑三种风险："一是法院地法将凌驾于当事人约定的法律。除非对法院就争议的管辖提出异议，否则就不可避免法院地的超越性法规和公共政策的效力。二是法院地的国际私法规则是不利的。特别是，它们可能导致当事人所约定之外的法律的适用。它们可能坚持认为，除非合同与所选法律之间存在客观联系时，否则当事人对该法的明示选择是无效的。它们或者可能用具有偏见的外国法，如履行地现行有效的法律，调整合同。三是法院地采取的救济措施并不合适。"[2] 上述言论更多地是从法律选择及其适用后果来谈的，事实上此种法律效果的产生方式正是管辖权透过选法过程得以实现的。

要言之，管辖权通过将自身与选法规则的捆绑实现对选法结果的捆绑。其具体作用原理是：首先，有什么样的管辖，就有什么样的选法规则。在国际私法的视野里，一国的法律规则可分为三类，分别是实体规则、程序规则和冲突规则。上已述及，程序规则适用法院地法，实体规则是否适用有赖于冲突规则的指引。问题是，冲突规则作为法律规则之一类，应如何适用？是适用法院地法，还是适用非法院地

---

① 　马丁·沃尔夫:《国际私法》上册，李浩培、汤宗舜译，第 18 页。

② 　Richard Fentiman, *International Commercial Litigation*, Oxford University Press, 2010, p. 165.

法？这也是理论上热议冲突规则是程序规则还是实体规则的目的之一，因为冲突规则如为程序规则，则将适用法院地法，否则，就当然地应适用法院地法。尽管理论上冲突规则被定性为不同于实体规则和程序规则的规则，但其适用的方式则与程序规则相同，即由何国管辖，就适用何国的程序规则和冲突规则。此即为管辖权与冲突规则的捆绑。

其次，有什么样的管辖国，就有什么样的案件类型识别标准。应当指出，在一国对案件区分涉外与否，并分而治之的格局下，重要的是建立何种案件涉外的标准。案件的涉外性是一个看似简单，深究起来却颇为复杂的问题。大多数国家并未在其立法中明确何谓案件涉外的标准，更多地是从其实质层面进行把握，案件涉外即是指案件具有"涉外因素"或者"与超过一个以上的国家法律体系相关联"[①]。我国事实上采取的是法律关系要素的方式界定涉外标准，此方式具有一定的科学性且操作简便，便于统一司法。但其弊端则在于，可能过于形式而失之精神。易言之，某些案件可能在形式上符合（或不符合）法律关系三要素的涉外判断标准，但在本质上却不是（或是）涉外案件。鉴于此，我国最高人民法院根据《民法通则》与《涉外民事关系法律适用法》出台的两部司法解释有所差异，第二部司法解释实质性地增加了一个条款，对案件涉外性的界定采取了扩大的开放性理解，即虽不合法律关系要素的涉外判定标准，但其他可以认定为具有涉外性的，也应认定为涉外案件。新司法解释从影响法律选择精确度和适当性的角度看，可能产生两个问题：一是极大地放宽了案件涉外性的判断标准，初看起来是新法的创意和进步，但细究而言，此种宽泛的形式判断很可能将实质上不具有涉外性的案件识别并分流为涉外案件[②]，如此

[①] J. J. Fawcett (ed.), *Cheshire, North & Fawcett on Private International Law*, p. 3.

[②] 例如，根据新司法解释的规定，两个中国渔民在中国大陆架发生碰撞，因船舶碰撞地位于中华人民共和国领域之外，因此也算作是涉外案件。显然，按照实质标准判断，此种案件并无与两个或以上的法律体系相关联的情形，不应算作涉外案件。

将产生不应选法而选法的问题，放大了选法的不当风险。二是它是单向的实质审查标准，即它只能纠正那些实质上是涉外案件但形式上是国内案件的情形，反过来，它的实质审查功能就不存在了，即如果某个案件在形式上是涉外案件，但在实质上是国内案件，就不能因该条款而被识别和分流为国内案件，继而发生不应选法而选法的问题。

考虑到不同国家对于案件涉外性的鉴别标准是不同的，因此同一个案件在不同国家管辖时就可能出现因识别标准不同而被不同对待的情形。此点就凸显了管辖权归属的重要意义。

再次，有什么样的管辖国，就有什么样的选法模式。管辖权的归属不仅决定了应该使用何国的冲突规则，而且还决定了冲突规则的法定与任择适用模式。显然，两种选法模式对同一案件所产生的结果很可能是完全不同的。"得管辖权者，得天下"① 的趋势在国际私法领域尤为突出。

最后，有什么样的管辖国，就有什么样的选法规则。选法规则即冲突规则本为解决规则的冲突而生，但其本身却因各国立法的不同而先行趋于冲突。如关于涉外结婚的规定，有的立法适用婚姻缔结地法，有的立法适用当事人属人法。立法冲突由此从国家间实体规则的冲突延伸到为解决国家间实体规则冲突的冲突规则之上，造成冲突规则的冲突。职是之故，沃尔夫才告诫我们：在管辖权未定之前，不要下结论。管辖权的悬而未定意味着冲突规则的不定，这又导致了应当适用的法律的悬而未定。

（2）法律适用对管辖权的影响。法律适用虽然在逻辑秩序上滞后

---

① 因为管辖权的赢得，不仅意味着在跨国诉讼中以逸待劳，拥有客座作战的外国人或其代理人所无法获得司法外资源，而且也意味着冲突规则的使用与否及其导致的法院地法使用与否。所以，有观点才认为，确定解决争议的管辖法院是国际商事诉讼的首要任务，赢管辖权者胜的趋势意味着法院很少采取传统的选法过程，尽管该过程是重要的。Richard Fentiman, *International Commercial Litigation*, p. 261.

于管辖权，先有管辖权，才谈得上后续的法律适用问题。但法律适用并不是单纯受动的，其也可在如下方面体现出对管辖权的反冲力，以至于在管辖权裁定环节必须要考虑到法律适用的问题：

其一，作为国际私法上的法律适用，其预设了案件涉外的语境，在涉外案件与国内案件管辖采取双轨制的前提下，这意味着，在管辖权对法律适用产生影响之前，已经先行受制于法律适用了。以我国为例，我国最高人民法院收紧了涉外案件的管辖，颁布实施了一个所谓"集中管辖"的司法解释。[①] 根据该司法解释的规定，针对特定类型的涉外民商事案件，一审法院原则上提高到了高级人民法院，但有四种例外情形[②]，可由特定的中级或者相当的中级人民法院管辖。此后，鉴于其他中级人民法院，以及特定地区的基层人民法院审判能力的提升，在经所在地区高级人民法院报请的情形下，由最高人民法院指定相关中级人民法院和基层人民法院行使涉外案件的管辖权。据此可见，对需要进行国际私法上法律适用的案件，其业已先行对案件的级别管辖产生了制约。

其二，法律适用作为一个判断方便管辖与否的重要因素，将会通过"不方便法院原则"对管辖权产生取舍影响。法律适用对案件国别管辖的影响，最集中地体现在其被作为判断法院管辖方便与否的根据之一。上已述及，法律适用的困难之一即是查明、理解和适用外国法的问题，该问题业已成为制约法律选择和法律适用的一个瓶颈。事实上，在诸多司法实例中尽管法官经历了艰难的法律选择和法律查明，但最终往往因外国法无法查明而不得不转向法院地法，这也是法院地法倾向得以产生的主要原因之一。因此，如果在理论上能将管辖权与

---

①　参见最高法《关于涉外民商事案件诉讼管辖若干问题的规定》（法释〔2002〕5号）。

②　这四种情形包括：国务院批准设立的经济技术开发区人民法院；省会、自治区首府或直辖市所在地的中级人民法院；经济特区、计划单列市中级人民法院；最高人民法院指定的其他中级人民法院。参见法释〔2002〕5号第1条。

法律适用问题关联起来，即所适用的法律与该法律所属国的管辖一致的话，将在两方面解构法院地法倾向：一方面，管辖是方便的；另一方面，适用法院地法是适当的。职是之故，通过引入不方便法院原则，在法院行使管辖权不方便的情形下拒绝管辖，而由方便的法院行使管辖权，就能将选择、查明和适用外国法的问题转变为正当地适用法院地法的情形。如此，既提高了效率，同时也确保了正义。

应当说，我国现行民事诉讼法建立了较为宽泛的涉外管辖根据，特别是在涉外合同或财产权益领域，原则上原被告住所地、合同签订地、履行地、标的物所在地，或被告可供扣押财产所在地、侵权行为地、代表机构所在地等任一事实因素在中国境内的，中国法院均可行使管辖权。[①] 我国立法固然以此方式宣示了司法主权，但也因此可能造成较多的不方便管辖的情形，容易导向大概率的适用外国法，以及由此导致的外国法查明困难，而不得不在实践中转向法院地法的适用。为缓解这一问题，我国最高法通过新的司法解释引入了不方便法院规则，授权人民法院在案件同时满足六种情形时裁定驳回起诉[②]，告知当事人向国外更方便的法院提起诉讼。其中，法律适用的问题就被列为六种情形之一。我国法院在权衡是否应当放弃管辖时应就该情形同时考虑两个方面：一方面，是否适用中国法；另一方面，是否存在重大困难。当案件应当适用外国法，且适用外国法存在重大困难时，就可以认定在该情形方面满足了拒绝管辖的条件。

然而，该司法解释的问题在于，它过分严格地限定了我国法院拒

---

① 参见《民事诉讼法》第265条。

② 这六种情形是：被告提出案件应由更方便外国法院管辖的请求，或者提出管辖异议；当事人之间不存在选择中华人民共和国法院管辖的协议；案件不属于中华人民共和国法院专属管辖；案件不涉及中华人民共和国国家、公民、法人或其他组织的利益；案件争议的主要事实不发生在中华人民共和国境内，且案件不适用中华人民共和国法律，人民法院审理案件在认定事实和适用法律方面存在重大困难；外国法院对案件享有管辖权，且审理该案件更加方便。参见最高法《民事诉讼法》司法解释第532条。

绝管辖的条件。简言之，即便应该适用外国法，且适用外国法存在重大困难，但如果其他五种情形任一不满足，则我国法院不得不继续行使管辖权，从而原有问题依然存在。也就是说，我国司法解释限定的"不方便法院"条件过于严苛，很多在理论上应当视为不方便法院的情形却属于我国司法解释上的方便法院情形。这就在很大程度上限制了法律适用环节对国别管辖的影响程度。

其三，法律适用环节所包含的定性与识别，通过对案件性质的调整从而影响管辖权的调整。应当看到，对案件进行定性和识别并不只是管辖权确定之后的法律适用问题，甚至往往在法院裁定是否管辖的时候就需要完成一定程度的识别。部分原因是因为国家设定管辖根据时考虑了案件的性质或类型。例如，我国立法及司法解释就规定了特定性质的涉外案件在国别管辖和级别管辖上应有特别之处：一方面，在国别管辖上，特定性质的涉外案件必须由我国专属管辖，典型的案件类型包括在中国履行的中外合资经营企业合同、中外合作经营企业合同，以及中外合作勘探开发自然资源合同纠纷。[1] 另一方面，在级别管辖上，特定性质的涉外案件分别由不同级别的法院行使管辖权。上文述及的"集中管辖"规定就适用于涉外合同和侵权纠纷案件、信用证纠纷案件，以及其他三类案件[2]。而对于边境贸易纠纷案件、涉外房地产案件和涉外知识产权案件则不适用该"集中管辖"的规定。[3] 据此观之，由于管辖权环节的识别或定性受制于表面证据，而对案件证据的审查核实是管辖之后法律适用过程中庭审的任务，由此就可能出现两阶段的识别冲突问题，这种冲突不是一种识别错误，因为二者立

---

① 参见《民事诉讼法》第 266 条。

② 分别是：申请撤销、承认与强制执行国际仲裁裁决的案件；审查有关涉外民商事仲裁条款效力的案件；申请承认和强制执行外国法院民商事判决、裁定的案件。参见法释〔2002〕5 号第 3 条。

③ 参见法释〔2002〕5 号第 4 条。

足于不同的证据基础；这种冲突更准确地应被理解为"识别的误差"。显然，管辖之后的庭审更具有识别的决策权，从而就可能发生案件在经初步识别后被受理，但在后续庭审过程中因调整了识别的结论，从而反过来影响管辖权的调整问题。这也是法律适用环节的识别或定性逆向影响并变更管辖权的体现。

类似地，法律适用与判决的承认/执行也存在体系性作用关系。简言之，一方面，法律适用的状况可能影响判决的承认和执行。包括我国在内的一些国家并不要求判决的承认和执行需要与法律适用问题挂钩，例如，我国在承认和执行外国法院判决时，通常只需要如下条件：其一，外国法院作出的判决或裁定已经发生法律效力；其二，存在国际条约根据或符合互惠原则；其三，不违反我国法律基本原则或国家主权、安全、社会公共利益。[①] 但也有立法例将二者关联起来，只有在被请求承认和执行的外国法院判决适用了特定的准据法时，该判决才能被承认和执行。此种立法例显然过于扩张。

另一方面，判决的承认和执行反过来也对法律适用环节产生制约。暂且不论那些在承认和执行环节将其与法律适用挂钩审核的国家，毫无疑问，如果一国法院在审理涉外案件时考虑到外国承认和执行的法律适用条件，则必然会在法律适用环节谨慎行事。外法域的承认和执行就如同"异域之眼"无形地对内国法院的法律适用过程发挥有力的监督作用。当然，必须承认，在不考虑自身判决被域外认可的情形下，承认和执行环节对法律适用的逆向制约和影响就不会存在。这应该是现时代的客观情势。只是从理论上言，建构或恢复承认和执行环节对法律适用的反作用具有积极的意义：不仅可以有效监督法律适用过程，提升法律适用的质量；而且有助于判决在域外的承认和执行。事实上，没有任何法官愿意看到自己的判决在域外不被认可，被认可、被承认

---

① 参见《民事诉讼法》第 282 条。

和被尊重是每一个法官的尊严和价值之所在。

（二）三阶选法的体系化

　　三个层次的三阶选法结构形成彼此延展和包含的体系，三者既相互独立，又彼此关联，环环相扣。在广义三阶体系中，法律适用环节涵纳了中义的三阶体系即识别、选法与用法，同时也包含了更为微观的狭义三阶体系即定性、选法规则的选择与定位。在这个层层相套、环环相扣的三阶体系中，居于核心地位的是冲突规则。冲突规则既是选法作用得以发挥的发力点，无它则不可能完成选法；同时也是整个体系的作用点，整个体系内的延伸措施或制度结构与体系内的制约力和平衡力共同作用于冲突规则：一方面辅助其实现最佳选法效果；另一方面则救济其失灵时的消极选法效果。在该体系中，除了考虑各选法制度安排之外，还必须考虑贯穿整个体系的能动的力量因素，这就是司法者。同时，还应考虑更为宏观的，将所有上述选法要素均涵纳其中同时又不限于纯粹的选法主题的司法环境。总之，其关系结构可直观表达如下图（图2）：

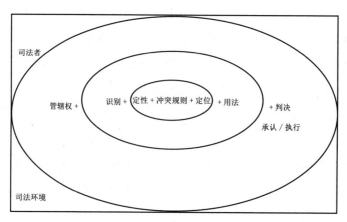

图2　三阶选法体系的结构

必须指出的是，体系不同于简单的结构，体系应当是彼此支撑和制约的结构体。易言之，如果只是将选法过程描述为从管辖权到识别，继而定性，援引冲突规范，锁定准据法处所，再到查法、找法与用法，最后得出判决，并寻求判决在域外的承认和执行，如此描述，就完全忽略了各环节之间的能动的内在关联，切断了彼此之间的反馈，突出了各环节的相对独立性质，但却遗忘了最根本的主题，即所有这些措施或制度被设计、发展和完善起来的目的何在。显然，它们的使命、存在意义乃是服务于冲突规则以达到最好的选法和用法效果。

作为一个体系，而非简单的物理式的制度累积，其重要的特征应是一体化和互动性。选法过程是一个体系，以冲突规则为中心，此前的制度服务于它并制约它，而冲突规则也反过来逆向作用于这些制度；同时，冲突规则的作用还有赖于此后的制度，后者也逆向作用于冲突规则。前后制度的作用力对接形成的一条作用线就为冲突规则的定位及其功用的发挥既提供了支持，也进行了限定。这种彼此支持又限定的关系就是体系的力量，就此而言，选法结果及其适用状态，在直接层面是且只是冲突规则的产出，但从深层上看，则是整个体系的结晶。可以称得上"一花一世界，一法一体系"。一个被拣选、被指定的法律（准据法），其背后是一整套拣选机制或指定体系。简言之，以有机还是无机的视角对待上述选法制度集，是区分这个制度集是无机的过程，还是有机的体系的决定性标准。

以冲突规则为中心的选法机制本应是一个有机的体系，专注于法律的选择及其适用，然而由于冲突法世界中一再发生的误会[1]，这个有机的体系离散为无机的制度累积。冲突规则前后的制度环节于是开始

---

[1]　具有深远意义的误会至少有这样几个：其一，国际私法的历史开始于对法则的关注，而非对法律关系的关注。对此误会的解决，引发了国际私法中的第一次所谓的哥白尼式革命。其二，国际私法对法律冲突的解决，不是解决法律所代表或追求的利益的冲突，而是去解决法则适用的冲突即选择。对该问题的洞察，引发了美国冲突法革命。其三，国际私法的选法，相当长时间以来不是"选法"，而是"选地"，误认为适当的"地域"等于适当的"法"。

独立自主起来，就事论事，失去了关联制度的支撑、支持和特别重要的制约，冲突规则的选法也就失去了方向。如上文所言，在立体空间中，冲突规则的前后、上下和内外制度彼此之间构成多个点，这些点彼此串联起来，就锁定了冲突规则的选法方向及其结果，冲突法的选法也就不会是任意的。然而，当各点成为孤点，就意味着它们已经不能通过结构制约或限定冲突规则的选法，从而使冲突规则的选法也成为孤点，孤点意味着绝对的自由度，从而消解了对司法者适用冲突规则的束缚，放纵了法院地法倾向的回归。可见，冲突规则及其相关制度体系本有其力量，但是由于体系的神散而导致形散，丧失了体系力量的约束，法律选择的结果呈现出普遍的倒转，也就是法院地法化的特征。然而，长时间以来，世人误将法律选择中的回家趋势，以及法律适用不可接受的结果单独视为冲突规则的无能，而昧于革命的盲动，最终导致各路革命学说开出的对治处方治标不治本，最终不得不重操"旧业"，重返规则。

必须反思的是，冲突法革命一再兴衰循环，不是因为冲突法的发展进入了"百家争鸣"的黄金时代，至少革命后的清算表明萨维尼的选法体系仍然是不可或缺的中流砥柱。革命的无进展说明革命在反复而非演进，反复革命的恶性循环说明了真正的病因并未被发现，冲突规则的瑕疵并不是真正的病灶。真正的病灶或许应当是以冲突规则为中心的选法体系的功能紊乱，是时候为这个体系进行"调理"了。

（三）冲突法危机的危机：体系的瓦解及其裸选

冲突法史上的三次革命对应的是三次危机。此三次危机的本质是"规则危机"，针对的是规则的调整与变换。但现阶段真正的危机乃是在本质上截然不同的"体系危机"，其反面证据是，规则调整或优化的空间已经耗尽，以至于无论怎么变换规则、革新规则、优化升级规则，仍然无法获得选法效果上的质的升华，而呈现出规则的反复摆动。当前冲突法危机的最大危机是，无法识别此种危机的本质变化从而无法正确回应危机的真正吁求，即从规则调整转换为体系调理。易言之，当代冲突法的一切问题，包括但不限于法院地法倾向的问题，在很大程度上是因为选法体系的离散或者说瓦解而导致冲突规则的被纵容。作为选法过程中的孤点，冲突规则不受约束从而堕入了"裸选"，即几乎无条件地选择的情境。破解当代冲突法危机，不是简单地循规蹈矩地调整规则，而应提升视角，对冲突规则的依存母体即选法体系进行系统调理，恢复其功能，变规则选法为体系选法。

1. 冲突法的危机

冲突法的生命历程虽然短暂，但却频繁地遭遇危机，但危机中存有机遇。历史上的三次危机都引发了冲突法理论的巨大跃迁：第一次危机可理解为同等效力的法律规则之间的冲突，对这个危机的反思和解决意味着冲突法的诞生；第二次危机可理解为法则区别说的陈腐，对这个危机的反思和解决促进了冲突法的近代化，冲突法进化到法律关系本座说；第三次危机可理解为法律关系本座说的形骸化，对这个危机的反思和解决促进了冲突法的现代化，以萨维尼法律关系本座说为基本框架的现代选法体系已经越发成熟和健全。然而，即便是这个现代化的选法体系也仍然无法完全摆脱美国冲突法革命时期被诟病的种种问题，包括选法结果的回家趋势、法律适用的不可接受性问题，以至于现代冲突法学者只能开出一些抽象地、宏观地、形而上地兼善实体正义与冲突正义的玄方。包括西蒙尼德斯教授所谈到的，未来的冲突规则应当是"聪慧的"（smart）[1]，至于如何聪慧从而足以解决他

---

[1] Symeon C. Symeonides, *The American Choice-of-Law Revolution: Past, Present and Future*, p. 425.

所提及的五大撕裂主题，也仍然不得不遁入玄而又玄的"妙不可言"。此种"玄冲突规则"论表达的仍然是一种危机。然而，在一切冲突法危机之中，最大的危机乃是错解了冲突法危机的本质。这或许是冲突法历史上的第四次危机，在揭示这个危机以及突破这个危机之前，可通过案例检讨冲突法的危机如何产生，克服危机的方案本身存在的危机，以及彻底解决冲突法危机应当遵循的原则和方案。而在所有案例中，最具典型性的案例当推可视为美国冲突法革命导火索的巴氏案。

该案已成为国际私法历史上最著名的公案，其案情梗概为：双方当事人均为住所在纽约州的美国公民，原告受被告邀约自驾去加拿大旅游。在车辆途经加拿大安大略省的时候，因被告驾车过失致车内原告受伤。回到纽约州后，原告即起诉被告要求损害赔偿。

一方面，美国作为多法域国家，跨州之间的交往引发的法律冲突问题非常频繁；另一方面，美国与加拿大之间的跨境便利性，也导致国际交往引发的法律冲突问题很常见。本案即是其中一常例。该案后续的法律过程，特别是国际私法上的法律适用主要有一个转折：一二审法院均依传统的冲突规则即侵权行为适用侵权行为地法确定准据法，从而适用加拿大安大略省的法律。安大略省当时的立法为遏制流行的保险欺诈，规定非商业营运的、不支付对价的主客间如发生交通事故，主人不承担赔偿责任。据此，原告诉求在一二审法院均被驳回。但三审法院法官弃用传统冲突规则，采用法律关系重力中心的观点改采纽约州法律适用后，支持了原告的诉求。法官的裁判根据后被提升改造为国际私法上的最密切联系原则。

美国冲突法学者围绕该案的法律适用进行了深刻和广泛的讨论，几乎一致的声音是对案件的冲突规则进行批判，佐证即是所选法律的不当及其导致的法律适用结果的不可接受性。一致声音的不同调门则是对案件的法律适用奉献了各具风格的新方案。这些新方案不同于立足萨维尼选法体系的传统冲突规则，它们作为共同的思潮对传统冲突法的选法方案发起了所谓学术界的"革命"。

上引案件的确凸显了传统冲突规则的某种危机，此点不容否认。即便将案件中一二审法院的选法思路置于当下，于规则层面也无可厚非，毕竟就选法而言其裁判理路清晰正宗，严谨正确。其裁判理路可简化如下：

定性。法官将案件识别为涉外案件并定性为侵权案件，是确切无疑的。

定则，即确定应援引的冲突规则。法官援引的是"涉外侵权适用侵权行为地法"这一传统冲突规则，也无不当。

定位及定法，即确定冲突规则所指地域并继而确定应适用法律。法官根据所援引的冲突规范，对该冲突规范的连接点进行定位，即"侵权行为地"为侵权行为实施地，该案交通事故发生在加拿大安大略省，故应适用加拿大安大略省的立法。选法结果正确无误。

用法。法官根据安大略省立法中的"客人法"（guest law），对原告诉求不予支持，也无可置疑。

由上可知，从合法性角度看，一二审法院的判决均无问题；即便从合理性角度看，该案合理与否也并无确定无疑的答案，因为答案取决于"谁之合理性""何种合理性"。从当时的主流立场来说，案件的处理结果是不当的，而且是极大的不当。正是基于对此种结果的极端不满，才引起了对法律适用过程的批判性检讨，进而最终锁定"罪因"是传统的选法规则。显然，在选法规则与用法结果之间存在着直接的因果关系，世人当然地认为，如果选法规则是妥当的，那么选法结果及其适用就是符合正义、能为人接受的。案件的所有其他因素均被隐去，世人思维中只剩下赤裸裸的因果链条即"冲突规则—选法结果"。

将选法结果的不当性归于冲突规则也并无问题，毕竟后续革命方案或者改良规则，或者置换方案，均使选法结果符合了特定人士的适当预期。方案的置换带来了对问题的直接解决，由此巩固了对传统冲突规则的危机定位。

2. 冲突法危机的危机

当然，无论何种方案都必须深刻反思，且理应承认的是，真正使传统冲突规则发生危机的现实原因乃是时下生活方式相对于传统冲突规则产生时期发生了重大的"情势变更"。简言之，传统冲突规则发轫于萨维尼生活的 18、19 世纪，彼时的人们在生活方式上与巴氏案发生时的 20 世纪中叶的生活方式天差地别，生活方式的变化对传统冲突规则的适用预设和适用基础产生了巨大的冲击，以至于传统冲突规则在案件发生时已经在很多方面"不合时宜"。这是危机的根源。其致危路径则是立足于传统冲突规则得以发挥选法功效的地域化关联。传统冲突规则的生发基础与应用环境可简化为"慢生活、静世界"，其根本特征是世人的生活方式、生活范围在地域上具有相对的稳定性；而巴氏案发生的时代特征可简化为"快生活、动世界"，其根本特征则是车轮上的生活节奏、全球性的交往和物流，人、事、物与地域的稳定关联被打破，并快速重组。职是之故，通过地域关联，特别是预设了地域稳定关联的传统冲突规则在几乎固态的旧世界能确保选法的稳定性及其造就的预期性和合理性，但在完全流态的新世纪，以固化或趋于固化的地域关联为作用基础的冲突规则就无能为力了。如果勉而为之地运用传统冲突规则，其结果将是使人"意外"，超出"预期"，从而不可接受。此种变动情形，其实可以更为简单地理解，只要设想一下为什么即便是现时代，我们也必须为改良后被认为足可合理解决现时代大多数冲突法问题的冲突规则作出某些适用上的"保留"，并名之曰"冲突规则适用的特殊情形"或"例外"，典型如运输工具及其运输过程中的物或法律事实。

　　此乃冲突法危机的事实基础。该事实基础也在某种程度上昭示了解题方向，方案有二：要么维持既有的选法体系，只需要对其作用原理即地域关联重建"稳定性"和"合理性"根据；要么抛弃既有的选法体系，"没有冲突法，我们会更好！"另行创设解题方案，典型如柯里的政府利益分析法。美国冲突法革命走的是第二种方案，但该方案由于植入政府利益，且利益概念决定于冲突中一方法院的解释，从而具有极大的冲突"代入感"，其消极结果即是选法中的单边主义和利益霸权，不符合国际社会及据之作为选法预设的平等、中立之基本信念。作为调剂，政府利益分析法无疑是极佳的选法"偏方"，但不若中立、厚道的萨维尼选法体系之正宗。因此，政府利益分析法及其改良方案仅在美国的某些州适用，且仅适用于特定的案件，但在世界范围内，特别是在传统冲突法的故乡即欧洲大陆，通过冲突规则进行选法依然是绝对主流。此种无言的事实作为铁证在某种程度上宣告了美国冲突法革命的过激或失败，但另一方面，巴氏案及类似的案例所揭示的冲突法的危机仍然存在。西蒙尼德斯总结的冲突法的五大冲突并没有得到实质的突破，其所提出的"智慧冲突法"（smart conflict laws）的思路也并没有具体实在地解决这些危机和问题。事实上，冲突法的危机在现阶段最大的危机乃是对它的误解，以至于解题思路和方案出现了偏差，这才是冲突法危机的真正危机。以下几点堪为证据：

　　（1）冲突法革命后的新方案固然在一定程度上解决了冲突法危机，但并没有成为可以替代传统冲突法方案的主流。以革命方案中最为突出和典型的政府利益分析法为例，其局限性主要有三：一是国别适用的局限性。政府利益分析法仍然只是在美国发挥作用，在其他国家，特别是在偏重规则的欧洲、亚洲的国家，政府利益分析法只是一种理论上的方案，学者们研究它是将传统冲突法作为主流来与其进行对比分析，以更好地砥砺和完善传统冲突规则。二是州别适用的局限性。

即便在美国，政府利益分析法也不是"一统天下"，其适用的州别范围甚至还谈不上"半壁江山"。[①]三是法律问题适用范围的局限性。政府利益分析法在美国也主要局限在侵权领域，在合同领域，特别是在身份领域，政府利益分析法似没有用武之地。此等局限表明冲突法的危机，以及美国冲突法革命是在以传统冲突法方案为主流的格局下的局部问题，政府利益分析法在规则和实践中还并未上升到可以撼动冲突法根基的地位。简言之，就巴氏案及类似的侵权案件，政府利益分析法的确展现出了其优于传统冲突规则之处，但在其外情形，传统冲突法方案并未给予政府利益分析法过多的挑战机会。

（2）革命后美国开始思考重返规则，俄勒冈州和密西西比州更是制定了本州的冲突法法典，这在很大程度上标志着革命方案的失败。一方面，美国冲突法革命之火并未波及全球，仍然是美国国际私法界的内部骚动。这是一个很少有人反思但的确值得深入思考的问题，因为对这个问题的思考可以再次领悟美国冲突法革命方案，特别是政府利益分析法的局限性。巴氏案具有高度的美国本土性或美国特性，其特征在于：法律关系得以产生的事实基础的变动便捷性与偶然性、法律冲突的日常性、实体法之间的法律冲突的高反差性。易言之，美国民族作为车轮上的民族，其日常生活的踪迹涉足范围广泛，这导致了可能影响法律选择的事实连接根据分布的广泛性和偶然性。并且，美国不仅各州之间法律不同，而且与邻国加拿大之间往来产生法律冲突的现象非常普遍，甚至构成民众的日常生活之一部分。此外，巴氏案引发冲突法革命还有一个核心事实，即美国纽约州的立法与加拿大安大略省的立法在价值和效果上是截然相反的。这些事实因素既有美国独特的地缘特征、法律结构，也有一些偶然因素。而在其他国家之中，由于缺乏这些事实因素的共同存在，因而并未引发冲突法革命并产生

---

① Symeon C. Symeonides, *The American Choice-of-Law Revolution: Past, Present and Future*, p. 48.

应对方案。又由于政府利益分析法针对此类美国特色的案件特别有效，甚至可以将政府利益分析法称作为"巴氏类案件专供"或"特供"方案，这就决定了该选法方案在不具有或不容易产生巴式案件的其他地域之中没有存在的基础。一言以蔽之，巴氏案件是美式（美国个性）案件，而政府利益分析法作为专供方案，在其他没有或者不容易产生美式案件的空间中也就无立足和用武之地。

另一方面，重返规则，也再次凸显了此革命方案的局限性，以及传统方案的优胜性。显然，如果此方案足以克服传统冲突法方案的弊端，并具有历史先进性，那么此方案就将毫无疑问地取代传统方案，一如传统的萨维尼方案取代更为传统、古老的法则区别说方案那般，后者自此之后绝迹世界。如此，方才谈得上革命的成功。然而，以政府利益分析法为旗帜的美国冲突法革命所产生的任何方案均没有取代萨维尼体系并将其彻底归入历史陈迹的能力，也没有产生类似的效果。相反，史实对传统冲突法方案的重返再次辩证地宣布了革命方案"不合主流"。此种不合主流，并非不合时宜，而是更为精准地揭示了革命方案的积极意义，即它们的存在只是提示作为主流的传统冲突法方案应关注并解决其不合时宜之处，但革命方案却误会并僭越了自身的使命，试图革命传统冲突法方案并取而代之。

（3）重返规则后，传统冲突规则的问题依然存在。对规则的重返并不意味着传统冲突法方案自此可无忧，或者说冲突法革命只是一出无意义的历史闹剧，因为重返规则后巴氏类案件仍然存在，而且鉴于现代社会生活方式和节奏在科技的支持下已经有了剧烈变迁，从而更可能放大巴式案件的特殊性，将其转变为普遍性，催生出更多的巴氏类或准巴氏类案件。简言之，在巴氏类案件从特殊性转变为普遍性的过程中，传统冲突法方案必须或迟或早进行因应调整。即便在现阶段这个转折时期，重返规则并没有宣示传统冲突法方案无瑕疵，或者抹除传统冲突法方案在巴氏类案件中的无能，相反，重返规则再次浮现和凸显了这些依然存在的问题，不论赞成还是反对，它就在那里。于是，重返规则之后的格局乃是一个全新的格局，即传统冲突法方案周围伴生着各种针对其"不合时宜"之处而发展出来的专供方案，形成众星捧月。但这种众星捧月不是冲突法之荣耀，而是冲突法之瑕疵，它确切宣示了传统冲突法方案的不足，故需异己在侧。因此，重返规则不但意味着冲突法危机依然存在，而且也在某种程度上暗示了冲突法危机的危机，即面对冲突法危机所提方案的总体无效性，以及不得不重返的束手无策。

（4）美国冲突法革命最终催生的最有生命力的方案仍然是传统冲突法框架内的规则，即最密切联系规则或原则。因此，在美国冲突法革命尘埃落定之后，这些革命的方案仍然可以定性为规则范围内的调整，与前此的革命或方案更迭在本质上归于同一。然而，尚需进一步指出的是，最密切联系规则可能是迄今为止所能提出的在规则范围内最后的调整，再无其他可供上升的规则红利，此其一。其二，最密切联系规则作为一种选法理念无疑是先进且可圆融自洽的，但作为一种具体的选法规则也有其乡愿式的弊端，在事实连接根据的"质"和"量"之间玩"太极"，缺乏选法规则所能给予的明确性或可预期性。套用"沃尔夫体"表达方式：在依据原来的传统选法规则的情况下，当事人如果问律师可能的选法结果，律师可以明确无疑地指出应该适用的法律；但在依据最密切联系规则的情况下，律师可能就不得不说，这得视情况而定。因此，最密切联系规则的浮现，与其说是解决了冲突法的危机，毋宁说是掩盖了危机，它以"质""量"这一对范畴组合所产生的回旋空间包裹了危机，延迟了危机的爆发。但作为冲突法危机的"危机"仍然潜伏在那里伺机而动。当然，最密切联系规则毕竟极大地延展了冲突法方案的适用范围和生命力，但其功效得以发挥的真正原因不是该规则自身的单独功劳，而是因为它契合了破解"冲突法危机"的真正方案，避免了冲突法危机的危机。这个真正的方案就是体系选法的方案，下文将具体展开。

总而言之，巴氏类及准巴氏类案件凸显了传统冲突法方案的弊端，造就了该方案不合时宜的危机。对危机的破解本另有出路，但革命方案对自身"天命"的误解，即本应揭示危机而非取代传统冲突法方案，是冲突法危机中最大的危机。曾有智者指出，危机的积极性在于指出了问题，并提示了解题方向。但作为危机的危机，则是对危机本身昭示的积极意义做了错误的领悟，并错误地引领破围之道。

3. 冲突法危机的致危之因

错解危机之本质，是危机的危机，但作为危机的致危之因，即是瓦解了传统冲突法方案所建构的体系，或者说从未在体系之中处理选法的问题。由于体系的分崩离析，也就完全切断了体系所具有的内在的制约力、平衡力，以及由此综合产生的抗干扰能力即选法不当的矫正力。此种效应就如同人体的某个部分功能发生了紊乱，并不意味着应当立即去除（革命）该部分，而是应当激活或辅助该功能失灵部分所依存的体系所具有的内在的制约与矫正力量即免疫力。如同黑格尔所言："肉体上各个器官肢体之所以是它们那样，只是由于它们的统一性，并由于它们和统一性有联系。譬如一只手，如果从身体上割下来，按照名称虽仍然可叫做手，但按照实质来说，已不是手了"，所以，"肉体内一切器官肢体，均彼此在不同时间内互为目的，互为手段"。[①]类言之，贯穿冲突法危机，以及作为冲突法危机的危机的根本原因是，没有在由司法者、司法环境，以及从管辖到判决承认和执行所构成的整个体系中看待选法和处理选法问题，作为体系性支持并输出结果的选法结果被视为是冲突规则单独作用的结果，将冲突规则从体系关联中剥离出来，孤立地进行选法。由于冲突规则的选法离开了体系

---

① 黑格尔：《小逻辑》，贺麟译，第 404—405 页。

的支撑和制约，从而使其孤立无援，选法成为无条件的"裸选"。

裸选思维乃是分析式思维，也就是非体系性或综合性思维，一如哲人所言："这未免把事物弄颠倒了，会使得那要理解事物的本来面目的认识作用陷于自身矛盾。譬如，一个化学家取一块肉放在他的蒸馏器上，加以多方的割裂分解，于是告诉人说，这块肉是氮、氧、碳等元素所构成。但这些抽象的元素已经不复是肉了。同样，当一个经验派的心理学家将人的一个行为分析成许多不同的方面，加以观察，并坚持它们的分离状态时，也一样不能认识行为的真相。用分析方法来研究对象就好像剥葱一样，将葱皮一层又一层地剥掉，但原葱已不在了。"① 由此可见，冲突法危机的真正病根不是冲突法方案的整体无效性，而是因为冲突法选法方案作为一个整体、一个有机体系的形骸化，选法的使命被孤立成为冲突规则的单独责任，甚至在冲突规则所组成的规则体系之内，也缺乏彼此支援，缺乏功能失灵、失效之后的补位与补白。破解冲突法危机及危机之危机的基本思路乃是，将冲突规则的"裸选"嵌入选法体系之中，使"裸选"成为"限选"。譬之以平面几何学可更形象地表述为：平面之上，孤点无向，故成万向；唯有两点方可成线，继而定向。冲突规则要在万国法所构成的版图中精准定向，锁定适当准据法，除了冲突规则这一点之外，还需要冲突规则所依托的体系，这些体系要素与冲突规则共同形成的多点一线，协同校准冲突规则的选法之"矢"，为精当选法提供导航。

现以巴氏案件为例重现冲突法危机的形成，并展示革命方案乃是冲突法危机之危机，而非冲突法危机之化解。（1）冲突法危机得以形成，在步骤上可分解为五步：第一步，传统冲突法方案作为一个体系被隐去；第二步，此后唯剩下冲突规则即"侵权行为适用侵权行为地法"发挥选法作用；第三步，在且仅在该冲突规则的单独作用下对案

---

① 黑格尔：《小逻辑》，贺麟译，第 413 页。

件进行选法；第四步，作为裸选的结果，巴氏案中的侵权行为地位于
加拿大安大略省，故准据法为该省立法；第五步，直接适用该法，产
生不可接受的案件判决结果；第六步，直接追溯至冲突规则，形成冲
突法危机。

（2）这个过程中看不到任何体系的力量进行干预和矫正，如果恢
复体系的力量，那么冲突规则的裸选危机本可轻易避免。以下逐步说
明被隐去、被忽略或被抑制的体系力量：第一步，没有考虑管辖权的
适当性，如果案件由加拿大安大略省进行管辖，在理论上存在适用安
大略省冲突规则，从而导致适用纽约州法律的可能。当然，本案中由
纽约州管辖并无不当。此步力量的矫正效果在本案中不突出。

第二步，司法者没有对案件的涉外性进行适当识别。美国并无明
确立法对案件涉外性的判定标准进行规定，但从司法者的能动性以及
案件涉外性的实质标准看，美国一二审法官如果采取实质审查标准，
该案很可能不被识别为涉外案件，因为侵权行为地具有极大的偶然性，
本案与两国法律并无实质关联，从而不存在选法的问题。这是该案中
第一个真正具有合理性的体系矫正力量，若此，案件将适用纽约州法
律，不会产生冲突法的危机与革命。

第三步，没有考虑冲突规则适用的任择性问题。冲突规则的任择
性，也就是冲突规则适用与否交由当事人去主张并证明，否则，涉外
案件将依国内案件进行审理，无需选法。当然，冲突法的任择性也有
适用范围的限制问题。若本案美国法官采取任择性适用方式，则有可
能直接按照国内案件进行审理，从而直接适用纽约州法律，不行选法
之举。如此，冲突法的危机与革命同样不会发生。

第四步，司法者对冲突规则连接点没有进行适当的识别。本案中
的"侵权行为地"本存在两种解释可能：一是作为侵权行为实施地的安
大略省；二是作为侵权结果发生地的美国纽约州。如果司法者发挥积极
和适当的能动性，通过解释的方式将更可能避免指向安大略省法律的选

择，而应选择适用美国纽约州的立法。如此，所有问题将不会发生。

第五步，司法者没有在用法环节发挥应有的制约作用。本案即便丧失或错过了冲突规则之前的体系矫正机会，司法者至少可在后冲突规则阶段把握好并不稀缺的体系资源。在用法阶段，一方面司法者本可在查明外国法之后通过公共秩序保留排除该不可接受的外国法，从而适用纽约州法律，阻止危机的发生；另一方面，司法者也可以通过外国法查明中的理解和解释的裁量权，对安大略省的"客人法"作功能性解读，即安大略省法律并不是一般地阻止被侵权人寻求救济，而仅阻止具有保险欺诈的当事人寻求救济，从而满足原告的诉讼请求。如此，冲突法的危机也不至于发生。

当然，如果考虑到冲突规则在现时代所发展出来的体系力量，要解决巴氏类案件的危机问题就具有更多的措施了。其一，在侵权行为地这个连接点如果被现代化为"共同属人"，那么本案中原被告双方的共同属人地位于纽约州，适用纽约州的法律，危机及革命就不会发生。其二，在最密切联系作为连接点的情形下，也可以避免危机及革命的发生。其三，在将最密切联系上升为法律适用的一般原则，或者作为法律选择的"逃法条款"，也能够通过冲突规则体系内部的力量避免安大略省法律的适用，从而阻止危机与革命。

必须指出的是，美国冲突法的司法环境事实上给了司法者更大的裁量空间和权限，如果考虑到司法者和司法环境两个冲突法体系中不可或缺的能动因素或力量，那么也更有理由可以说，在二者正常地参与体系、发挥体系的作用时，传统冲突法方案的选法效果将会是妥当的，不会给予美国冲突法革命以机会。

综上，冲突法方案是一个体系，其体系内部的各结构要素彼此之间形成制约性质的"互锁"和更为广泛的"联锁"。此种束缚既是确保冲突规则正确选法的正力量，也是预止冲突规则错误选法的矫正力量。当然，并不是每个案件都需要动用体系的所有结构要素，上文演示的巴氏类案件体系矫正也只是涉及冲突法选法体系中某一些要素。在不同的案件矫正中，可能需要冲突法体系的不同要素进行参与。由此足可领略到，丧失了体系支持和矫正的冲突规则极容易导向形式化的裸选，唯有借助体系的力量，完成从单点的规则选法到多点的体系选法的转变，才能避免裸选，实现精准选法。体系选法才是冲突法危机的正解，而将选法所有的不当后果单独地归于冲突规则，并且只因为冲突规则的不当而要连带地否定和抛弃整个冲突法体系的美国冲突法革命，乃是对冲突法危机的误解。

三、体系选法及其原理

冲突法真正需要的不是方案置换的革命，否则容易坠入恶性循环，毕竟现有方案历经了数百年的磨砺。调整和适应，尽管不是全面有效，但依然是"大体管用"。冲突法现阶段需要的乃是选法思维及其操作上的革命，即从规则之选到体系之选，这就是体系选法。体系选法的殊胜之处在于，体系内诸要素结构出合理的力量，辅助或制约规则之选，避免错选、乱选和不当之选。因此，体系选法乃是在维持传统冲突法方案框架内的深度调整，即在方案不变的前提下实现选法品质的提升。此种体系选法不仅对选法中的法院地法倾向有效，而且也应当对所有选法问题普遍有效。

（一）从选法体系到体系选法的变革

上文业已指出，巴氏类案件酿造的冲突法危机在主流方向上是因为选法体系的形骸化，导致冲突规则与体系中其他环节和要素的分离与切割，整个选法体系先天和后天、内在和外在的缺陷与不足均全部集中在冲突规则上，因此，治本方案不是抛弃传统选法体系，任何新体系也存在同样的问题，而是恢复选法体系的内在力量，从选法体系上升为体系选法。

选法体系与体系选法之间的差异，显然不只是文字排列游戏，简单的文字位序调整将造就二者之间如下几方面的巨大法效反差：

（1）选法体系是静态思维，可能出现体系的僵死；体系选法是动态思维，展示的是体系的综合活性。选法体系在客观上乃是一系列制度与规则的堆积，但重点不在于是否整合成为一个有机体系。这就如同萨维尼的法律关系本座说，它虽名为体系，但却并没有发挥体系的力量，从而遭遇了美国冲突法革命的冲击。毋庸置疑，法律关系本座说是一个体系，而且是一个相当精致和富有美感的体系，发展至今，它以冲突规则为中心，延伸出了直接适用、识别、反致、法律规避禁止、公共秩序保留及法律适用救济、外国法查明及查明不能的救济、冲突法适用错误的救济，以及管辖权、司法协助等一系列制度，可以说从制度的完整性或整全性角度看，几乎不存在制度空白的问题，因此，传统的冲突法方案已经是一个整全的选法体系。然而，也正是这个体系应用于巴氏类案件之上却产生了令人质疑的结论，以至于革命的矛头简单而直接地对准了这个体系的核心即冲突规则。体系的力量荡然无存，甚至于革命前后，尚无人意识到体系的存在。世人的关注点受革命者的"劫持"，对体系因素进行选择性遗忘或盲视，对体系的责任进行选择性豁免；唯独选择性针对冲突规则，欲置之死地。

体系选法强调选法的过程和结果是"体系之力"，也是"体系之责"，它借力冲突规则而锁定准据法，但准据法的拣选则是整个体系"集体智慧的结晶"，是群策群力的结果。因此，体系选法不同于且高于选法体系之处在于，它赋予并突出了选法体系的整合性活力。据此，选法体系就不再是一盘散沙，而是围绕和服务于冲突规则，实现其选法功能的最优化。

（2）选法体系将导致体系内资源的闲置，并出现制度滋生但功能衰减的问题；体系选法则将最大限度地发掘和整合体系内资源的潜力，并凸显闲置制度，从而有助于优化制度，提升体系选法的效率。由于选法体系重在以制度的"量"的扩张的方式解决选法中的问题，因此，当选法出现新的问题时，选法体系的解题思路首先想到的即是通过创设新的制度进行条件反射式解决。如此，新问题日多，而此前被发展出来的制度针对旧问题是应急性的，并不具有相对普遍的效力，最终导致新制度因应新问题而不断创设，甚至出现新旧制度之间的功能重叠或冲突，造成彼此之间适用上的无所适从。

此等情形可举一例而简论之。在我国司法实践中曾经在特定时期存在一类较为普遍的案例，即中国内地某地（通常是广东省地区）公司作为借款人与作为出借人的中国香港特别行政区的公司签订外汇借款合同，利率通常远高于国内同类水平。出借人为确保资金安全，会同时要求借款人提供在他们看来最具公信力的担保人。因此，借款人应出借人之请，请求地方政府或其财政部门出具承诺函或保函。借款合同及保函中约定适用香港特别行政区的法律。在此后合同履行过程中，内地公司因种种原因未能依约还款付息，出借人遂向被告所在地法院提起诉讼，并要求适用香港特别行政区的法律裁决担保合同。

案情简单，但问题典型。审案法官首先需要进行法律选择，并判断当事人的意思自治是否合法有效。由于借款合同涉及我国外汇管制问题，当事人所选的香港特别行政区的法律应被排除，但法官面临着制度上的选择难题：是通过法律规避禁止制度禁止之，还是通过公共秩序保留制度排除之？二者本是针对不同的问题而发展出来的制度，法律规避禁止源于法国鲍富莱蒙案件，针对的是对违背法院地强制性或禁止性规定的规避；公共秩序保留则是针对所选之法有违法院地公序而应排除的情形。在选法体系中，二者的并存没有问题；从形式上看，二者具有明显的差异：二者针对的问题不一样，发挥作用的阶段或环节也不一样。所以，从形式上梳理，二者在选法体系中的并存是没有问题的。但在具体司法实践中，法官发现针对上引案件，二者均有适用的基础，并且在事实上也的确存在不同的判决。[①]

两种做法无可厚非，甚至有观点还主张适用当时立法和司法解释中并不存在，仅体现在国外立法和理论中的第三种制度即直接适用法。这种新的制度已经在 2011 年的《涉外民事关系法律适用法》中被正式确立。可以预见的是，针对上述同一个问题，法官至少可以在冲突规则的前、中、后阶段分别采用直接适用法、法律规避禁止，以及公共秩序保留制度实现其目的。这似乎体现了选法体系的优势，法网恢恢疏而不漏，总有一款适合对付这样的案件。然而，依据制度经济和剃刀原则，针对同一个问题实在没有必要发展出两种或更多的制度，否则，其弊端一是浪费立法资源，二是导致制度重叠和冲突，出现体系内部的自我干扰。

然而，如果从体系选法的角度看，在规则层面和谐并存于选法体系之中，但在实践层面却彼此竞争适用的三种制度，实在有从功能角度进行替代或重构的必要。三种制度在规范层面和谐并存，但在实践中彼此冲突，其原因是：在规范层面，三者的区分是形式的；但在实践层面，三者在功能上则是重叠或部分重叠的。有观点认为，应在三者之间进行部分替代，从而废除其中的某一或某些制度，如法律规避禁止制度在功能上已经为直接适用法所取代，且在实践中很难操作，也很少适用，故应废除法律规避禁止制度。[②] 此观点可以立足的假定是，直接适用法与法律规避禁止制度在功能上是完全重叠的，即均为

---

① 有法官以法律规避禁止制度禁止之；有法官以公共秩序保留制度排除之。参见"中国银行（香港）有限公司诉广东省农垦集团公司、广东省农垦总局担保合同纠纷案"，广东省广州市中级人民法院（2004）穗中法民三初字第 103 号（2005 年 7 月 21 日）；广东省高级人民法院（2005）粤高法民四终字第 255 号（2005 年 12 月 15 日）。

② 参见许庆坤：《国际私法中的法律规避制度：再生还是消亡》，《法学研究》2013 年第 5 期，第 195—208 页。

捍卫法院地的强制性或禁止性规定。不同于该替代论方案，笔者倾向功能重构论，即应在体系选法过程中分析三种制度的关系，厘定三种制度的功能边界，从而在规范层面和实践层面实现三者的互补、衔接和协调，一为避免冲突，二为更好地利用冲突规则实现体系选法。

限于篇幅和主旨，本部分只谈思路，少及论证。从体系选法的角度看，三种制度的功能重构应是：直接适用法捍卫法院地中具体而特定的公法性质的强制性或禁止性；法律规避禁止制度从双边遏制法律选择中因恶意而操纵或干扰法律选择指向的不当行为，旨在恢复法律选择秩序；公共秩序保留制度则是从法律适用效果上捍卫法院地基本正义观念。如此，三种制度在功能上彼此错位，并服务于法律选择的不同方面，也就在根本上破解了三者因"均可用"而"皆乱用"的选择之惑。这就体现了体系选法相对于选法体系的优势，即从功能整全性角度安排不同制度之间的差异化功能，再根据功能差异清晰界定不同制度的作用边界，清除体系"内忧"，以更好解决体系"外患"。

（3）选法体系可能形神俱散，而体系选法则要求以神敛形，以神驭形。选法体系由于只重体系的制度数量，而不考虑体系的内在统一性，各制度之间彼此离散，最终导致体系的崩溃与坍塌，体系选法退化为选法体系，继而出现规则选法的现状。具言之，选法体系的形神俱散是指如下一系列情形，即从司法者开始，在管辖权、识别、定性、冲突规则、用法、用法调整与救济、判决承认和执行等诸环节，缺乏目的性而各自为政，本身即为目的。此种无统一目的的众目的性，就是选法体系下的规则选法之现状。在实践中的具体表现即是：

其一，司法环境并无明确的选法支持和制约的意向，如不尊重涉外司法的独特规律，不区分涉外司法与国内司法的环境支持差异，用量化指标管理涉外司法，对于涉外司法的任务设定、考核指标、评估体系、监督激励措施等缺乏独特化考虑，从而在司法环境的层面对涉外司法的法律选择没有助益，甚至设置消极因素。

其二，司法者未能在法律选择的意向上积极发挥能动作用，没有通过各制度的整合性功能预防不当选法。相反，司法者可能出现的消极反应是，不求有功但求无过，诸如巴氏案之类，一二审法官的涉外司法并无过误，但也的确涉嫌选法不当。

其三，管辖权环节，也只是孤立地判断管辖与否的问题，缺乏以选法和用法为意向的考虑。其突出例证即是出现长臂管辖，即管辖不便之时强行管辖，以彰显国家司法主权之权威。但随后在选法，特别是用法环节的不方便因素就可能渐次显露：首先在选法阶段，为适用法院地法可能曲解当事人意图或者不当适用冲突规范及其制度，以达到适用法院地法的目的，此即为法院地法倾向之一；或者尽管诚实地选择了外国法，但出现了外国法查明和适用的困难。其次在用法阶段，在应当适用外国法时，因长臂管辖而为自身"挖坑"，陷入外国法查明的困境，如果为了诚实地适用外国法，可能出现诉讼延长和成本增加的诉讼不效率；否则，极可能"倒用"外国法查明制度，为适用法院地法而去查明外国法，最终因怠于查明或查明不力而归之于"外国法无法查明"，法院地法的适用遂有机可乘。

其四，识别、定性和定位阶段，最为体现涉外司法者对待国内外法律体系的"良心"，因为此两阶段在实践层面不是决定于规则的"外功"，而是决定于思想或观念的"内功"。通过解释的方式，法官具有较大甚至极大的裁量权限进行识别和定性，特别是在相关立法规则有此授权的情形下，法官基本上可以操纵冲突规则的选用，以及冲突规则的选法指向。因此，如果法官在此类阶段不诚实地"心系选法"，而是相反地对法院地法"心有所属"，那么选法中的倒果为因就必然再次出现，法院地法倾向在所难免，而且均被粉饰为冲突规则之功。

其五，用法环节，特别是其中的外国法查明问题，如果不考虑选法的理想，查明和适用外国法就会沦为痛苦的炼狱，司法者不仅要穿越语言的藩篱，而且还要穿越法律文化和历史的障碍，如果没有更为高尚的选法信念支持，回归法院地法几乎是确切无疑的选择。没有体系的支撑，运用冲突规范、外国法查明就会成为审案法官单独的责任；而没有体系的制约，冲突规范的适用制度以及外国法查明就会成为法官"玩弄"冲突规范、歧视对待外国法的"拐杖"[1]，以冲突法之名，行法院地法之实。

其六，判决承认与执行环节，在选法体系中，判决承认和执行与选法和用法基本没有关联性，在国内司法的情形下，司法判决的后续效力状态与处遇还可能对法官的用法形成反向制约力，法官必须考虑其判决被否定或被改判引起的对自身的不利影响。但在涉外司法中，此种反向制约几乎不存在，大多数涉外判决并没有在国外得到承认和执行，即便是被拒绝承认和执行，在我国司法评估和评价体系中对法官也没有任何不利影响。反过来，如果被承认和执行，甚至被列入一些权威或具有荣耀性质的国外判例或类似文献中，对法官也并没有明显的激励作用。因此，就会出现如下吊诡情形：在国内判决中，法官在司法、用法过程中还不得不顾虑其结果，从而倒逼司法和用法；但在涉外判决中，特别是该判决需要在外国被承认和执行时，法官反而没有任何顾虑和约束。体系选法则要求恢复此种关联，法官在选法、用法时必须考虑其判决在域外的处遇，并最好能上升到作为司法环境的考核评价标准之中，逆向制约选法不当、选法错误，特别是矫正不当的法院地法倾向。

（4）选法体系不强调制约力和矫正力，因此对于选法过程和结果无直接助益；体系选法的灵魂就在于制约和矫正选法过程与结果，实现选法结果的精准和品质的适当，即精当选法。选法体系散沙一盘，就不能生成或结构出内在的向心力。相反，各种制度各自为政，自以为目的，只以自身问题的解决为中心，就会产生离心力。此种状态将

---

[1]　转引自邓正来：《美国现代国际私法流派》，第142—143页。

使为选法目的而设计和发展出来的诸制度不仅彼此无益，甚至还会相互消极干涉。以不当的法院地法倾向为例：识别或定性在不被消极干涉的情况下，会有相对独立的运作与结论，但在考虑到选法可能指向外国法的情形，特别是用法阶段的司法负荷，司法者就可能行不诚实识别或定性之举，操纵冲突规则回归法院地法。在我国司法实践中，有诸多类似之举，例如在涉外合同案件中，当事人并无选择法院地法的明示或默示，甚至在其合同中有选择外国法的明示条款，然而我国审案法官常在判决中以当事人援引了中国法，且对适用中国法不提异议为由一语带过，从而操纵意思自治实现对法院地法的选择。在运用最密切联系规则时，也常常仅以案件某一或某几个非重要事实根据为由，以最不密切联系的推理方式来论证中国法是最密切联系地法。诸如此类，均可视为识别或定性和冲突规则运用与选法结果之间的消极干涉。在此过程中，司法者不是为了追求选法的正确与妥当，而是为了缓解司法负荷，规避司法不利评估。

体系选法则以法律选择的精当为宗旨，统帅所有制度与环节，也作为设计和发展新的制度与环节的标准。在此"众矢之的"的敛神下，从司法环境的设置，司法者的遴选、任免与奖惩，管辖权的行使，识别与定性定位的运作，以及外国法查明与解释适用，等等，都应专注于选法的主题，并以正、反力量进行引导和制约，从而驾驭冲突规则实现精当选法。以选法过程中最为艰难的问题之一即外国法查明为例：在传统松散的选法体系下，查明外国法是法官自己的责任，法官虽然知法，但在查明外国法时常势单力薄而孤独无助，问题或者被转嫁给当事人[1]，或者因受制于主客观因素而怠于查明或倒用查明。此行为显然不仅无助于真正的选法目的之实现，而且有开选法中恶劣倾向之嫌

---

[1] 我国《涉外民事关系法律适用法》虽然调整了外国法查明的责任，即除非当事人选择，否则应由法院查明。但在我国《民法通则》的司法解释中，当事人查明成为法官查明的五大途径之一，且据称也是司法实践中最主要的查明途径。

疑，以此推而广之，就将根本否定冲突法的调整方案，因为如果主流的涉外案件都因外国法查明不能而适用法院地法，那么立足内外国法平等，并根据中立连接点进行选法并适用的冲突法方案就被悬搁而成形式。相反，以体系选法的理念观之，为不忘选法用法之初心，就应该以体系的力量对外国法查明进行正反调控：一方面通过诸种举措提供查明外国法的便利，降低外国法查明的难度；另一方面则通过系统和科学的设定，在司法考评体系中对查明外国法中的勤怠进行奖惩。通过此体系调控，就能抵消选法体系因离散而产生的离心力和彼此干扰，整合各选法环节形成向心力和战斗力。

（二）体系选法中的体系要素

体系选法不同于选法体系，但也必须立足于选法体系，以其作为选法的基础。从理论上言，只要是可能影响到选法及用法的因素，不论其关联性有多么遥远，都应视为选法体系的组成部分。这是界定选法体系的理论标准。然而，也必须注意适度限定选法体系的构成部分，避免过度扩大选法体系，继而出现关注面过大，紧要点用力不足的现象。为此，笔者根据对选法和用法的适度关联原则，对选法体系的范围举要如下表（表20）：

表 20　选法体系划分及要素构成

体系划分			体系要素举要
冲突规则	外	司法者	任免、考评、培训、奖惩
		司法环境	司法公信、司法监督、司法成本
	内	前	管辖、直接适用法、适用方式、识别
		中	定性、找法（冲突规范）、定位（相关适用制度）
		后	查明与救济、公序保留与救济、法律适用错误及救济、判决承认与执行

必须指出的是，上表（表20）并未囊括所有影响选法和用法的体系要素，甚至也并没有将所有主要的体系要素包括其中，而是现阶段所能关注到的、对选法和用法具有较大激励和制约功效的体系要素。对其内容要点简述如下：

（1）所有体系要素从以冲突规则为中心的角度看，可以区分为冲突规则内和外两个部分。内、外的区分标准是，是否属于涉外司法过程中选法所独有的要素。如果属于选法独有的要素的，则属于冲突规则内的要素；如果并非属于涉外选法独有的要素，而是所有司法都可能具有的要素，则属于冲突规则外的要素。据此观之，司法者和司法环境不独属于涉外司法中的选法要素，故列于冲突规则之外部体系要素。当然，管辖问题事实上也并不独属于涉外司法，但本书所关注的乃是影响涉外选法的涉外管辖问题，涉外管辖并不等同于国内管辖，故其被列为冲突规则之内部体系要素。

（2）就冲突规则的外部体系要素而言，关键点可概括为两个方面：一是作为所有规则、制度和体系的实施者，即司法者；二是司法者立足其中的、影响其涉外司法的司法环境。

其一，司法者要素。司法者是司法体系中的灵魂，同样也是体系选法的实施和实现者。从其在选法体系中的角色看，需要考虑的是司法者对体系选法的影响方式，即司法者在哪些方面对体系选法的过程和结果发挥作用。其作用发挥方式也将是完善体系选法的途径。即便涉外司法不如涉外仲裁那般流传着"仲裁好如仲裁员"的论断，但必须承认的是，有什么样的司法者就有什么样的涉外司法。主要原因在于，涉外司法过程赋予了法官极大的自由裁量空间，许多冲突规则的适用制度在本质上就是考验或有赖于法官的司法"良心"。对此，至少有两位学者的观点值得玩味：荣格曾经认为，法官在涉外司法过程中"长袖善舞"；而艾伦茨威格也虽略偏颇但不无深刻地将冲突规则的几乎所有辅助制度全部归为法官适用法院地法的"凭据"或"拐杖"，并毫无暧昧地名之曰"新法院地法原则"。由此足见法官在涉外司法过程中的主动性，乃至决定性作用。特别是在涉外监督制约和奖惩方面缺失相关制度时，没有顾虑或制约的法官简直称得上是涉外司法中的"独裁者"。司法者要素仍然是一个笼统的范畴，就其影响涉外选法过程和结果的角度观之，需要考虑的重要方面至少包括涉外司法者的任免、考评、培训以及奖惩。①

对于涉外司法者的任免问题。涉外司法者的任免关系到是否具有涉外司法的资格或资质，以及退出或淘汰机制。涉外司法者相比于国内司法者而言，即便不要求有更高的综合素质，至少也需要有更具特色的资质。② 有学者在分析了我国涉外民商事裁判文书样本之后，根据样本呈现的问题进行了反思，并强调："尽管专门审理涉外民商事案件的法官整体业务素养要高于审理纯国内案件的法官的业务素养，但由于裁判者都是生活在特定的国内法环境里，文化背景及法律意识都被打上了特有的烙印。即使受过正规的法律教育，由于大多没有受过系统的涉外案件裁判方法方面的培训，实践中也难以熟练掌握并运用国际私法。"③ 我国最高法相关主管法官曾经撰文指出过涉外审判业务的独特要求，并有建立专门审判队伍的考虑。④ 因此，如何设置涉外司法者的任职资格，以及在何种标准之下实现涉外司法职务的免除或淘汰，与涉外选法质量有很大关系。

对涉外司法者的考评。我国司法体制下并不缺失对司法者的考评，

---

① 有观点认为，在我国司法体制改革进程中，中国司法官制度改革是其中重要环节，并主要涵括如下几方面：司法官选任制度、考核与晋升制度、培训制度、奖惩制度，以及司法官职业保障制度。参见谭世贵等：《中国司法体制改革研究》，中国人民公安大学出版社 2013 年版。

② 戴建志：《涉外商事海事审判中的政治智慧——第四次全国涉外商事海事审判工作会议上的思考》，《人民司法》2015 年第 3 期，第 38—40 页。

③ 宋连斌、赵正华：《我国涉外民商事裁判文书现存问题探讨》，《法学评论》2011 年第 1 期，第 117 页。

④ 万鄂湘：《与时俱进　深化海事审判理论研究》，《中国海商法研究》2012 年第 4 期，第 3—4 页。

甚至现有的考评机制可以说是高度量化，精确到位。司法考评机制的设置有助于对司法者的绩效和功过进行客观记载和分析，得出相应的考评结论为后续司法管理及奖惩奠定科学基础。对涉外司法者的考评也应关注两个问题：一是科学性，二是独特性。科学性的考评并不只重数量，以量取胜，因此，现行以量取胜的司法考评机制有反思和调整的必要。独特性则要求尊重涉外司法规律，在调研、廓清国内司法和涉外司法的差异性的基础之上，将此种差异性贯彻在司法考评机制的设计和实施之中。现行的案件质效评估却存在"重共性轻差异、重定量轻定性、重整体轻个案"[1] 等问题。简言之，涉外司法的如下差异性对司法者的考评机制应有重要影响：必要的外语语言能力；国家司法主权与国际平位理念的平衡能力；司法正义与国家司法形象建构的大局意识；查明并适用外国法的能力；与外方当事人，甚至外国相关机构进行良好沟通的能力；驾驭庭审、提升诉讼效率的能力。鉴于涉外司法过程涉及国内司法不会存在的国别管辖的冲突与协调、外国当事人主体资格的审核与可能的公证、诉讼过程中相关文书的送达、域外相关文件或证据的取证审查与公证、法律选择，以及外国法的查明与适用等，因此要求涉外司法者有更强的综合素质，也要求有更长的诉讼周期。因此，如果在考评涉外司法者时采取一刀切的办法，不区分国内与涉外司法的差异，用统一标准进行考核和评价，这必然对涉外司法者不公。简言之，一个涉外案件的司法审判投入，很可能相当于数个或者十数个国内案件的司法投入。这就要求，在设置考评机制时，对涉外司法者的考评应当更注重质的评价。比如，在广州海事法院的司法中，有些案件促使美国联邦最高法院修改了不方便法院原则，对国际民事诉讼领域产生深远影响；2012 年的一份海事强制性裁定书还被英国王座法院法官在判决中引用，并刊载于权威杂志《劳氏法律

---

[1]　钱锋、高翔：《审判管理制度转型研究》，《中国法学》2014 年第 4 期，第 93—102 页。

报告》；等等。① 诸如此类司法成效，应当在设置涉外司法者的考评机制中得到适切的表达。

对涉外司法者的培训。我国现行法官培训体系"已经形成以国家法官学院为龙头，以省级法官培训机构为主体，以中级法院培训机构为补充的法院教育培训体系"②。作为法官培训顶层设计及主要推动者的国家法官学院对涉外司法者的培训也有相当力度，迄今其展示的培训计划和实施情况统计数据显示③，该学院围绕"涉外商事审判法官培训"在 2010 年 6、8、9 月分别举办了三期专题培训班；在 2010 年 3 月份还列示了"英语法律培训班"的计划；在 2014 年 7 月 14 日到 18 日还举行过"全国法院涉港澳台司法协助培训班"。④ 此后，未见其培训计划中再就涉外民事或商事审判问题做专题培训安排，而是分别在民事审判、商事审判、仲裁司法审查等培训中附带涉及涉外民商事审判的内容。⑤ 从培训内容及量上看，对涉外司法者的培训并不充足，如果能够按照 2010 年那般一年三期的专题培训

---

① 钟健平：《严格履行宪法法律赋予职权　公正审理涉外海事案件》，《中国海商法研究》2014 年第 3 期，第 21 页。

② 参见国家法官学院：《一个目标　两个转变　三个倡导——全国法院 2006 年以来教育培训工作综述》，http://njc.chinacourt.org/article/detail/2011/04/id/1472805.shtml，2017 年 3 月 8 日最后访问。

③ 以下关于培训内容的信息，均源自国家法官学院官网，延伸信息可参见 http://njc.chinacourt.org/article/index/id/MygtMTAwNTAwNCACAAAA%3D.shtml，2017 年 3 月 8 日最后访问。

④ 从课程班设置的课表来看，内容非常务实，包括：港澳台司法制度概述；涉港澳台民商事案件审判注意事项；涉港澳台刑事案件审判注意事项；台湾工作形势报告；涉港澳台司法协助工作概述；港澳工作形势报告；涉港澳司法协助司法解释及规范性文件的理解与适用；涉台司法互助司法解释及规范性文件的理解与适用。具体信息可参见 http://njc.chinacourt.org/article/detail/2014/11/id/1478777.shtml，2017 年 3 月 8 日最后访问。

⑤ 如在国家法官学院第 3 期（总 12 期）高级法官续职资格培训班（民商事审判专业）教学计划中，其第五单元就有"涉外审判"的内容，即"外商投资企业相关纠纷解决的司法解读"；在第六单元"互动单元"中，也有一个"涉外案件的审理与存在的问题"的互动内容。在 2014 年 3 月，该学院举行的"全国法院仲裁司法审查培训班"，在九大内容中，至少有一半涉及涉外仲裁司法审查的问题，包括：仲裁条款的法律适用；我国承认和执行外国仲裁裁决的最新司法实践；申请撤销和不予执行仲裁裁决的典型案例；《纽约公约》统一解释与适用；贸法会仲裁示范法和仲裁规则评析；等等。

贯彻下来，应该是可以满足涉外司法者培训的最基本要求的。

对涉外司法者的奖惩。奖惩是对涉外司法者的司法主观能动性和客观司法品质的正反调控。奖惩适当且有度，是促进涉外司法质量的有效举措。广义的奖惩包括法官的晋级晋职、淘汰退出机制。同样地，对涉外司法者的奖惩也必须因应涉外司法的独特规律进行特殊化的安排。以错案率为例，错案无疑是司法的失败，然而人非圣贤，必须存在容错率。尽管如此，错案率的控制是司法考核和奖惩的关键考核点之一。对涉外司法而言，其错案率的理解和计算与国内案件的错案率相比，应存在较大的差异。

一方面，何谓错案，在国内司法中具有相对明确的标准，认定事实与适用法律、程序进行等方面，均是评价错案与否的基础，而上诉改判率、再审改判率也同样是量化错误率的客观指标。简言之，在国内司法中，错案一词即便有理解的弹性，但也具有很强的量化刚性。而在涉外司法中，从事实认定到法律适用，以及上诉改判、再审改判等角度看，错案具有更大的弹性。从外国法的查明和适用来看，从逻辑上言，如果不考虑成本和期限，所有外国法都能够得到查明并适用。因此，如果涉外司法者以外国法无法查明而转用法院地法即中国法，该案在理论上就应被认定为错案，因为法律适用错误。根据上文统计，这种司法实践恰好构成我国涉外司法中法院地法得以适用，同时也是在统计结果上显示出我国涉外案件法律适用有明显法院地法倾向的主要路径。然而，司法作为现实环境制约下的司法，不可能不考虑成本和期限，职是之故，许多国家对于外国法的查明不能进行了限定，或者限定一定的期限，或者限定特定的程度，或者限定查明必须穷尽的举措。我国最高法通过司法解释的途径，也对外国法不能查明的标准进行了明确，即法院通过当事人提供、国际条约、中外法律专家提供等合理途径不能获得外国法的，可认定为不能查明外国法；以及在当事人应当提供的情况下，在法院的合理指定期限内无正当理由不提供外国法的，可认定为不能查明外国法。^① 并且，如果考虑到外国法查明中的理解，即所查明的外国法很可能是内国法和外国法的"杂交"，或者内国对外国法的"印象""低劣的复制品"，那么法律适用的错误在涉外司法中就不仅普遍，而且具有本体论上的不可避免性。为此，必须对涉外司法中的"错案"之标准或内涵做独特的理解。另一方面，从上诉改判率来看，法律适用错误作为二审法院改判、撤销或变更的法定依据^②，在我国涉外司法实践中却又有变通做法。由于涉外司法相对于国内司法而言，多了一个选法环节，该选法环节本质上属于法律适用的一部分，即适用冲突规范进行法律选择或准据法的确定，因此，倘若冲突规范运用错误，则属于法律适用错误的范畴，从而应在上诉中改判、撤销或者变更，但在实践中，许多案例表明，尽管一审法院运用冲突规范错误，但在二审上诉，乃至最高法的上诉或再审程序中，均因准据法选择一致而未作改判、撤销或变更。此种实践也反过来说明了两个问题：一是法律适用错误因结果正确而未被依法纠正，冲突法因此成为牺牲品或代偿品；二是此类问题未被司法系统认定为"错案"范畴。由上观之，涉外司法者的奖惩问题因其独特性，应进行独特化的考虑和设计。唯有如此，方能合理发挥体系的力量，透过司法者制约选法。

其二，司法环境。司法环境是一个抽象但又实在、宽泛又相对具体的概念。事实上，司法者要素的相关支撑制度均可纳入广义司法环境的范畴，除此之外，笔者认为，司法环境中影响法律选择过程、结果及其效果的环境要素还应特别考虑涉外司法公信力、涉外司法监督和涉外司法成本。

关于涉外司法公信力问题。有观点指出过："司法公信力，是指对

---

① 参见《涉外民事关系法律适用法》司法解释（一）第 17 条。
② 参见《民事诉讼法》第 170 条第一款第（二）项。

司法的判断和评价不是个别人或少数人作出的，而是社会公众的集合性判断与评价"，但民意并不是决定司法公信力的核心要素，个体理性仍然是司法公信力的解释性根据，司法公信力的提升必须着力于以信任、声誉和互动为核心的内在要素，以及以交易成本为核心的外在要素。[①] 涉外司法的公信力与国内司法公信力在本质上是一致的，但我国司法机关建构涉外司法公信力所针对的受众，更多意义上是外国国家、相关机构组织或个人等，其核心要素是通过涉外个案的司法审判建构和展示我国良好的司法形象。[②] 司法公信力因此就对涉外司法过程，包括法律选择和适用的问题提出了一个包括域外"民意"的制约问题。然而，必须指出的是，涉外司法公信力和形象的积极建构虽然在司法体系的高层达成共识，但在具体个案中对于承办案件的法官而言，可能并没有直接和切身的作用力，因此，如何打通域外"民意"与涉外案件具体承办法官之间的双向作用和影响通道，就是一个后续需要着力解决的问题。

关于涉外司法监督问题。监督是对司法不公强有力的制约，也是涉外司法过程中最能直接影响选法过程、结果和效果的环境因素。涉外司法中应当存在的监督，上文已有所触及，它至少应包括如下五类：第一，作为诉讼中的"等腰三角"关系，涉外司法者与双方当事人之间的天然结构，应包含着双方当事人或其代理人彼此之间的角力，以及对涉外司法者的监督制约。第二，上、下级法院内部之间具有的审判指导关系，其间也存在着监督和制约的功效。有文献指出，我国法院间的审级关系是监督关系，现阶段因"自下而上层面的案件请示、重大事项提前报批、案件内审"，以及"自上而下层面的提前介入、挂

---

　① 胡铭：《司法公信力的理性解释与建构》，《中国社会科学》2015 年第 4 期，第 85—206 页。
　② 周强：《在全面推进依法治国大局中科学谋划和推进涉外商事海事审判工作》，《人民法院报》2014 年 11 月 20 日。

牌督办"等途径被强化而趋于行政化。[①] 第三，上下级法院之间的审判监督关系也是可供利用的制约涉外司法的积极力量。我国《民事诉讼法》规定，各级法院院长对本院、上级法院对下级法院、最高法对各级法院已经生效的判决、裁定和调解书，如果发现确有错误的，可以分别提交审判委员会讨论决定是否再审、提审或指示下级人民法院再审。当事人也可申请再审程序。[②] 第四，人民检察院作为法定的法律监督机关，有权对人民法院的司法活动，包括涉外司法活动进行监督，其措施主要有二：一是提起抗诉，二是提出检察建议。当事人也可以在符合法定条件的情形下，向人民检察院提起抗诉申请或申请检察建议。[③] 第五，裁判文书公开上网，社会舆论可以发挥广义监督的作用。我国司法系统强势推进裁判文书的上网，涉外裁判文书及典型案例也通过我国司法系统的专门性网站进行公开。通过"晒"裁判文书的方式，也能在一定程度上对涉外司法过程发挥监督作用。当然，鉴于涉外司法过于专业，具有特定的受众，此举并不具有与国内裁判文书上网等效的作用，不过以司法透明、司法公开的方式毕竟比传统几乎封闭的信息获取状况要好得多，至少有更多的专业学者、研究人员，甚至国外相关主体进行关注和监督。

关于涉外司法成本问题。相比国内司法，涉外司法过程需要更多的公共资源提供支持，因此，其司法成本就不仅仅需要考虑当事人所能承受、所愿意付出的成本，而且必须考虑公共资源供给的有限性和利用的有效性。具体而言，涉外司法过程相比于国内司法所需要的额外公共资源主要包括但不限于：第一，域外文书送达中的司法成本。在可供利用的送达方式中，通过外交途径送达、委托受送达人所在国

---

① 何帆：《论上下级法院的职权配置：以四级法院职能定位为视角》，《法律适用》2012 年第 8 期，第 15 页。

② 参见《民事诉讼法》第 198—200 条。

③ 参见《民事诉讼法》第 208—209 条。

的我国使领馆送达，虽为有效送达模式，但需要我国外交机关提供帮助，占用公共资源。职是之故，此类送达方式在实践中效果并不明显①，法院更多地选择公告送达的方式，以降低对有限公共资源的利用及所带来的诉讼不效率。第二，域外取证所产生的司法成本。民事诉讼中的取证和举证尽管在很大程度上已经属于当事人的责任，人民法院只有在特定情形下才参与进来，然而在涉外司法过程中，由于某些关键证据在域外形成和存在，因此需要通过司法协助的方式进行域外取证，或者通过国际条约途径，或者通过外交途径。第三，在外国法查明环节，我国司法机关也开始承担更多的法定查明责任。依据我国最高法原来的司法解释，我国司法实践中查明外国法的主体没有人民法院，但在《涉外民事关系法律适用法》中，此种格局被改变，新法建立起了以人民法院查明为主的责任方式，只有在当事人选择适用外国法的情形下，才由当事人查明。鉴于查明外国法的难度，如果严格执行法院查明责任，势必大量占用涉外司法者非常有限的公共资源。第四，判决的承认和执行环节也需要公共资源的支持，除了当事人向有管辖权的外国法院提出承认和执行之外，人民法院也可依据国际条约或者按照互惠原则，请求外国法院承认和执行。

（3）就冲突规则的内部体系要素而言，可以冲突规则为中心，将其区分为前、中、后三个层次。事实上，这些体系要素的不同搭配，就形成了上文提及的广义、中义、狭义的选法三阶。鉴于上文已有详述，此处仅从体系要素的角度略述之。

其一，前冲突规则的体系要素。管辖是选法体系中内部构成在位序和重要性方面影响选法的第一要素。管辖对选法的影响是深远的和系统的，一方面，没有管辖就不会有选法，另一方面，特定的管辖又

---

① 有文献在研究相关数据后得出结论认为：总体而言，域外送达成功率不高、周期过长的局面尚未彻底改观。向明华：《域外"送达难"困局之破解》，《法学家》2012年第6期，第138页。

决定了或者说预设了选法的结果。管辖权与冲突规则的一体化意味着，一国行使管辖权，就由该国的冲突规则确定准据法，此点是管辖权对选法结果产生影响最直接的作用方式。

冲突规范的适用方式也是前冲突规则中影响选法结果的体系要素。围绕冲突规则的适用有两种非常观点：一种是主张冲突规范是普适性的，所有私法关系，不论涉外与否均由冲突规范调整；一种是主张冲突规范是任择性的，只有涉外私法关系当事人主张并举证证明应当适用冲突规范，才由冲突规范进行调整。如此，冲突规范的适用方式就有三种类型，除上述两类之外，还有我国立法采取的双轨制，即涉外民事关系严格通过冲突规范进行调整。显然，不同的适用方式将在两个方面对选法产生影响：一是是否选法，二是如何选法。主张冲突规范任择性适用的，就可能对某些涉外民事关系不行选法之举。同时，又由于冲突法规则适用方式与管辖国别直接相关，因此，管辖权的问题还同时影响冲突规范及其适用方式。

涉外案件的识别标准也将影响是否选法。上已述及，各国对于涉外性的识别大致有两种做法：一是司法裁量，根据实质关联标准进行裁断；二是立法或规则界定，只要满足规则设定的标准，即认定为涉外。案件涉外与否的识别与冲突规范的适用方式存在关联：在不区分民事关系涉外与否，而一概以冲突规范调整的格局下，案件是否涉外不具有区分意义；只有在冲突规范任择性适用或法定区分适用的格局下，才有区分案件涉外与否的必要。即便如此，其具体适用也是有差异的，在任择性适用的情形下，涉外与否的判定是当事人的责任；在法定区分适用的情形下，涉外与否的判定则是司法者的职责。

此外，还需要审查所涉法律关系或问题是否属于直接适用法的范畴，并视审查结论不同而发生选法或不选法的两种法律效果。

其二，冲突规则中的体系要素。进入冲突规则适用阶段，影响选法的关键要素至少包括：法律关系或问题的定性；冲突规范的确定；

连接点的解释与确定；冲突规范的相关适用制度，如法律规避禁止制度。定性对选法的影响是最为直接的因素，定性的偏转或不诚实定性，将直接改变冲突规范的指向，甚至通过实体与程序的定性，选法问题还可能被避免。

定位，或者说对冲突规范连接点的识别，是完成选法的最后一步。在大多数情形下，由于连接点是以空间概念的方式表达，因此其空间指向也就较为容易。然而，有三种情形可能使连接点的识别难度提高：一是，以法律概念为连接点的，需要进行空间转化，而且还可能需要进行法律解释，例如意思自治的问题，在司法实践中至少要区分三种意思自治情形——明示意思自治、默示意思自治、推定意思自治。推定意思自治基本上被否定，明示意思自治被肯定，有所分歧的是默示意思自治是否有效及其所指。有文献指出，默示选法作为明示选法的一种特殊形式，得到国内法和国际条约层面的广泛接受。[①] 我国立法层面原则要求明示选法，但也承认了一类默示选法。而在实践中诸多情形是否属于被承认的默示选法而适用中国法，值得商榷。因此，在识别或定位此类意思自治时，是否属于有效意思自治，以及有效意思自治指向何在，就是一个难度及选法意义都很大的问题。二是，即便以空间形态呈现的连接点，由于现代法律关系的生灭变易在时空上的拉伸延长，就会出现指向的多元化或模糊性，例如侵权行为地的定位，在现代侵权关系中，在科技发展的背景下很容易出现行为地与结果地的分离且时空间隔极大，对于法官而言就需要进行明确化且面临选择。三是，某些连接点还同时融合了法律概念和空间概念，需要进行综合识别。典型如经常居住地，居住地作为空间概念容易明确，但"经常"二字却有不经常的含义。依我国现行司法解释，我国冲突规范中作为

---

① 刘仁山、黄志慧：《国际民商事合同中的默示选法问题研究》，《现代法学》2015年第3期，第147—161页。

连接点的"经常居住地"不同于诉讼程序中判断管辖权的"经常居住地"，两者之间存在差异。因此，必须注意此类不同语境中使用的相同概念，并且立足不同的法律意义进行判断。

此外，在定位时还应考虑冲突规范的适用制度，典型如法律规避禁止制度。法律规避禁止的应然功能是遏制当事人操纵冲突规范的指向以趋利避害的恶意行为，但我国司法解释将法律规避禁止制度当作捍卫法院地强制性或禁止性规范的举措。该制度也将对冲突规范的指向产生重要影响。通过司法者的认定，在当事人存在改变或制造连接点事实因素的情形时，该行为如果被认定为法律规避，则所指向的外国法将无效，从而只能适用法院地法。此时，选法指向就被修改。由于法律规避成立与否的判断需要对当事人主观意志进行认定，所以法官具有很大的自由裁量权，在理论上言，法官完全有权力以规避之名认定非规避之实，以期规避外国法而用本国法。

其三，后冲突规则中的体系要素。冲突规则锁定准据法后，其指向仍然可能被修改或调整。其主要方式有四：

第一，外国法查明与救济的问题。外国法查明是制约冲突规范发挥作用的瓶颈，限于成本和难度，不能查明外国法的概率似要超过查明的概率。不能查明外国法的救济措施大多数是以法院地法取而代之，如此就会产生两个深刻的问题：一是，如果大多数情形虽然冲突规范指向应适用外国法，但却因查明不能而适用法院地法，则此前的选法努力和过程就完全失去意义，冲突规范的指向在效果上被修改为指向法院地法。二是，为降低适用外国法的难度及风险，法官很可能为适用法院地法而故意不查明或不积极查明外国法。两种做法都导致法律选择指向了法院地法。因此，如何控制外国法查明，并设定查明不能的标准，将是制约选法偏误，确保选法和用法质量的重中之重。

第二，公共秩序保留是捍卫内国法律体系的安全阀。如果说冲突法的方案就如同外国法进入内国司法系统的准入令，那么公共秩序保留则是对此种准入的安全例外。公共秩序保留将在客观上否定和排除此前选法结果，除非冲突规范指向的是法院地法。因此，是否适用，以及如何适用公共秩序保留制度，也将对选法产生决定性影响。在是否适用的问题上，必须肯定公共秩序保留制度存在的意义，甚至可以说，在任何涉外案件适用外国法的情形下，对公共秩序保留之审查是不可或缺的。问题因此转变为如何合理控制对公共秩序保留的审查，因为不当的公共秩序保留是对外国法的隐秘排除和对法院地法的不当回归。在公共秩序保留的运用方式上，国际社会主要存在主观说与客观说的区分，并对客观说又有客观效果、客观联系的不同理解，因此，如何运用这些标准、尺度，就将决定冲突规范的指向是否有效。

第三，法律适用错误的救济制度，本质上即是司法监督的问题，它的有效性将决定选法过程和结果的正确及调整与否。上文业已述及，此处从略。

第四，判决承认和执行程序也属于冲突规则适用之后的要素，该问题将从两方面对法律选择过程和结果产生逆向影响：一方面，由于判决承认和执行是对选法过程和结果的认可，因此，被请求者可能对判决的实质问题，即案件事实认定和法律选择与适用进行审查，从而影响到国内司法者在选法时的运作。当然，实践中，此种逆向反馈很可能并未得到真正的落实，即考虑到现行司法实践中判决域外承认和执行的难度和现状，此种逆向反馈的制约效果并不明显。另一方面，域外判决承认和执行也类似于一种尾端监督，如果司法者在选法过程中对判决承认和执行的域外认同度有所期待或意识，就会更加谨慎和勤勉地适用冲突规范。当然，如果能在国内司法考核评估机制之中嵌入判决在域外被承认和执行情况的考虑，就能更好地发挥判决承认和执行程序对选法的制约效果。

综上，体系选法立足于选法体系，而选法体系则是由一系列相互支持和相互制约的关联要素所组成。选法体系要发挥体系选法的功能，矫正包括法院地法倾向在内的一切不当或错误选法，就必须通过这些体系要素的结构，环环相扣，彼此牵涉和制衡。这种通过结构产生的牵涉和制衡，就是本书所谓的体系选法的联锁效果，以下将以本书主题，即如何矫正不当法院地法倾向为例，释明体系选法的联锁原理。

（三）体系选法的联锁原理

体系选法作为一种具有普适性的方案，根据其内在的结构力量预止大部分不当的选法。因此，不论是不当的内向型选法，即法院地法倾向，还是不当的外向型选法，典型如巴氏案，通过体系选法均能起到选法体系所不能发挥的矫正作用。以下在一般阐述体系选法的联锁原理的基础之上，分别以巴氏案的外向矫正和法院地法倾向的内向矫正为例，展示体系选法联锁原理的作用方式与效果。

1.体系选法的联锁原理

体系选法相对于选法体系而言，其核心差异即是通过各体系要素的内在结构产生出一种整合性功能，形成彼此牵制和平衡，可名之曰"联锁"。联锁一词所要表达的是，针对选法问题应以各体系要素共同作用，任一要素不可能单独地完成合理选法，以体系而非单独环节确保对选法的制约与选法正确。其关键内涵有二：一是彼此协同；二是相互制约。通过有制约的协同，实现选法的制衡。以冲突规则为中心的各体系要素，围绕选法环节彼此之间形成的联锁原理在性态上可区分为四种类型：内外联锁、前后联锁、动静联锁、正反联锁。下表即是对体系要素及其形成的四种联锁性态的直观展示（表21）：

表 21　体系要素的联锁性态

联锁性态	体系划分		体系要素
内外联锁 前后联锁 动静联锁 正反联锁	外	司法者	选任、考核、培训、奖惩（司法能力、司法激励）
		司法环境	司法公信、司法监督、司法成本（上网）
	内	前	管辖、适用方式、涉外性识别
		中	定性、找法（冲突规范）、定位（相关适用制度）
		后	查明、公序保留、上诉（相关适用制度）、判决承认与执行

（1）内外联锁原理。内外联锁原理，是指选法体系的内外要素彼此之间就选法环节形成的制衡原理。司法者和司法环境作为选法体系的外部要素，而以冲突规则为中心前后延伸发展起来的相关制度则作为选法体系的内部要素，二者对选法的联锁制衡可表述为：一方面，二者协同才能完成选法。内部要素以规则及其制度为内容，此类规则和内容不可能凭借自身就完成选法，其许多制度的实施和调整有赖于能动的司法者，并依存于司法环境。涉外案件的管辖权是否行使、如何行使，冲突规范适用与否、如何适用，案件是否涉外、如何判断，以及法律关系的定性与识别，冲突规范的援引和准据法的定位，外国法的查明、适用与排除或救济，判决承认和执行，等等，所有内部要素必须由立足司法环境的司法者进行操作。同样地，立足于特定司法环境的司法者也不可能不需要任何选法规则及制度作为手段，无中生有地选法。

另一方面，二者同时也相互制约地完成选法。冲突规则及其适用制度必须限定在特定司法环境中，并受特定司法者的司法能动性，甚至司法者的风格、性格、思维特性、法律理念等因素的影响。波斯纳就曾经对自己的法官角色进行了自我解剖："经验研究的学者已发现，许多司法决定，不仅限于最高法院的，都受法官的政治偏好或法律以外其他因素的强烈影响，例如法官个人特点以及个人的和职业的经验，这些会塑造他的政治偏好或直接影响他对某案的回应。"[1] 因此，在特定案件中，例如在我国司法实践中非常典型的类型化案件即海上货物运输，中国某公司作为托运人与中国某船运公司作为承运人签订货物运输合同，约定将中国境内的货物运至某外国某港口，但货物在尚未运输，或者仅运输至中国领海内即发生争议，此时应否将该案识别为涉外案件，不同的法官在相同的案件中得出不同的识别结论，而这与法官的法律素养和理解有关。不仅如此，在外国法查明过程中，外国法查明的程度除了在规范层面受制于具体规定外，更主要或者说决定性地受制于司法者的勤勉以及司法环境的束缚或支持程度。

当然，不能放大司法者和司法环境对选法结果的决定性作用，否则，就会出现艾伦茨威格式的识断，即所有冲突法的规则和制度是法官达到适用法院地法的手段。此论是偏激或极端之言，原因在于，此种观点完全忽视了作为选法体系内在要素的冲突规范及其相关制度对司法者和司法环境的制约作用。冲突规则和相关制度固然需要司法者来实施，同时为更好地选法，有意为司法者留下了自由裁量的空间，但宽容不等于放纵，冲突规范及其相关制度形成的框架也必将限制司法者的表现和行为。这就如同为司法者戴上了具有一定自由度的镣铐，他们可以在框架允许的范围内舞蹈，但不可能具有绝对的处分权。因此，如何行使管辖权，是否属于不方便法院，案件是否具有涉外性，以及冲突规范的所有其他要素，立法及司法解释均有所设限，并监督制约、正反调控司法者在司法环境中依法选法，避免后者对选法结果产生不适当的决定性作用。

（2）前后联锁原理。前后联锁原理，是指以冲突规则为中心，前后延伸发展出来的制度彼此协同和制约地发挥选法功能的原理。从前冲突规则与冲突规则本身的联锁原理看，一方面，前冲突规则的系列

---

① 理查德·波斯纳：《法官如何思考》，苏力译，北京大学出版社 2009 年版，第 7 页。

制度影响乃至决定选法结果的程度最大，它们一般通过两种渐次递进的方式决定选法结果：一是影响和决定是否选法，如对涉外案件是否行使管辖权、是否采取冲突规范的任择性适用、所涉争议是否属于程序问题等；二是在确定选法的情形下，影响和决定如何选择冲突规则，识别和定性将决定冲突规则的选择。另一方面，冲突规则所代表的选法环节本身也将对前冲突规则的制度形成制约，兹举三例说明之：一是为确定冲突规则的识别或定性，可以逆向影响案件管辖，修正管辖时的案由识别，从而可导致管辖权的调整；二是选法的可能结果将作为判断管辖权行使方便与否的标准，制约着管辖权的不当行使；三是通过优化冲突规则本身或其规则结构，缓解乃至化解不当管辖及涉外性识别导致的不当选法的危机，例如，以最密切联系原则作为修正原则或例外条款，或者更为科学地设置选法连接点，设置诸如"共同属人法""行为地＋住所地或其他"等复合型连接点。这就是以规则调整的深度来换取选法适当的程度。

从冲突规则本身与后冲突规则制度的联锁原理看，一方面，后冲突规则的相关制度与选法环节一起协同地实现选法的目标，没有外国法查明、选法错误适用的救济，以及判决的实现，选法环节的付出就是无用功，就是纸上谈兵，最终会导致冲突法存在的危机，而非仅仅是冲突法的危机。因此，在目标实现层面，选法环节与后冲突规则的相关制度是彼此协同的。

另一方面，适当的外国法查明和有效的判决实现环节也将反过来制约选法环节。先谈外国法查明的问题，外国法查明与选法之间的关系最为敏感和直接，涉外案件的承办法官在实践中不倾向于适用外国法，主要不是因为意识形态或者价值观的拒斥，更多的是由于司法环境的制约，特别是外国法查明的困难。如果完全不考虑外国法查明和适用上的困难，包括法院地法倾向在内的不当选法将会得到极大的缓解。当然，基于司法者的职责和司法环境的制约，特别是《涉外民事关系法律适用法》所明确的法院查明责任，不考虑外国法的查明和适用上的可能性和可行性是不可能的。因此，在外国法应当要查明和适用的前提下，能缓解法官选法后顾之忧的替代方案就是降低而不是免除他们在查明和适用外国法问题上的难度，或者说提高这种查明努力在法官考核体系中的权重。以此方式为法官松绑，选法的精当性就能得到提升。

再看判决实现对选法环节的牵制。涉及选法的案件判决从其实现地点看分为两类：一类是在国内执行判决，另一类是需要在外国承认和执行。两类判决实现在本质上都可以归为同一要求，即被认可或被尊重的要求。[①] 被认可和被尊重不仅是一种精神上的需求，而且也可以转化为司法上的考核指标，以此方式建立判决实现程度与法官考核之间的关联，成为激励法官恰当选法的重要因素。当然，两类判决实现方式与法官选法行为之间可能存在不同强度的调控效果：在域外判决承认和执行中，受制于国际司法协助环境，以及国内考核体系，判决的域外实现情况基本上对法官选法只存在理论上的相互作用；而在国内判决实现情况上，该问题就转化为上诉、审判监督或再审的问题，其对法官选法就形成强有力的硬性制约。

（3）动静联锁原理。动静联锁原理是指选法体系内能动的要素与静止要素之间相互协调和制约，对选法过程和结果进行调控。具体而言，选法体系中主要有三大动态因素影响选法的过程和结果：

其一，作为显性因素的司法者。司法者承担着实现和实践选法体系中所有规则和制度的使命，也负有忠诚选法、合理用法的责任。因此，司法者对选法的影响是巨大的，乃至于是决定性的，其途径至少

---

① 波斯纳以地区法官的态度进行了说明："地区法官不喜欢自己的司法决定被撤销。尽管对一位无论如何都不可能晋升上诉法院的法官，这种撤销没有实在的职业影响，即使有晋升的可能，这影响很小，撤销还是可能隐含了批评，而不仅仅是分歧，而没有谁喜欢公开受批评。"理查德·波斯纳：《法官如何思考》，苏力译，第131页。

有三：第一是通过司法能动性，因为有些规则或制度的适用必须立足于司法者的能动性，如识别就是必然会涉及司法能动性的制度。第二是通过体系中的故意"留白"，即为优化选法而有意为司法者设置的自由裁量权，例如冲突规则中无条件的选择性系属，如何选择是司法者必须行使的裁量权；又如作为"逃法"或"校正"规则的最密切联系原则，在冲突规则所选法律不当的时候，授权司法者个案衡量并定夺之。第三是体系瑕疵或缺陷，需要司法者进行功能上补位，典型如《涉外民事关系法律适用法》第 21 条，该条规定涉外结婚条件应降序适用：共同经常居所地法 > 共同国籍国法 >（一方经常居所地或国籍国 + 婚姻缔结地）法。

由于该条并未穷尽法律适用，因为如果婚姻缔结地不在任何一方的经常居所地或国籍国，法律适用的问题就浮现出来，此时应如何适用法律？解决问题的方式有三：一是诉诸法律适用基本原则，但遗憾的是，我国现行立法并无选法基本原则。[①] 二是诉诸兜底条款，即该法第 2 条第二款之规定，依该规定，在该法和其他法律没有规定的情形下，应根据最密切联系规则确定准据法。问题是，此时很可能没有最密切联系地，且此种情形并不属于法律没有规定的情形，而是属于有规定，但规定不全面的情形。三是在没有办法的情况下，适用作为无法之法的法院地，然而此时欠缺明确的法律依据，因为我国所有立法和司法解释中并没有规定法院地法的"剩余适用"，只是规定在外国法不能查明或没有规定时，以及法律规避禁止、公共秩序保留之后应适用法院地法。所以，此时必须依赖司法者这个动态要素，实现破局。

[①] 有很多文献认为，意思自治和最密切联系已经是我国立法中的基本原则了。但此种观点的标准是不严格的，因为所谓基本原则，乃是适用一切范围、指导一切、解释一切的规则。显然，不论是意思自治和最密切联系，二者的法律定位都未被提升到这种高度。意思自治只是在其被立法明确的情况下才适用；最密切联系则只是在法无规定时才适用。参见刘想树：《论最密切联系的司法原则化》，《现代法学》2012 年第 3 期。

其二，作为隐性但动态的要素的当事人。由于围绕冲突规范运用的选法体系被预设为司法者的当然职责，当事人只是被动的受众，因此，当事人并不被列为选法体系中的要素。然而，在司法实践中，当事人也可能积极参与法律选择，分享法律选择权。有学者甚至认为这是冲突法久违的真理。[①] 当事人对选法的影响和制约也通过如下途径据以实现：

途径一，通过挑选法院。挑选法院尽管是立法所欲限制但却不能完全排除的，挑选法院可能干扰国别之间的管辖权，然而各国在管辖权立法和司法上的不协调，为当事人挑选法院提供了很大的便利和空间。挑选法院也就是挑选管辖权，从而达到远程操控选法过程和结果的目的。

途径二，通过识别。识别是司法者的职权，然而根据民事程序法理，在民商事诉讼中当事人可以根据自己利益的最大化选择请求权的根据，从学术观点看，请求权根据的考虑顺序应当是：合同之诉、无因管理之诉、物权之诉、侵权之诉、不当得利之诉。此种请求权根据体现在诉讼文书中就是诉讼请求。因此，原告在撰写起诉书，明确诉讼请求时，已经完成了识别。虽然法官有权力根据案件的真实案由纠正当事人的错误识别，但在请求权竞合的情况下，或者立法授权当事人选择的情况下，如我国立法允许在侵权和合同竞合时，当事人就是合法的识别主体，从而对选择冲突规范有决定权。

途径三，通过直接的选法。这是当事人对选法结果具有决定权的直接举措，表现为两种方式：一是明示的意思自治，二是默示的意思自治。我国立法和司法解释之中均有体现。

途径四，通过法律规避。法律规避尽管在某些立法如我国立法中应当被禁止，然而并非所有的法律规避都被禁止，特别考虑到我国司

---

① 参见江保国：《法律选择权研究——审视冲突法的权利视角》，法律出版社 2014 年版。

法实践中极少动用法律规避禁止条款，以至于该条款形同虚设，可以认为当事人大多数的法律规避并未被发现和被禁止。当事人既可能制造连接点事实因素，也可能挑选连接点事实因素，还可能改变连接点事实因素，从而让冲突规范的指向发生所意欲的偏转。

途径五，通过选法建议。冲突规则本身为体现选法的宽容，可能会被构造成无条件的选择性规范，或者在司法实践中某具体特定的连接点被司法解释分化为两个或两个以上的连接点，此时，选法就面临着连接点的选择。从规则和理论上言，冲突规则除非在立法授权的情形下可由当事人实施之外，其他情况下应由司法者依据职权为之。依此理路，如何在冲突规范的若干个并列连接点之间抉择，法官是当然的选择主体。尽管如此，考虑当事人的建议，并征询当事人的意见，是消除司法者与当事人之间的误解、化解对抗、合理化选法的有效措施。而且，不论法官是否主动听取或征询，当事人都有权利主动提出自己的选法建议，以影响法律选择。

途径六，通过查明或不查明外国法。不论是当事人主张适用外国法，还是法官查明外国法，当事人都是查明外国法的主要责任主体，因为司法解释赋予法官查明的五种方法之一和之首即是由当事人查明。鉴于其他查明方式的局限性，以及民事诉讼中当事人的主体性地位，司法者倾向于由当事人承担查明外国法的主要责任。如何查明外国法，以及是否去查明外国法，都表达了当事人的态度，而这种态度将影响将要适用的外国法的查明结果，从而影响用法和选法目的的实现。不仅如此，当事人还有权利对应当适用的外国法的内容、理解和适用发表意见，只要双方当事人对此"合意接受"或"无异议"，法院将予以确认从而适用。这在某种程度上将应适用的外国法改变成为当事人合意接受的"外国法"，二者之间可能相去甚远，但在立法上并不重要。

途径七，通过上诉或抗诉。上诉和抗诉是当事人寻求救济的法定措施，按照我国司法体制，以及上文提及的路径，当事人的此类救济措施有三：通过法院系统内部启动审判监督程序；通过自身启动审判监督程序；通过人民检察院启动抗诉程序或提交检察建议。这些举措，均可能对选法结果和用法进行重新审查和调整。

途径八，通过冲突规范的任择。在采用冲突规范任择适用方式的国家，当事人如果意图使用冲突规范进行选法调整，就必须举证证明涉外因素的存在，以及应当适用的冲突规范。反之，当事人可以放弃举证责任，从而不发生选法和用法的问题。

其三，选法体系中更为隐蔽，也更为根本的隐性动态要素是立法者。整个选法体系的设定均源自立法者，因此其对选法过程和结果的影响是不言而喻的。概括起来，立法者对选法过程和结果的影响主要表现为如下方式：一是设定选法体系的所有静态要素，即冲突规则及其环绕支撑制度。二是为选法体系留下必要的自由裁量空间，让司法者于其中能动地司法。三是为当事人预留必要的自由，让其能够参与司法者的选法决策过程。

立法者、司法者及当事人，三者作为选法体系中的动态要素通过冲突规则及其相关制度等静态要素对选法过程和结果具有不同的影响，因此表现出不同的制衡方式：

第一，立法者是"万能"的，对于法律选择过程中触及规则变迁的问题，也就是对选法体系的极限调整问题，只有立法者才能做到。当然，考虑到立法规律，立法者不可能随时修法，为此，当立法者设定选法体系之后，除非通过合法的修法程序，否则它也必须受制于所设定的选法体系，接受、尊重该体系输出的选法结果。这是二者的相互制衡。

第二，司法者兼具能动的立法者和被动的司法者之双重角色。司法者或多或少地掌握立法者的部分权限，在判例法国家，特定的司法者通过先例引领法律规则的变更；在我国这样的成文法国家，一方面司法者通过指导性案例实质性地发挥着补充规则的立法性作用，另一方面则通过颁发司法解释的方式扮演着实践中的立法者角色。此外，即便是立法有明确规定时，司法者也不是完全被动的，它还有规则中保留的自由裁量空间，以及规则力所不逮时的自由裁量空间。反过来，司法者的身份也决定其必须在立法者限定的框架结构中发挥能动性，该框架结构由红线、黄线、绿线和虚线所构成，不同颜色的线路对司法者的选法决策实施不同程度的限制，加以不同程度的责任，如此才能达到涉外司法的法治状态。

第三，当事人具有合法和隐蔽地启动、影响和实施选法过程和结果的功能。当事人在整个选法体系和过程中看似被动，但体系运转的第一推动却是当事人实施的，他们也通过体系要素的组合搭配，力图实现选法指向对自身利益的最大化。当然，当事人的此种作用必须通过两种手段才能实现：一是利用立法者设定的体系要素，二是利用司法者的裁定。法律规避问题即是最佳明证，有一些观点认为，国际私法中不应禁止法律规避，因为与其他法律规避相比较，国际私法中法律规避的所有行为环节都是合法的，当事人有权利依法制造或改变连接点事实因素，但是否据此选法，则是司法者的行为。① 此种立论值得反思的地方在于，当事人虽非导致选法指向变动的直接原因，但他借助或妙用了司法者的裁定完成了法律规避，其行为对法律的选择具有间接的作用。司法者的司法和立法者设定的体系要素，是当事人能动的手段，但同时也构成限制当事人能动的制衡因素。

（4）正反联锁原理。正反联锁原理，是指选法体系中正向激励要素与反向抑制要素彼此协同、互相制约地进行选法。正反联锁原理的锁眼是司法者，通过正向激励提升其投身于精当选法的目标，并减轻或免除其选法负荷；同时通过逆向抑制避免其消极选法。波斯纳就说过，对司法者不仅要有胡萝卜，也必须备好大棒："即使在胡萝卜很大

---

① 周江：《国际私法中法律规避问题的再思考》，《法律科学》2007年第4期，第155—158页。

的工作职位上，大棒还是必不可少的，以便能替换那些对胡萝卜激励回应不足的表现不佳者"，"更进一步的是，没有强有力的激励和约束，这本身就创造了一个空间，使一些孱弱因素可能影响行为"。[①] 只有正向激励而没有反向抑制，司法者就可能趋于懈怠；反之，只有反向抑制没有正向激励，司法者就可能畏手畏脚。因此，必须协调配置正向激励与反向抑制要素，以发挥最佳的选法调控效果。

正向激励要素主要包括两种类型：一类是对司法者的积极奖励，包括职位选任与晋升、职业能力培训，以及精神上的认同与嘉奖等；一类是对司法者过重负荷的缓解或免除，在涉外司法过程中司法者最大的负荷即是适用外国法时的查明问题，因此必须通过必要的措施，更进一步拓宽现行的外国法查明途径，建立更为便利的外国法供给机制。

反向抑制要素也分为两类：一类是以惩罚为目的，如司法职务的降级或免职。一类是以限制为目的，主要包括完善监督体系，促进涉外司法过程的透明，以及通过静态制度或规则的设置限制司法者的自由裁量权。例如，为避免法院地法倾向，对于应当适用外国法而不适用的，是否可考虑建立内部上报审查制度，如在我国司法审查涉外仲裁协议及仲裁裁决过程中，司法机关如果否定涉外仲裁协议，要撤销涉外仲裁裁决，必须逐级上报至最高人民法院审查认可。此外，鉴于涉外司法是一套复杂和专业性高的流程，是否可以考虑就判决文书中的选法说理部分进行模块化设计，引导涉外司法者逐步考虑选法过程中的专业问题，形成格式化的选法说理。如此，既是对涉外司法者的限制，避免其选法说理的混乱和恣意，同时也是对涉外司法者的激励，减轻其掌握和驾驭选法说理的负荷，便利其选法决策与选法说理。

如此，一方面通过正向激励要素，诱导司法者的涉外选法按照最佳途径展开；另一方面通过反向抑制要素，鞭策司法者不消极司法。

---

① 理查德·波斯纳：《法官如何思考》，苏力译，第130—131页。

特别重要的是，为提高司法者的选法对正反联锁原理的敏感度，必须科学设置司法者的考评体系，合理安排考评指标的质、量比例，对涉外司法的独特规律予以差异化处理。唯有如此，司法者才可能挣脱纯粹量化的考核束缚，才愿意积极勤勉地进行外国法的选择、查明和适用。即便在付出艰苦的努力后外国法仍然无法查明和适用，也应在考核体系中对司法者的付出予以充分的肯认。

2. 不当外向的体系矫正 —— 以巴氏案为例

巴氏案从选法结果看，是不当的外向选法，即适当的选法应当是适用纽约州的而非加拿大安大略省的立法。当然，必须指出的是，此处所谓的适当有其预设，即根据传统的涉外侵权冲突规范的选法是不适当的。此处不纠结何谓适当，即不纠结传统选法还是新的选法更为适当，而是假设传统选法的外向选择是不适当的，因此需要通过体系选法的方式确保更为适当的法律即作为法院地法的纽约州立法得到选择。就巴氏案而言，体系选法的矫正力量可展示如下：

其一，通过案件涉外性的合理识别，将案件识别为实质上仅与美国纽约州有关的当地案件，从而不发生选法问题，案件将直接适用纽约州的法律。此种能动识别的合理性在于，一方面不伤传统选法体系的筋骨，就能实现合理的选法，延展传统选法体系的生命力；另一方面案件除了交通事故发生地这个唯一的因素与加拿大安大略省偶然相关外，其他所有事实因素都仅与美国纽约州有关。该案的极端之处就在于，与加拿大唯一偶然相关的事实因素却正好成为传统选法规则的根据。

其二，通过冲突规范的任择适用，在当事人不举证证明涉外因素及应适用的冲突规范，或者举证证明不力时，法官可忽略其涉外性，径依国内案件进行审理和裁决。冲突规范的任择性适用并不普遍，但在与美国同根同源的英国有适用的实例，事实上，即便在明确采取冲突规范法定适用的国家如我国，如上所述，在司法实践中也难以完全避免冲突规范的任择适用。

其三，通过直接适用法制度，将"有害必偿"作为法院地法中的强制性规范直接适用于本案的赔偿问题，而对侵权责任的成立及其他内容适用传统选法。

其四，通过对冲突规范连接点的识别，将传统选法规则中的"侵权行为地"解读为行为实施地和结果发生地，并优先考虑结果发生地即纽约州立法。此种识别，是现代许多国家所认可的，而且其基本原理乃是与时俱进地理解萨维尼选法体系，因为在萨维尼设立法律关系本座说的时代，由于侵权类型及因果关系的发生相对简单和直接，行为实施地和结果发生地高度合一，无进一步解析的必要，但在现时代，对侵权行为地作此识别，并不违背萨维尼体系的选法原理。如此，也能极好地兼善传统选法体系与类巴氏案件选法的适当性。

其五，通过立法上的改进，由共同属人法，或者"一方国籍国或住所地（属人）＋侵权行为地"法等结构性连接点，而非单一的侵权行为地法调整涉外侵权关系。共同属人法更能合理地规范涉外法律关系，主要是因为共同属人法指向的法律更能体现最密切联系精神，是最密切联系原则的具体化。当然，改进立法是立法者才能完成的事业，司法者和其他体系要素不能达到这个目的。但改进立法也本应是完善选法体系中的选法规则的应有之义。如此，本案的法律适用将会避开安大略省立法而适用纽约州立法。

其六，通过设置"逃法条款"（escape clause），或将最密切联系原则化，矫正形式化的冲突规则的不当选择。许多国家立法将最密切联系作为逃法条款，在冲突规则指向的法律不当时，或者违背最密切联系精神时，授权司法者根据最/更密切联系精神另行选法。我国现行立法既没有将最密切联系作为逃法条款，也没有将其提升至基本原则，因此无法防止类巴氏案在司法实践中发生，有学者建议通过司法能动的方式将最密切联系予以"司法原则化"。[①] 以此方式对立法上的缺陷进行司法能动补助。当然，如果巴氏案在审理时存在此类逃法条款，也能避免触发冲突法革命。

其七，通过外国法查明，避开安大略省"客人法"的适用，转而适用安大略省的一般侵权法或纽约州立法。从功能主义的角度解读安大略省的立法，纽约州司法者也可能有另外一种选择，即将本案情形视为安大略省"客人法"的例外情形，换言之，安大略省的"客人法"在功能上是为了遏制恶性的保险欺诈，而本案当事人之间并无保险欺诈的情形，因此此时可以从功能主义的角度对安大略省的法律进行两种功能性解读：一是认定客人法因不合本案情形而不适用，外国法查无规定；二是转而诉诸安大略省客人法的上位一般法如侵权法，适用其一般侵权法裁决案件。

其八，通过公共秩序保留，排除安大略省立法的适用，转而适用作为法院地法的纽约州立法。巴氏案的革命效应来源于诸多方面，其中具有放大效应的是该案所涉两法在价值取向及具体内容设定上截然相反，安大略省立法完全不赔，而纽约州立法则支持赔偿。由于纽约州并没有安大略省立法预设的特殊时代背景，因此无法理解也不能在观念上接受"侵权不赔"的法律适用结果。职是之故，纽约州司法者似可援引公共秩序保留制度，排除安大略省立法而适用纽约州立法。

其九，通过上诉，进行法律选择的监督和制约。在巴氏案中，原告在一二审均被裁定败诉后，再次上诉至三审，案件的法律适用终得调整。当然，从理论上讲，如果原告或被告对案件的法律适用不满意，还可以穷尽纽约州立法所提供的一切法律救济措施，诸如采取类似我国审判监督程序、抗诉程序等措施。

综上，从体系选法的角度看，整个选法体系至少可以赋予司法者如

---

① 刘想树：《论最密切联系的司法原则化》，《现代法学》2012 年第 3 期。

上所述的十种措施进行体系内矫正，从而以体系制约之力避免选法的不当外向。巴氏案之所以触发革命，是因为其消解了体系选法的力量，使体系选法退化为纯粹被动的选法体系，法律选择的过程和结果也就成为单一的规则之选即裸选。在这个体系选法过程中，既有司法者与各具体规则和制度之间的动静联锁和内外联锁，也有前冲突规则、冲突规则及后冲突规则之间的前后联锁，还有上诉监督的反向抑制（本案中的正向激励体现得并不明显）。通过上述诸种联锁举措，事实上是完全可以避免美国冲突法革命的，由规则选法变更到体系选法，借助体系的深度和力度，革命之举可以休矣。职是之故，有观点指出，这个时代并不是别于萨维尼，而是依然萨维尼的时代，立足巴氏案之上的冲突法革命只不过是"少年的美国冲突法学说在成长过程中的烦恼"[1]。

3. 不当内向的体系矫正 —— 以法院地法倾向为例

（1）对"中国远大集团有限责任公司与中国轻工业对外经济技术合作公司进出口代理合同纠纷案"[2]法律适用的体系矫正。

该案案情简单，但案情结构在国际私法中具有典型性，以之为例说明体系矫正原理具有示范意义。该案的基本案情是：中国远大集团有限责任公司（以下简称"远大公司"）与中国轻工业对外经济技术合作进出口代理公司（以下简称"轻工业公司"）签订《委托代理进口协议》，轻工业公司委托远大公司代理进口棕榈油。轻工业公司负责人赵远征私自提取进口棕榈油占为己有，并经公安机关立案侦查后认定为该负责人的犯罪行为。远大公司起诉轻工业公司，要求支付拖欠货款

---

① 张春良：《美国冲突法革命的革命性理解——别于萨维尼，还是依然萨维尼》，《福建江夏学院学报》2013 年第 1 期，第 53—61 页。

② 该案两审及再审情况参见：北京市第二中级人民法院（2011）二中民初字第 00723 号；北京市高级人民法院（2011）高民终字第 4278 号民事裁定；（2015）民提字第 128 号。该案另载《最高人民法院公报》2016 年第 2 期，第 30—32 页。

和代理费。一审法院认为：从合同订立到货物被提走的整个过程的行为性质已被刑事案件认定为其负责人的犯罪行为[1]，故远大公司的诉讼请求无法支持，应予驳回。远大公司主张轻工业公司对损害后果存在过错，应承担赔偿责任，可在其损失明确且依据正确的法律关系的情况下另行主张。法院最终裁定驳回远大公司的起诉。

远大公司不服一审裁定，向北京市高级人民法院上诉，主张本案诉争的是委托代理进口协议，轻工业责任人的行为属于"以单位名义"，故应依协议由轻工业公司承担民事法律责任。二审法院审理后认为：根据生效的刑事判决书，远大公司为赵远征合同诈骗案的被害单位，相关款物应发还远大公司，故可认定远大公司的损失已经在刑事案件中得到处理。本案中，远大公司向轻工业公司主张民事权利，一审法院裁定驳回起诉并无不当。远大公司主张赔偿责任，可依一审法院的裁定，在损失明确且依正确法律关系的情况下再行主张。故，二审法院裁定维持原裁定。

远大公司再次向最高人民法院申请再审称：单位负责人及其他直接责任人员以该单位名义对外签订经济合同，将取得的财产全部或部分占为己有构成犯罪的，应依法追究行为人的刑事责任，该单位对行为人因签订、履行经济合同造成的后果，依法应当承担民事责任。最高法审理后认为：远大公司与轻工业公司签订了代理进口协议，并与销售商签订《销售合同》，在整个代理协议履行过程中，轻工业公司在代理协议、销售合同及仓储协议中均加盖了公司合同章。棕榈油也已经根据仓储协议全部进入储油罐。因此，该外贸代理合同全部履行完毕。本案应作为民事案件进行审理，轻工业公司职员赵远征虽构成合同诈骗罪，但其个人犯罪行为与本案代理协议的履行没有关联，不能因此免除轻工业公司的民事责任。最高法裁定，撤销一二审裁定，由

---

[1] 参见北京市第一中级人民法院（2010）一中刑初字第1278号刑事判决书。

一审法院继续审理。

本案一二审无疑适用了法院地法即中国法律裁决了案件，但从国际私法的角度看，该法院地法的适用是不当的。其不当性可列示如下：

不当之一：本案作为民刑交叉案件，合法的做法应是采取民刑分离原则，对民事部分采取相对独立的审理，并进行法律适用，但一二审法院均采取民刑合一的原则进行处理。

不当之二：本案作为具有涉外因素的案件，合法的做法应当是进行涉外性判断，并根据判断结果进行法律适用，但一二审法院均未进行涉外性的识别。

不当之三：一二审法院对案件的定性及其法律适用存在值得商榷的问题，他们倾向于将案件定性为侵权关系，并建议另案处理。

如从体系矫正的角度看，对上述不当之处应做如下矫正：

第一步，通过广义识别，区分案件的民刑部分，就民事关系单独审理。

第二步，通过涉外性的判断，将案件依法判断为涉外民事关系，准备法律选择。本案是典型的外贸代理协议，该协议关系中涉及三方主体：本人（轻工业公司）、代理人（远大公司）、销售商（外商）。本案的诉讼根据是本人与代理人之间的委托代理协议，该代理协议显然地具有涉外因素，即作为标的的代理行为部分发生在国外。如此，案件将转入冲突规范的选择和适用。

但笔者认为，如此调整固然合法，但并不合理。事实上，如果考虑本案与两个或以上法律体系是否存在实质关联关系时，则是值得反思的。从我国现行关于涉外性的判断标准看，本案确实是涉外代理协议，然而除了代理行为的非主要部分涉及国外，案件因此形式上与两国相关之外，在实质层面仅与中国法律体系有关。鉴于此，可以通过涉外性的实质判断，将案件判断为国内案件，从而避开复杂的冲突规范的适用，直接以国内案件的审理方式即适用作为法院地法的中国法裁判之。

从这一步可以得出结论：合法的做法应是将案件判断为涉外案件，再通过复杂的冲突规范选法过程进行法律适用。然而，一二审法院并未依法进行案件涉外性的判断，尽管案件适用中国法是合理的，此即为入理出法型法院地法倾向。矫正的方式，就是通过能动的涉外性判断，在体系选法的初端就合法地避开选法，从而一方面维持了法院地法适用的合理性，另一方面也在不改变立法的情形下，以体系的力量将"出法"行为改造成为"入法"行为，我国立法对民事关系采取内、外分治的精神和规则也得到了遵守。

较为复杂也更具争议的是第三步措施，即假设依一二审法院的倾向性态度，本案应定性为涉外侵权关系，那么法官究竟应否进行纠正性定性？根据国际私法原理，对案件的定性或识别是法官的权力和职责，当事人诉求不合法的，法官应依法纠正。当然，对于合同与侵权竞合时的定性，立法也授权当事人自行定之。因此，如果本案是合同与侵权竞合的情形，当事人以合同之诉提出主张，这是合法有效的；如果本案不存在合同与侵权的竞合，而只是一个单纯的侵权关系，法官就应当依照职权进行纠正识别，至少应在程序上行使释明权，告知当事人法律效果，并根据当事人的态度决定是驳回诉讼请求，还是纠正识别后进行新的法律适用，而不应只是简单地驳回诉讼请求。当然，这只是本案的假设性延伸，在案件审理过程中并不真正涉及这个问题。

本案的典型性在于，在我国涉外商事海事审判实践中，因外贸代理关系产生的诉讼较为普遍，其主体结构和涉外因素也与本案基本类同。绝大多数案件审理过程中，法官根本没有对案件的涉外性进行判断，而径直适用法院地法即我国法律。此种司法过程在冲突法上是"违法"的，因为根据我国立法的规定，涉外案件应当通过选法调整，至于最后的选法是否指向法院地法，这是两个不同的评价环节。没有选法，但最终适用了本应选法情况下所应适用的法律，虽然结果相同，但不能仅仅以结果正确而肯定选法过程的正确。此种合理不合法的法院地法倾向，应该是我国涉外司法实践中最为普遍的法院地法不当倾向。因此，在不修改立法、不调整选法体系的前提下，就应通过体系的力量，就本类型案件而言也就是通过能动的涉外性判断，将此种形式的涉外案件在实质上予以否定，从而不发生涉外选法过程。如此，通过体系的弹性就避开了形式上的出法，而将其转变为实质上的入法，相应地，入理出法型法院地法倾向就不伤筋动骨地被改造成为入理入法型法院地法的适用。

（2）对"上海远洋运输公司与星星控股有限公司船舶物料供应合同欠款纠纷案"①法律适用的体系矫正。

该案案情简介如下：上海远洋运输公司下属的上海远洋船舶供应公司多次向"皇冠"（Crown）轮供应物料，"皇冠"轮船员确认了物料供应单。鉴于"皇冠"轮系挪威星星控股有限公司所有，但在物料供应期间业已光船租赁给案外人澳门皇冠投资有限公司实际经营，因此挪威星星控股有限公司不予支付物料款项。遂成此诉。

关于本案的法律适用问题，原告在庭审中主张全部适用中国法律，而被告认为涉案船舶"皇冠"轮的光船租赁登记和公告应适用船旗国法，其他问题同意选择适用中国法律，但被告未能提供涉案船舶的船旗国的相关法律。法院据此认为：本案为涉外性质的船舶物料供应合同欠款纠纷案，虽然涉案纠纷发生地在中国上海，但本案被告属挪威的公司法人，涉案"皇冠"轮的船旗国为巴哈马，原告在庭审中表示愿意选择适用中华人民共和国的法律处理本案，被告虽然主张对涉案船舶的光船租赁和公告事宜适用船旗国法律即巴哈马的法律，但被告

---

① 参见上海海事法院（2003）沪海法商初字第113号民事判决书。另参见《光船租赁期间船舶物料供应的债务承担——原告上海远洋运输公司与被告星星控股有限公司船舶物料供应合同欠款纠纷案》，中国涉外商事海事审判网，http://www.ccmt.org.cn/shownews.php?id=5351，2017年3月8日最后访问。

对于该船旗国法律未能举证，因此本院认为，依法可以适用中华人民共和国法律审理本案。[①]

从法律选择的流程和原理看，本案的法律适用可谓依法而为，滴水不漏，可扼要阐述如下：

第一步，判断案件的涉外性。法院认为本案具有涉外性质，虽然并未展开提示具体的涉外因素，但从其判决的倾向看还是比较明晰的，即法律关系的主体一方为挪威公司，故根据涉案时《民法通则》司法解释第 178 条之规定，案件具有涉外性。

第二步，定性。法院将本案识别为合同纠纷案件，也属合理合法。不仅如此，法院还合理地采取了分割手法，将涉案船舶的光船租赁和公告事宜从涉外合同关系中提析出来，单独进行法律处理。

第三步，确定冲突规范。对于合同纠纷事宜，根据我国立法首先应适用当事人选择的法律，并且承认当事人在庭审中进行的选择。本案当事人一致同意适用中国法律，合法合理。对于涉案船舶的光船租赁及公告事宜，被告主张适用船旗国法，法院也予以认可。对此，虽然我国立法没有明确规定，但从法理上看，光船租赁及其公告事宜因涉及涉案船舶的法律地位问题，适用船旗国法具有合理性。就此而言，法院认可适用法院地法即便无法可依，但至少也不违法。

第四步，确定准据法。对于合同纠纷事宜，应适用当事人一致选择的法律，即中国法律。对于光船租赁及公告事宜适用船旗国法，即巴哈马法律。

第五步，查明外国法。合同纠纷事宜适用中国法律，有查明法律之实，但无查明外国法之举。对于光船租赁及其公告事宜，应查明巴哈马法律。

第六步，适用法律。对于光船租赁及其公告事宜，在被告未能提

---

① 参见（2003）沪海法商初字第 113 号民事判决书。

供巴哈马法律的情形下，法院根据最高法对《民法通则》的司法解释第 193 条的规定，认定巴哈马法律不能查明，故适用法院地法即中国法律。

上述选法推理是完全合法的，形成法律推理上的环环相扣，可谓入法。然而，对于本应适用巴哈马法律的问题，法院仅仅因被告不提供即明确认定外国法不能查明，从而适用法院地法。此种做法固然合法，但难称合理。毕竟，根据我国最高法对《民法通则》的司法解释第 193 条之规定，法官应通过包括但不限于五种途径查明应适用的巴哈马法。当事人提供只是其中一种查明途径。事实上，在我国司法实践中较为普遍的法院地法不当倾向即是法官在查明外国法上的不力导致的。于法律层面，最高法也明确过，并非所列示的五种查明方法必须穷尽，才能认定为查明不能；但最高法也同样明确过，并非仅限于所列示的五种查明方法。简言之，在这个问题上，最高法的倾向性态度似乎是，如何查明及如何认定查明不能，没有硬性的统一标准，而是审案法官自由裁量的问题。换言之，在这个问题上，只有合理与否的问题，不存在合法与否的问题。职是之故，法官在本案中的查明表现是合法的，但很难被认定为是合理的，此即构成出理入法型的法院地法不当倾向。

要解决这个问题，事实上在体系内有两种措施：第一种措施是，在识别的时候，不将光船租赁及其公告事宜从涉外合同关系中分割出来。上已述及，法官将这个问题分割出来既无法律依据，也并不违背法律。法官多此一举，反倒将问题弄得非常复杂。如此，光船租赁及公告事宜就将作为涉外合同关系的一个组成部分，从而由合同冲突规范即意思自治和最密切联系选法调整。其法律适用因此就将根据意思自治适用中国法律。一方面，有法可依；另一方面，也回避掉了适用巴拿马法律及查明的难题和问题。而且，最终法律适用结果也是一致的。

第二种措施是，通过体系内的正反激励措施，一方面为法官查明或适用外国法提供便利，给予积极的支持，并在法官考评上予以科学的设定、考核和明确认可；另一方面，则应对在查明外国法上明显缺乏勤勉努力的法官进行制约和处理。

（3）体系矫正的具体措施。

总体而言，法院地法倾向作为中性概念，从法律适用合理与否而非合法与否的角度看，可分为适当的倾向和不当的倾向，对适当的倾向应予肯认，不生矫正问题；对于不当的倾向则应进一步分类矫正之。对于合理但不合法的倾向，应疏而不应堵，首要举措是在维持现有法律规则及其框架的基础之上通过体系的方式进行能动调整，以达到合理合法的状态；如果体系调整仍不能合法的，则只有通过后续立法调整实现体系的合理化。对于合法但不合理的倾向，也应首先通过体系调整的方式，在现有法律规则框架下进行能动调整，力争法律适用的合理化；但如不能达成此目标，也只有通过立法调整实现体系合理化。对于既不合理也不合法的倾向，则应综合体系内调整和规则调整的方式，分而治之。由此可见，体系调整有广狭二义：狭义的体系调整是在体系要素和框架特定的情况下，不改变规则，利用体系的弹性进行的合理和合法化处理；广义的体系调整则在狭义概念基础之上，还延伸至体系设定本身，这就是规则改变的问题，规则改变有司法解释的制定和正式立法的制定两种形态，显然，通过司法解释的途径更具弹性和可能性。体系调整有其限度，而且传统的规则调整本质上也只是体系调整的一个组成部分；但体系调整也有其深度，因为选法体系内的任一要素均有单独的适用弹性，但单一的适用弹性显然更易"见底"，而多个体系要素的多种弹性的组合就不再是简单的"1+1=2"式的物理组合，而是倍增式的化学反应。这正好是体系调整明显优于规则调整的地方。

第七章 建构体系选法的一般方法论

法院地法倾向作为我国乃至全球范围内冲突法实践的结果，其本身只是病征，而非病因。冲突法作用力的不当弱化、软化，或者虚无化才是其根本原因。因此，要消除不当的法院地法倾向，就应该恢复冲突法的应有力量。治标之策是针对影响冲突法适用的关键制度予以"点穴式回应"，但要实现冲突法的长治久安，治本之道还在于恢复并完善选法体系，从规则裸选进向体系选法。体系选法作为一种具有普适性的选法方案，应当建构一种不拘泥于具体案例、超越个案的一般方法论，其要义简示如下：

（1）在管辖权环节，应慎用我国现行立法中的长臂管辖，并善用我国司法解释中的不方便法院管辖规则。我国现行立法中单点即可管辖的长臂规则，很容易导致案件与我国并无密切关联，强行管辖不仅增加讼累和不便，而且极大地提高了冲突规范指向外国法的概率，从而产生复杂低效高难度的外国法查明问题。由于外国法适用概率的提高，外国法查明不能的可能性也就相应提高，为避免查明之重负，法官很可能出理入法地以外国法不能查明为由，适用法院地法，形成不当的法院地法倾向。因此，在管辖权环节，慎用长臂管辖，并善用不方便法院管辖规则，在行使管辖权的同时结合考虑冲突规范的选法指向即查法、用法问题，适当管辖，放弃不便管辖，也就极大地降低适用外国法、查明外国法的概率，相应地法院地法倾向也将得到极大的缓解或避免。

当然，必须指出的是，考虑到我国司法解释中不方便法院规则过于严苛，依其标准，只有极端的不方便才构成我国不方便法院，因此，在后续司法之中实有放宽标准认定的必要。

（2）在涉外性识别环节，鼓励通过实质筛查标准，绕过形式审查，对偶然涉外、形式涉外的案件不作涉外处理，从而避免选法。此种举措由于将部分形式涉外案件变成国内案件，在适用法院地法时既合理，又避免了不当的法院地法倾向。

同样地，如果立法采取了非常严格的形式审查标准，以实质审查方式悬搁形式审查标准，就可能触及合法性问题。当然，考虑到涉外性的判断标准在我国现行框架下也仍然是司法解释而非正式立法的情形，因此尚有司法运作的空间，从而提高体系的弹性和由此产生的体系调整的空间与幅度。当然，美中不足的是，我国现行司法解释尽管在涉外性的认定上新增了弹性标准即"其他可以认定为涉外案件的情形"，但遗憾的是，它没有授权法官"对其他可以认定为不是涉外案件的情形"进行认定，由此提升了涉外性认定标准的刚性和扩张性，提高了不当法院地法倾向的概率。因此，应建议增设或授权法官对形式涉外，但实质为国内案件的情形不作涉外案件认定，从而将这部分涉外案件转为本质上的国内案件，不发生适用法院地法与非法院地法的选择问题，也就不发生不当法院地法倾向的问题。

（3）在冲突法适用方式环节，建议增设或授权司法者采取任择性适用方式，即便不是全部涉外民商事领域，也应在当事人可以自由处分权利的涉外民商事领域推行由当事人证明涉外因素并主张相应冲突规范进行选法。在现行法定的内外分治的格局下，冲突法的任择是涉嫌违法的，只要是涉外案件就必须进行选法。冲突法任择的做法在我国司法实践中有其实例，在现实生活中也有其适用基础和情形。① 如果立法改变刚性的双轨分治格局，而允许在特定条件下进行任择性做法，就能将一部分入理出法型法院地法倾向转变为入理入法型，从而降低不当法院地法倾向。

（4）在案件实体与程序环节，通过广义的识别，灵活运用立法和司法解释中都不明确的实体与程序问题的分界线，合理限缩实体问题的覆盖范围，相应地合理提升程序范畴的涵纳范围，从而避免不当选法，降低选法中的不当法院地法倾向。

（5）在直接适用与否环节，直接适用的强制性规范也有较大范围的自由裁量标准，如果属于直接适用的范畴，也就避开了选法，从而避免选法中的不当法院地法倾向。当然，如果过于牵强地运用直接适用法制度，则会走向反面。

（6）在案件定性环节，案件定性的直接法效就是冲突规范的确定。在案件定性环节应当注意两个方面：

一是案件竞合时的定性，司法者有根据合理性标准进行调整的裁量权。如果是合同案件，就将以意思自治及最密切联系依序选法；如果是侵权案件，则应适用规范侵权的冲突规范。所以，根据案件后续选法可能的指向，司法者可合理定性，避免不当法院地法倾向。当然，如果立法或司法解释授权当事人自行选择以侵权还是合同之诉主张权利，则另当别论。

二是一般与特殊冲突规范之间的选择。例如，根据我国现行立法，最密切联系规则成为兜底规则，在本法和其他法律没有规定时发挥选法作用。因此，当案例中的问题出现时，法官可能需要面临将该问题

---

① 例如，在涉外民商事纠纷中，当事人如果不诉诸法院，而通过其他方式进行自决，就可能根本不去判断案件的涉外性，当事人也可能根本意识不到冲突规范的存在和选法的必要，即便有所意识，也更可能对选法问题避而不谈。这就是非诉讼和仲裁格局下，更为大量的涉外民商事关系的现实处理模式，这种模式在冲突规范适用与否的角度看，就更接近任择性适用的问题。

纳入特定冲突规范的范围，还是纳入本法和其他法律没有规定的情形，从而适用最密切联系的选择，这也就是定性的问题。例如，对于实践中的涉外让与担保问题，该问题是合同问题，还是物权问题，还是本法和其他法律没有规定的问题，司法者就有必要的自由裁量权，从而确定在合同冲突规范、物权冲突规范，还是在兜底的最密切联系规则之间进行选择适用的问题。这种自由度，为法官遏制不当法院地法倾向提供了可能。

（7）在分割适用环节，分割论和统一论看似法律有明确规定，但在实践中更多的案例显示出，许多本可和本应分割的问题，法官却采取笼统选法的做法，用一个法律全部涵盖之。对此，法官也可在合理范围内进行分割与否的调整，避免不当法院地法倾向。例如上文所提及的上海远洋运输公司与星星控股公司之间的物料供应合同纠纷中，法官实际没有必要将光船租赁及其公告事宜分割出合同范畴，另行确定应适用的外国法，最终反倒因查明外国法的不力而适用法院地法的现象成为不当的法院地法倾向。如果不加分割，再依法以法定的意思自治确定其适用的法律，依然是适用法院地法，但这样既合法又合理，避免了法院地法的不当倾向问题。

（8）在准据法定位环节，应充分利用连接点解释的弹性，提升选法的合理性，降低不当法院地法的倾向。连接点的认定，特别是法律概念或法律与空间相结合的概念作为连接点时，法官就有较大的裁量空间，如最密切联系的认定、侵权行为地的认定等，均可合理利用之，减少不当法院地法倾向。

（9）在选法调整环节，通过最密切联系的司法原则化，或逃法条款的增设，限制不当的法院地法倾向。最密切联系的司法原则化将授权司法者对所有形式和硬性僵化的冲突规则以合理性矫正的功能，从而一般地救济冲突规则设定上的瑕疵。此种对规则的一般矫正，极大地释放了规则调整的弹性，也极大地提升了规则的生命力和适用范围。

事实上，如果最密切联系被提升为矫正原则或一般逃法条款，那么关于前此案件涉外性的认定、管辖权的长臂行使等对选法的消极影响都可以得到相当程度的补救。当然，必须指出的是，最密切联系的原则化或作为逃法条款，也是一把双刃剑，不当用之，反倒会促致法院地法倾向的普遍化。为此，如何确立最密切联系原则，同时又限制之，成为冲突法上新的议题。

（10）外国法查明环节，应当是矫正法院地法倾向最为有效，也最应着力的环节。不当法院地法倾向的很大部分是本应适用外国法，但法官滥用或倒用外国法查明制度，从而出现为适用法院地法而有意不查明或懈怠查明的合法但不合理的问题。为此，就导致了遏制不当法院地法倾向的两难：整顿之，它有合法依据；不整顿之，它又为滥开不当法院地法倾向提供了最大的便利。因此，合理限定外国法查明不能，要有正反两种手法：一方面，便利外国法的查明，包括但不限于拓宽查明渠道，扩大查明主体，建立全国统一、多部门联席、国际协调的外国法查明供给机制，引入民间及市场的查明供给机制，以及提高对法官查明外国法的评价权重和正向引导，等等；另一方面，提升滥用外国法查明的成本，包括但不限于限定查明不能的标准、期限、方式或途径，设定外国法查明不能及不适用的上报审查制度，强化监督，在免、惩角度强化代价，等等。

通过勤勉尽职同时又相对合理放弃的查明标准的设置，在有所为和有所不为之间确定一个黄金分割点，就能最合理地遏制法院地法倾向。当然，如果再对管辖权等体系中的前此要素进行合理化，分流或放弃一部分应适用外国法的涉外案件的管辖，也就相应地降低了查明外国法的必要和概率，从而也能极大地缓解外国法查明重负，降低不当法院地法的倾向。

（11）在公共秩序保留环节，应善用公共秩序保留，避免合法地产生不合理的法院地法倾向。公共秩序保留问题是法律选择的例外问题，而非一般问题。只有在如下意义上，公共秩序保留问题才称得上一般或原则性问题，即为捍卫国内法律体系的基本原则而实施安全审查。但必须审慎并严格区分公共秩序审查与公共秩序保留的微妙但重大差异：审查是必须的，甚至可以认为是国际私法得以成立并有效运行的前提条件。而公共秩序审查之后的保留问题，则应当作为例外或极端情形。实践证明，公共秩序保留是外国法被不当排除，法院地法被不当适用的途径之一。

当然，随着选法体系提供了更多的可能导致法院地法得以适用的替代措施或途径，以公共秩序之名排除外国法适用的情形越来越少，没有哪国司法者会高调地据此不当适用法院地法，除非是非常明显的有违公共秩序的情形。这也是英国、美国等国家较少运用公共秩序保留，但不能据此认为它们对外国法的态度比其他国家更为友善的原因。这也在一定程度上反面展示了体系选法的消极性，即体系选法既可能被用于适当选法，也可能被用于不当选法。

（12）在涉外司法监督环节，应一方面补全涉外司法监督体系，另一方面强化现有监督体系对涉外案件的覆盖，典型例子即是，迄今极少发现基于冲突规范适用错误而被检察院提起的抗诉监督案例。相反，冲突规范适用错误的例子比比皆是，甚至较为普遍但违法又最明显的无选法说理而径直适用法院地法的案例，在相关官网上作为典型案例予以公示，但不见我国法律监督的力量何在。因此，当下应当建立、健全和强化涉外司法的监督体制。

必须指出的是，涉外案件与国内案件存在较大的差异，涉外案件专业性更强、难度更高、直接利益关系者更少、国内社会影响更小，以至于某些国内有效监督方式，如社会舆论监督基本上没有兴趣，或者说没有能力发挥监督作用。因此，监督通常与社会关注重心同在，也就是与社会意识同在，有必要在建立健全相关监督体制的同时，对社会大众进行涉外司法方面的启蒙。

（13）在涉外司法者方面，司法者是体系设定之后最具有能动性乃至决定性的体系要素，上述诸环节离不开司法者的作用。司法者对不当法院地法倾向的影响主要有两个方面：一是积极方面，司法者自身单独地，同时也可以组合运用体系内的所有要素，积极限制和避免法院地法的不当倾向；二是消极方面，司法者自身单独地或组合运用其他体系内所有要素，生产新的法院地法不当倾向。为此，应对司法者的任免、考核、奖惩和监督等进行强化，例如，对于涉外司法者的任职资格，至少应考虑两方面：一是系统的国际私法意识、思维和素养[1]；二是应优中选优，考虑从现役法官、涉外专业律师，以及国际私法或国际法学专家学者之中进行遴选。[2] 又如，在对司法者的监督制约上，必须对司法者强化监督制约，培养其德智，让体系选法建立在良心之上，成为有良心的体系选法。

当然，强调和突出司法者对体系选法的重要性，并不意味着司法者在体系选法上就完全呼风唤雨，立法者和当事人作为另外两种能动要素对司法者也具有相应程度的限制功能，立法者通过设定体系，当事人通过运用体系，共同将司法者限定在体系框架之内，促使其释放心智并善用之。

（14）在涉外司法环境方面，应为司法者建立在良心上的体系选法创设相应的司法环境，避免司法环境产生负向的摩擦力，甚至反向牵引力。最重要的是，依托司法改革的大背景，尊重涉外司法规律，考虑涉外司法的独特性，采取综合措施，强化涉外司法环境的透明，优化涉外司法环境的支持，科学化涉外司法环境的制约，为涉外司法者

---

[1]　参见刘仁山：《中国国际私法养成意识之培育》，《法学研究》2011 年第 6 期，第 54—56 页。
[2]　当然，在如此遴选时要讲究科学性，比如有文献就较为深刻地指出，我国曾经和现在采取的法官遴选制度主要有统一司法考试、从下级法院遴选法官，以及法官交流轮岗等，但这些措施"都并不令人满意，最好的也是利弊参半，有的实际上根本无法贯彻"。参见苏力：《法官遴选制度考察》，《法学》2004 年第 3 期，第 3—24 页。

透过选法体系实施涉外司法的良心之治即良治提供纵横驰骋的平台。

　　总而言之，冲突法的出世是理想对实践的妥协，因为冲突法的治理方案并非解决法律冲突、调整涉外私法关系的理想方案，而是在实践中被打了折扣的方案。此种命中注定的不完善在起点上就为冲突法的现实力量预设了不祥之兆，我国涉外司法中法院地法倾向的普遍实践为此提供了确凿的证据。冲突法的硬法与软力是其命运结构的现实写照，要扼住"命运的喉咙"，让冲突法成为有"骨气"的规则，就必须直面其问题的成因，了解其局限之所在，如此才能开出行之有效的对治方案。由于消极干扰冲突法正确适用的因素包括逻辑、心理与实践的诱因，这些诱因的生成机理、基本性质、作用方式存在种种差异，实现冲突法有法必依的方案就需要有针对性。通过对这些诱因的点穴式回应，能立竿见影地实现冲突法的刚性约束，但其收效也只能局限于头痛医头、脚痛医脚的治乱循环。为全面矫正冲突法的不当运行，应恢复和完善冲突法的选法体系，通由体系力量确保对冲突法的选法结果予以系统化调整，避免不当的法院地法倾向。体系选法相对于规则裸选，有后者不可企及的功效，但成败之关键仍然是司法者。司法者作为选法体系之一环，他与选法体系之间的彼此制约与支持关系，将决定体系选法的有效性及其命运。人心有善恶，因此体系选法之功效也就有浮沉。应当看到，法院地法倾向将在实践中长期甚至永远存在，只是程度不同而已。透过法院地法倾向的浮沉，我们见证的就不仅仅是冲突法运行的健康与否，还见证一国、一民族涉外司法群体的心境变化。毕竟，一切人为的问题，还得从人自身进行解决。

参考文献

一、专著类

1. 巴蒂福尔、拉加德：《国际私法总论》，陈洪武等译，中国对外翻译出版公司 1989 年版。

2. 陈廷湘、周鼎：《天下·世界·国家 —— 近代中国对外观念演变史论》，上海三联书店 2008 年版。

3. 陈卫佐：《比较国际私法》，清华大学出版社 2008 年版。

4. 邓正来：《美国现代国际私法流派》，中国政法大学出版社 2006 年版。

5. 杜兰特：《哲学的故事》，梁春译，中国档案出版社 2001 年版。

6. 杜涛：《德国国际私法：理论、方法和立法的变迁》，法律出版社 2006 年版。

7. 费希特：《自然法权基础》，谢地坤、程志民译，商务印书馆 2006 年版。

8. 黑格尔：《法哲学原理》，范扬、张企泰译，商务印书馆 2011 年版。

9. 黑格尔：《小逻辑》，贺麟译，商务印书馆 1997 年版。

10. 黄进、杜焕芳等：《中国国际私法司法实践研究（2001—2010）》，法律出版社 2014 年版。

11. 黄宗智等：《从诉讼档案出发：中国的法律、社会与文化》，法律出版社 2009 年版。

　　12. 江保国：《法律选择权研究 —— 审视冲突法的权利视角》，法律出版社 2014 年版。

　　13. 康德：《纯粹理性批判》，邓晓芒译，人民出版社 2004 年版。

　　14. 康德：《历史理性批判文集》，何兆武译，商务印书馆 1990 年版。

　　15. 克格尔：《冲突法的危机》，萧凯等译，武汉大学出版社 2008 年版。

　　16. 理查德·波斯纳：《法官如何思考》，苏力译，北京大学出版社 2009 年版。

　　17. 刘禾：《跨语际实践：文学，民族文化与被译介的现代性（中国，1900—1937）》，宋伟杰等译，生活·读书·新知三联书店 2008 年版。

　　18. 刘想树主编：《国际私法》，法律出版社 2015 年版。

　　19. 路易斯·亨利·摩尔根：《古代社会》上册，杨东莼等译，商务印书馆 1997 年版。

　　20. 吕岩峰主编：《国际私法学教程》，吉林大学出版社 2014 年版。

　　21. 马丁·沃尔夫：《国际私法》，李浩培、汤宗舜译，法律出版社 1988 年版。

　　22. 荣格：《法律选择与涉外司法》，霍政欣、徐妮娜译，北京大学出版社 2007 年版。

　　23. 萨维尼：《法律冲突与法律规则的地域和时间范围》，李双元等译，法律出版社 1999 年版。

　　24. 万鄂湘主编：《涉外商事海事审判指导》2008 年第 2 辑，人民法院出版社 2009 年版。

　　25. 维柯：《新科学》，朱光潜译，商务印书馆 1997 年版。

　　26. 徐国栋：《民法哲学》（增订本），中国法制出版社 2015 年版。

　　27. 杨良宜：《国际商务仲裁》，中国政法大学出版社 1997 年版。

　　28. 赵生祥主编：《国际私法》，法律出版社 2005 年版。

29. 赵汀阳：《天下体系 —— 世界制度哲学导论》，江苏教育出版社 2005 年版。

30. 周江：《为什么要适用外国法：冲突法理论的中国阐释》，西南政法大学 2008 年博士论文。

31. Alex Mills, *The Confluence of Public and Private International Law: Justice, Pluralism and Subsidiarity in the International Constitutional Ordering of Private International*, Cambridge University Press, 2009.

32. Brainerd Currie, *Selected Essays on the Conflict of Laws*, Duke University Press, 1963.

33. Friedrich K. Juenger, *Choice of Law and Multistate Justice*, Boston Nijhoff, 1993.

34. Gerhard Kegel, *Crisis of Conflict of Laws*, Recueil des Cours, 1964.

35. Stefan Leible(ed.), *General Principles of European Private International Law*, Kluwer Law International, 2016.

36. J. J. Fawcett(ed.), *Cheshire, North & Fawcett Private International Law*, 14th edition, Oxford University Press, 2008.

37. Jurgen Basedow, *The Law of Open Societies: Private Ordering and Public Regulation in the Conflict of Laws*, Brill Nijhoff, 2015.

38. Lea Brilmayer, Jack Goldsmith, and Erin O'Hara O'Connor, *Conflict of Laws: Cases and Materials*, New York: Wolters Kluwer, 2015.

39. Martin Wolff, *Private International Law*, Oxford University Press, 1945.

40. Richard Fentiman, *International Commercial Litigation*, Oxford University Press, 2010.

41. Richard Garnett, *Substance and Procedure in Private International Law*, Oxford University Press, 2012.

42. Ronald A. Brand, *Forum Non Conveniens: History, Global*

Practice, and Future under the Hague Convention on Choice of Court Agreements, Oxford University Press, 2007.

43. Sandie Calme, *French Private International Law*, Vandeplas Publishing, 2015.

44. Symeon C. Symeonides, *Choice of Law*, Oxford University Press, 2016.

45. Symeon C. Symeonides, *Private International Law at the End of the 20th Century: Progress or Regress?*, Kluwer Law International, 2000.

46. Symeon C. Symeonides, *The American Choice-of-Law Revolution: Past, Present and Future*, Martinus Nijhoff Publishers, 2006.

二、论文类

47. 陈卫佐:《当代国际私法上的一般性例外条款》,《法学研究》2015 年第 5 期。

48. 陈卫佐:《涉外民事关系法律适用法的中国特色》,《法律适用》2011 年第 11 期。

49. 戴建志:《涉外商事海事审判中的政治智慧——第四次全国涉外商事海事审判工作会议上的思考》,《人民司法》2015 年第 3 期。

50. 丁伟:《涉外民事关系法律适用法与"其他法律"相互关系辨析》,《政法论坛》2011 年第 3 期。

51. 杜涛:《利益法学与国际私法的"危机"和"革命"》,《环球法律评论》2007 年第 6 期。

52. 广州海事法院课题组:《关于海事审判实施精品战略情况的调研报告》,《人民司法》2010 年第 9 期。

53. 何帆:《论上下级法院的职权配置:以四级法院职能定位为视角》,《法律适用》2012 年第 8 期。

54. 胡铭：《司法公信力的理性解释与建构》，《中国社会科学》2015 年第 4 期。

55. 黄进等：《2011 年中国国际私法司法实践述评》，《中国国际私法学会 2012 年年会论文集（上）》，中国大连，2012 年 9 月。

56. 黄进等：《2012 年中国国际私法司法实践述评》，《中国国际私法学会 2013 年年会论文（上）》，中国甘肃，2013 年 9 月。

57. 黄进等：《2013 年中国国际私法司法实践述评》，《中国国际私法学会 2014 年年会论文集（上）》，中国上海，2014 年。

58. 黄进等：《2014 年中国国际私法司法实践述评》，《中国国际私法学会 2015 年年会论文（上）》，中国广州，2015 年 11 月。

59. 黄进等：《2015 年中国国际私法司法实践述评》，《中国国际私法学会 2016 年年会论文集》，中国长沙，2016 年 11 月。

60. 黄进：《开创中国国际私法新纪元 —— 写在〈中华人民共和国涉外民事关系法律适用法颁布实施之际〉》，《南阳师范学院学报（社会科学版）》2011 年第 7 期。

61. 江保国、龚柳青：《论民商事案件涉外性之判断》，《天津市政法管理干部学院学报》2009 年第 2 期。

62. 李双元、邓杰、熊之才：《国际社会本位的理念与法院地法适用的合理限制》，《武汉大学学报（社会科学版）》2001 年第 5 期。

63. 李双元、杨华：《论国际私法上直接适用法的重新界定》，《河北法学》2016 年第 5 期。

64. 刘贵祥：《涉外民事关系法律适用法在审判实践中的几个问题》，《人民司法》2011 年第 11 期。

65. 刘利宁、张俊锋：《再审检察建议若干问题的探索》，《检察实践》2005 年第 6 期，第 20—21 页。

66. 刘仁山、黄志慧：《国际民商事合同中的默示选法问题研究》，《现代法学》2015 年第 3 期，第 147—161 页。

67. 刘仁山:《中国国际私法养成意识之培育》,《法学研究》2011年第 6 期。

68. 刘善春、毕玉谦、郑旭:《诉讼证据规则研究》,中国法制出版社 2000 年版。

69. 刘想树:《论最密切联系的司法原则化》,《现代法学》2012 年第 3 期。

70. 钱锋、高翔:《审判管理制度转型研究》,《中国法学》2014 年第 4 期。

71. 沈涓:《法院地法的纵与限》,《清华法学》2013 年第 4 期。

72. 宋连斌、赵正华:《我国涉外民商事裁判文书现存问题探讨》,《法学评论》2011 年第 1 期。

73. 苏力:《法官遴选制度考察》,《法学》2004 年第 3 期。

74. 万鄂湘:《与时俱进　深化海事审判理论研究》,《中国海商法研究》2012 年第 4 期。

75. 向明华:《域外"送达难"困局之破解》,《法学家》2012 年第 6 期。

76. 肖永平、龙威狄:《论中国国际私法中的强制性规范》,《中国社会科学》2012 年第 10 期。

77. 徐鹏:《论冲突规范的任意性适用 —— 以民事诉讼程序为视角》,《现代法学》2008 年第 4 期。

78. 许庆坤:《国际私法中的法律规避制度:再生还是消亡》,《法学研究》2013 年第 5 期。

79. 詹思敏、侯向磊:《域外法查明的若干基本问题探讨》,《中国海商法年刊》2003 年, 第 14 卷。

80. 张春良:《美国冲突法革命的革命性理解 —— 别于萨维尼, 还是依然萨维尼》,《福建江夏学院学报》2013 年第 1 期。

81. 张磊:《外国法的查明之立法及司法问题探析》,《法律适用》

2003 年 Z1 期。

82. 郑新俭、张磊：《完善我国域外法查明制度之研究》，《人民司法》2005 年第 6 期。

83. 钟健平：《严格履行宪法法律赋予职权　公正审理涉外海事案件》，《中国海商法研究》2014 年第 3 期。

84. 周江：《国际私法中法律规避问题的再思考》，《法律科学》2007 年第 4 期。

85. 周强：《在全面推进依法治国大局中科学谋划和推进涉外商事海事审判工作》，《人民法院报》2014 年 11 月 20 日。

86. Arthur T. von Mehren, "Choice of Law and the Problem of Justice", *Law and Contemporary Problems*, vol. 41, 1977.

87. Christopher A. Whytock, "Myth of Mess - International Choice of Law in Action", *New York University Law Review*, vol. 84, June, 2009.

88. Ehrenzweig, "Choice of Law: Current Doctrine and 'True Rules'", *California Law Review*, vol. 49, 1961.

89. Hillel Y. Levin, "What Do We Really Know About the American Choice-of-Law Revolution", *Stanford Law Review*, vol. 60, October, 2007.

90. Joseph William Singer, "Real Conflicts", *Boston University Law Review*, vol. 69, January, 1989.

91. Kermit Roosevelt II, "The Myth of Choice of Law: Rethinking Conflicts", *Michigan Law Review*, vol. 97, August, 1999.

92. Lea Brilmayer, "Interest Analysis and the Myth of Legislative Intent", *Michigan Law Review*, vol.78, no. 3, January, 1980.

93. Ralph U. Whitten, "U. S. Conflict-of-Laws Doctrine and Forum Shopping, International and Domestic (Revisited)", *Texas International Law Journal*, vol. 37, no. 3, Summer, 2002.

94. Stewart E. Sterk, "Marginal Relevance of Choice of Law Theory",

University of Pennsylvania Law Review, vol. 142, 1994.

95. Symeon C. Symeonides, "Choice of Law in the American Courts in 1994: A View from the Trenches", *American Journal of Comparative Law*, vol. 43, no. 1, Winter, 1995.

96. Walter W. Cook, "The Logical and Legal Bases of the Conflict of Law", *Yale Law Journal*, vol. 33, 1924.

97. William M. Richman, "Diagramming Conflicts: A Graphic Understanding of Interest Analysis", *Ohio State Law Journal*, vol. 43, no. 2, 1982.